名师名校名校长

凝聚名师共识
回应名师关怀
打造名师品牌
培育名师群体

眭明远题

广东省教育科研"十三五"规划2020年度教育科研一般项目"儿童视角下幼儿户外自主游戏活动的观察与支持实践研究"

留白，唯美的教育

——留白教育理论建构与课程实践探索

谭璐欣 著

西南大学出版社

SWUP 国家一级出版社 全国百佳图书出版单位

图书在版编目（CIP）数据

留白，唯美的教育 ：留白教育理论建构与课程实践
探索 / 谭璐欣著. -- 重庆 ：西南大学出版社，2023.12
ISBN 978-7-5697-2177-5

Ⅰ．①留… Ⅱ．①谭… Ⅲ．①家庭教育－研究 Ⅳ.
①G78

中国国家版本馆CIP数据核字(2024)第025493号

留白，唯美的教育——留白教育理论建构与课程实践探索
LIUBAI，WEIMEI DE JIAOYU —— LIUBAI JIAOYU LILUN JIANGOU YU KECHENG SHIJIAN TANSUO
谭璐欣　著

责任编辑： 张燕妮
责任校对： 符华婷
装帧设计： 言之凿
出版发行： 西南大学出版社（原西南师范大学出版社）
　　　　　　地址：重庆市北碚区天生路2号
　　　　　　邮编：400715
印　　刷： 北京政采印刷服务有限公司
成品尺寸： 170 mm×240 mm
印　　张： 15.75
字　　数： 274千字
版　　次： 2023年12月　第1版
印　　次： 2023年12月　第1次印刷
书　　号： ISBN 978-7-5697-2177-5

定　　价： 68.00元

目 录

第一章
梦想，从这里开始

　　每一位教师都应该有梦想，每一所幼儿园都应该有梦想。我们的梦想是为孩子留白成长的空间，给予他们自由飞翔的翅膀，让他们自由自在地探索未来的世界，赢得属于他们的幸福人生。

第一节　有这样一所幼儿园

"浅紫深红白更妍，市花艳丽冠南天"，这便是掩映在广东省赤坎区海棠路街心花园紫荆花海中的湛江市第三幼儿园最贴切的写照。

一、园所情况

湛江市第三幼儿园（简称市三幼）创办于1990年秋，是广东省一级幼儿园。

目前幼儿园有两个园区，总园为海棠园区，创办于1990年秋，占地面积1936平方米，园舍建筑面积2478.84平方米。滨海御景园区为小区配套幼儿园，占地面积5600平方米，建筑面积5800平方米，室外面积3500平方米，绿化面积600平方米，为未来发展高质量学前教育事业奠定了坚实的硬件基础。

在三十多年的办园历程中，市三幼积淀了深厚的底蕴和园所文化，被评为广东省校本研修示范校、广东省基础教育校（园）本教研基地、广东省绿色幼儿园、全国百优名园、广东省巾帼示范岗、湛江市文明单位、湛江市幼儿教育先进单位、湛江市健康教育先进单位、湛江市文化建设示范单位等。经过几代三幼人的不懈进取、开拓创新，市三幼已经发展成为一所环境优美、师资雄厚、教育领先、设施现代、管理科学的大型幼儿园。

陈鹤琴先生曾说："鼓励儿童去发现他自己的世界。"幼儿的想象力和创造力是无限的，作为幼儿的引导者和支持者，我们致力于为幼儿的成长与发展提供开放、丰富、安全、有探究性的环境和材料，让幼儿在轻松愉快的环境中发挥自主性与能动性，在游戏与探索中培养幼儿良好的学习品质。凡幼儿自己能够做的，应当让他自己做；凡幼儿自己能够想的，应当让他自己想，让幼儿成为自己的小主人。我园致力于成为一所让幼儿感到幸福和美好的幼儿园，为幼儿种下一生幸福的种子。

二、幼儿园的印记

（一）园徽、园标

三架飞翔的纸飞机，蕴含数字"3"这个元素，并且体现"留白"的理念。

留白，追循儿童的成长。白色的纸飞机喻示着给幼儿留白，留给他们更多想象和创造的空间。

以儿童为本。希望幼儿可以追寻自己的意愿，在蓝天中自由飞翔，希望幼儿通过自己的努力，为自己的人生添上色彩。

儿童、教师和家长三人成众。体现合作、平等和尊重的关系。

身心健康、习惯良好、睿智创新。这是三架纸飞机的寓意，也是市三幼的课程目标。

（二）吉祥物

市三幼IP形象以原园标"太阳花"与卡通形象相结合，寓意为幼儿在市三幼的快乐大家园里，在老师们爱的滋养下，像花朵一样幸福地成长！从外形上看，两个吉祥物呈现出健康活力、勇敢向阳的面貌，并给人甜蜜和温暖的感觉。此外，吉祥物整体配色与园徽logo配色相呼应，以绿和蓝为主色，再搭配留有无限空间的白色，恰好与我园的"留白"理念相符合，充满着探索创新、积极向上的童年气息。

珊珊（Happy）和优优（Super）代表着幸福和强壮的种子，他们拥有无限能量，带着自身的光芒，在市三幼的沃土上生根发芽，朝着美好的未来顽强生长。"珊珊"和"优优"与"三幼"是谐音，他们就是市三幼最形象的标志，代表着希望和期待。同时，他们将会是市三幼的文化天使，传递市三幼园本的教育理念：让教育留白，追循儿童的幸福成长。

形象介绍

姓名：珊珊（谐音"三"，英文名：Happy）

性别：女

出生年月：2023年5月8日

出生地：湛江市第三幼儿园

身份：吉祥物

性格：乐观、有爱、善良、文明有礼

口头禅：We are Happy！

姓名：优优（谐音"幼"，英文名：Super）

性别：男

出生年月：2023年5月8日

出生地：湛江市第三幼儿园

身份：吉祥物

性格：诚实、勇敢、聪明、机灵活泼

口头禅：We are Super！

三、师资队伍

现有教职工99人，专任教师58人，其中研究生1人，本科生53人。幼儿园高级教师9人，幼儿园中级教师24人，教师专业达标率100%。教师中，获得国家级奖项3人，省级奖项25人次、市级奖项57人次、区级奖项180人次。专业的教师队伍也涌现了一批先进个人：特级教师1人、广东省"百千万人才培养工程"幼儿园名园长培养对象1人、广东省"百千万人才培养工程"幼儿园名教师培养对象1人、市级名师工作室主持人1人、省级名园长工作室主持人1人、广东省南粤优秀教师6人、湛江市级荣誉称号获得者9人次、区级优秀教师及先进个人190人次。

四、发展愿景

湛江市第三幼儿园在市、区各级主管部门的领导下，坚持以"总园引领—分园推进—部门联动"为发展策略，形成"园区互动、优势互补、资源共享、共同发展"的办园格局，并致力于四个发展。

一是管理模式：以总园"留白文化"为引领，构建"一心三圈"的集团结构模式和党务管理、行政管理、教学科研、后勤管理、宣传文化"五部一体"的幼教集团化办学管理模式。

二是师资打造：集团依托"四个载体"，包括名师工作室、创新项目组、"三名"工程和"四阶"教师，实现对各个层级教师的全面培养。

三是课程建设：全力打造根植于本土、立足于儿童本位的"留白"课程模式。

四是引领辐射：市三幼集团化办园，采用"园际联动式""需求定制式""线上线下式"和"共建共享式"四种方式搭建交流平台，将优质教育资源辐射到其他园区，让更多的幼儿享受到更为优质的教育资源。

第二节　梦开始的地方

幼儿园，是幼儿接受教育的起步，亦是社会化成长的开始。幼儿园是梦想起步的地方，亦是幼儿教师追求梦想、实现梦想的地方。

一、回顾30多年的征程

1990年，湛江市第三幼儿园成立。当时校园简陋，围墙只有1.2米高，地板未硬底化，水电未接通，设备设施全缺，资金紧缺。李湘云园长带着调进来的3名教师，四方奔走，筹集办园资金，购置设备，布置环境。经过艰辛的筹备，于同年秋季开学，招收了3个班共80多位幼儿，调进保教人员共15人。

办园伊始，市三幼班子成员团结协作，勤俭办园，制订各项规章制度、岗位职责和教职工职业道德规范，科学管理，各方面工作快速进入正常发展轨道。

1995年，市三幼以高分被评为首批湛江市一级一类幼儿园，这是三幼发展中的里程碑！

与此同时，李湘云园长总结了幼儿园办园以来的经验，吸取了各地各园的做法，首次提出了走音乐特色之路，积极创造条件，扩大办园规模，多方筹款加建一层教学楼，增建会议室、面包房、仓库、车房等辅助用房，增加设备设施，办园规模迅速扩大，从开办时的3个班扩大到10个班，教职工增至51人。幼儿园各方面工作有声有色，因而先后被评为湛江市文明单位、湛江市幼儿教育先进单位、湛江市健康教育先进单位。

市三幼人心怀发展，着眼未来。2002年，洪华清继任园长，首次提出"人本、和谐、仁爱、进取"的园风，确立了"幼儿开心、家长安心、领导放心、教师欢心"的办园宗旨，制订了幼儿园五年发展规划，提出了申报省一级幼儿园的奋斗目标，三幼迈出了申报省一级幼儿园的第一步。

2007年，三幼顺利通过了广东省一级幼儿园的评估验收，办园水平已上新台阶，先后荣获广东省绿色幼儿园、广东省巾帼文明岗、中国幼儿教育百优园等多项殊荣，这是市三幼历史上又一个里程碑！

2020年，谭璐欣继任园长，传承创新，在原有的园本文化基础上拓展，提出了"在幸福三幼遇见美好自己"的办园宗旨，确立了"让教育留白，追循儿童的幸福成长"的教育理念，具体阐释为"留白教育——儿童视角下，以儿童为本，培养幸福儿童；留白管理——教师视角下，以教师为本，培养幸福教师；留白家园——家长视角下，共筑幸福家园"。制订了"学会认知、学会共事、学会生存、学会做事"的培养目标，提出了"仁爱、人本、自由、和谐"的园风，确立了"立足儿童视角，尊重儿童，以生活和游戏成就儿童幸福人格"的教师观，确立了"儿童是具有独立人格的个体，享有游戏和受教育的权利"的儿童观，确立了"尊重、信任、合作、引领"的家长观。

30多年来，经过新旧"三幼人"的不懈努力，如今的校园焕然一新。活动室宽敞明亮，绘本馆、舞蹈室、小家厨等功能室一应具备。校园网络、班级电话、广播智能系统及多媒体教学平台等设备设施为幼儿提供了良好的生活、学习条件。视频监控系统、智能刷卡接送系统、紧急报警系统等一系列全覆盖的安保系统，确保幼儿平安、健康成长。各种活动场地的创设、别致的装饰，给幼儿以美的享受，使幼儿园每一个角落都成为孩子们学习、探究、实践、展示自我的天地。

二、幼儿教育助力孩子实现成长梦想

幼儿教育是孩子成长过程中非常重要的一部分，它可以为孩子未来的发展奠定坚实的基础。幼儿教育不仅可以培养孩子的知识技能，更重要的是，它可以引导孩子形成积极乐观的态度和价值观，为孩子的健康成长奠定基础，助力孩子实现成长的梦想。

首先，幼儿教育可以促进孩子智力的发展。幼儿时期是孩子大脑发育的关键期，这时孩子的大脑神经元之间的连接数量和密度都在快速增长。因此，通过幼儿教育，孩子可以学会更好地理解和运用语言，形成更好的认知和推理能力，同时也可以培养孩子的想象力和创造力。

其次，幼儿教育可以培养孩子的良好品质和行为习惯。在幼儿时期，孩子正在逐渐形成对自己、他人和社会的正确认知和态度。幼儿教育可以帮助孩子学习并理解道德观念和价值观念，例如尊重他人、勤劳勇敢、爱护自然等。这些品质和观念可以帮助孩子在未来成为具有责任感和道德良知的成年人。

此外，幼儿教育还可以提高孩子的社交能力和自信心。幼儿时期，孩子正在逐渐适应社会生活，需要学会与他人相处、分享和合作。幼儿教育可以为孩子提供丰富的社交机会，例如与同伴交流、互动和合作完成任务等。这样不仅可以帮助孩子发展良好的社交技能，还可以提高孩子的自尊心和自信心，使其更容易融入社会。

另外，幼儿教育也可以为孩子的学习打下坚实的基础。通过幼儿教育，孩子可以掌握良好的学习习惯和培养良好的学习品质，例如独立思考、合作探索等，这些学习习惯和学习品质可以为孩子未来的学习生活奠定坚实的基础，帮助孩子更好地应对未来的挑战。

最后，幼儿教育也可以激发孩子的创造力和想象力。幼儿教育可以给孩子提供丰富多彩的游戏和活动机会，例如绘画、音乐、舞蹈等。这些活动可以激发孩子的创造力和想象力，促进孩子的思维发展，为其未来的学习和工作打下坚实的基础。

总之，幼儿教育是孩子成长过程中不可或缺的一部分。它可以促进孩子的智力、良好品质、社交能力、学习能力和创造力等方面的全面发展。同时，幼儿教育也可以为孩子打下坚实的基础，为其未来的发展和成长提供有力的支撑。因此，我们应该充分重视幼儿教育的重要性，尽力为孩子提供良好的幼儿教育环境和资源，使其能够实现自己的梦想，挖掘自己的潜力，并在未来成为对社会有贡献的人才。

三、幼儿教育让幼儿教师实现育人梦想

幼儿教师是孩子成长过程中最重要的角色之一，他们承担着培养下一代的重要任务。幼儿教师的育人梦想是培养孩子们积极的态度、优秀的品质和良好的习惯，使孩子们能够健康快乐地成长。

首先，幼儿教师应该注重与孩子的沟通交流。孩子在成长过程中需要得到关爱和尊重，幼儿教师应该关注孩子的情感需求，积极倾听孩子的心声，与他们建立良好的关系。这样不仅可以让孩子感受到自己被重视，还可以激发孩子

的兴趣和热情，使他们更愿意学习和探索世界。

其次，幼儿教师应该注重培养孩子的良好习惯。幼儿时期是孩子习惯养成的关键时期，幼儿教师应该关注孩子的日常生活，帮助他们养成良好的行为习惯和卫生习惯，如勤洗手、按时睡觉、爱干净等。这样可以帮助孩子养成健康的生活方式。

此外，幼儿教师应该注重培养孩子的独立性和创造力。幼儿时期是孩子独立性和创造力发展的关键时期，幼儿教师应该鼓励孩子进行探索和发现，让他们自由地表达自己的想法和感受。这样可以帮助孩子培养自信和创造力。

另外，幼儿教师应该注重自身的专业发展和成长。幼儿教师需要不断地学习和提高自己的专业水平，更新自己的教育观念和教学方法，提高教育质量。

最后，幼儿教师应该关注与家长的沟通合作。家长是孩子的第一任老师，幼儿教师应该积极与家长沟通，协调双方的教育方式，共同为孩子的成长提供良好的环境。这样可以帮助孩子更好地适应家庭生活和幼儿园生活，促进他们的健康成长。

总之，幼儿教师是孩子成长过程中不可或缺的一部分。他们需要关注孩子们的成长需求，培养他们的良好习惯、独立性和创造力，提高自身的专业水平，与家长沟通合作，为孩子的成长提供全面的支持和帮助。只有这样，才能实现幼儿教师的育人梦想，培养出积极向上、健康快乐的下一代。

第三节 留白教育办学之路

"留白"办园理念的建立具体表述为"留白教育、留白管理、留白家园"。在"留白"理念的引领下，确立办园宗旨为"在幸福三幼遇见美好自己"，这一理念的形成来自课题的研究和发展，富有个性且符合幼儿教育的规律，也是幼儿园的教育理想和教育思想。我园将会继续以《3~6岁儿童学习与发展指南》（以下简称《指南》）为方向标，运用一切机会强化这一理念，用科学的思想来引导教师，用正确的理论来指导教师，共同践行教育使命，培养学会认知、学会做事、学会共处、学会生存的幸福孩子。

一、我们的教育

教育要立足儿童，让儿童带着好奇心和快乐感慢慢长大，是教育真正的成就。儿童是主动的学习者，是具有自由意志的生命体，他们享有游戏和受教育的权利，而幼儿园是儿童获得爱意和尊重的最佳场所。我园将儿童看作具有独立人格的个体，将儿童作为教育的主体，尊重儿童，立足儿童视角，以生活和游戏成就儿童的幸福人格。在这样的教育观和儿童观的指导下，在三十年的传承与创新中，三幼致力于成为一所幸福而美好的幼儿园，三幼始终秉承着"在幸福三幼遇见美好自己"的办园宗旨，培养具有终身幸福能力的未来人。提出了"让教育留白，追循儿童的幸福成长"的教育理念，致力于"留白"理念下的幼儿园文化建设，逐渐形成了三幼特色，并取得了一些成效。

（一）我们的教育理念

"留白"一般是指在书画艺术创作中，为使整个作品画面、章法更为协调精美而有意留下相应的空白；或在文学创作中为使作品意境深远，留下相应的空白；亦有留有余地的意思。"留白"理念最早可追溯到古代哲学家庄子，

《庄子·人间世》中提出："虚室生白，吉祥止止。"意为：空旷的房间才能通透明亮，一派吉祥。后世逐渐将其引入艺术创作中，意为留下想象的空间。

三幼之所以采用"留白教育"理念，是因为留白为一种艺术表现手法，在绘画、书法等艺术形式中都有广泛的应用。在幼儿园教育中，采用"留白教育"理念，可以让孩子从小就处在具有美学思想设计的空间里，培养他们的审美能力和艺术素养。通过留白的手法，可以让幼儿园的空间更加生动、有趣、富有韵味，激发孩子的想象力和创造力。幼儿期是孩子身心发展的关键时期，他们像一张白纸一样，对外界充满了好奇和探索的欲望。采用"留白教育"理念，可以给孩子留出自我探索的空间，让他们在实践中不断尝试、发现、探索，从而促进幼儿的自主性和创造性发展。

留白教育可以让孩子们在一个开放的环境中自由探索、自由发挥，激发他们的想象力和创造力。通过留白，孩子们可以在自己的空间里进行自我表达和创造，从而更好地培养他们的独立思考能力和创新精神。采用"留白教育"理念，可以让孩子从小就学会思考、学会发现、学会探索。在留白的环境中，孩子们可以自由发挥想象力和创造力，不断尝试解决问题、寻找答案。这样的环境可以促进幼儿思维的发展，培养他们的创新能力和解决问题的能力。

因此，我们认为"让教育留白，追循儿童的幸福成长"，是必要的。对于"留白"，有三方面内涵：留白教育——儿童视角下，以儿童为本，培养幸福儿童；留白管理——教师视角下，以教师为本，培养幸福教师；留白家园——家长视角下，共筑幸福家园。全体三幼人从"留白"理念和幼儿园文化建设的实践着手，既有对理论的思考过程，也有文化创建的过程，衍生出了三幼的四大范畴的文化精髓：思想文化、精神文化、制度文化、课程文化，从四个方面解读了"留白"的理念。

（二）"留白"理念下的思想文化建设

经过30多年的文化沉淀，我园确立了"留白"理念，让生活、游戏、环境等每一个元素都成为教育的契机，让幼儿的学习轨迹和成长都看得见。"留白"理念具体表述为"留白教育、留白管理、留白家园"。为情感留白，才能有感知力；为思想留白，才能有想象力；为教育留白，才能有学习力；为童年留白，才能有生命力。感知力、想象力、学习力、生命力将构筑一个完整的人的灵魂内核与精神基石。在"留白"理念的引领下，我们确立办园宗旨为"在幸福三幼遇见美好自己"，以"让教育留白，追循儿童的幸福成长"为教育理念，以"儿童是具有独立人格的个体，享有游戏和受教育的权利"为儿童观，以"儿童的视角理解儿童，做幼儿的倾听者、引导者和支持者"为教师观，以"立足儿童视角，尊重儿童，以生活和游戏成就儿童幸福人格"为教育观，以"留白教育，让幼儿的学习轨迹和成长看得见"为课程观，并制订了"学会认知——培养喜欢探究的孩子；学会做事——培养善于创造的孩子；学会共处——培养乐于交往的孩子；学会生存——培养独立自主的孩子"的培养目标，形成了"仁爱、人本、自由、和谐"的园风和"尊重、信任、合作、引领"的家长观。

（三）"留白"理念下的课程文化建设

留白的教育是最美的教育，最美的教育不是提供标准答案，而是为孩子提供多元化的表达方式和开放式的思维空间；最美的教育不是灌输各种知识，而是让孩子拥有学习的兴趣和能力；有生命力的学习者绝不是奴隶，而是欢快的自由人。人唯有自由，才能感受到闲暇的愉悦和创造的快乐，我们的孩子所拥有的、与生俱来的天赋和潜能，唯有在身心愉悦放松的前提下才能最大限度地发挥出来。留白的教育并非"不教"，而是提升孩子终身受用的自我教育和自主创造的能力，留白是教育的艺术，也是教育的成全。

幼儿园课程的核心价值是促进每一个儿童在原有水平上的发展，幼儿园课程的主体就在于儿童。《指南》指出"幼儿的学习是以直接经验为基础，在游戏和日常生活中进行的。要珍视游戏和生活的独特价值"。我园贯彻《指南》精神，将教育与一日生活、游戏有机地结合起来，形成了独具特色的园本课程。我园一直以《指南》为指导，深入贯彻落实五大领域的教育目标和活动内容，并在此基础上创新活动的形式。经过多年的实践探索，我园现以园本课程建设作为推动幼儿园可持续发展的重要支柱，在"留白"理念的驱动下，将教育与一日生活有机地结合起来，形成了独具特色的园本课程，形成了四大课程板块，分别是"生活课程""游戏课程""综合实践活动课程"和"环境课程"。

1. 生活课程

生活课程，即立足于园本，从美食文化、风景文化及人文文化等维度着手，挖掘富有教育意义的生活内容，将生活课程纳入课程范畴，给予教师和幼儿更广阔开放的教育空间，让教育的"留白"赋予幼儿童年更多创造的可能性。如发现酵母的力量，腌制萝卜、制作酸梅青瓜、美味的酸奶、汤圆，等等。

2. 游戏课程

游戏课程即实现教学活动游戏化的憧憬。在充分考虑幼儿生活实际和年龄特点的前提下，开展与主题相关的教学活动，将游戏贯穿其中，以区域活动和户外自主游戏为主，使得幼儿在愉快轻松的学习氛围中收获有益经验。如科艺长廊的涂鸦乐趣、十二生肖的剪纸游戏、趣味填涂百家姓、各类数学游戏、皮影戏生动演绎《西游记》等。

3. 综合实践活动课程

综合实践活动课程即让幼儿成为三幼的小主人翁，通过各种特色活动，培养幼儿合作交流、乐于探索、主动创造等良好品质，如"晨检小助手""光荣小旗手""环保小卫士""护绿小使者""亲水节""合唱团""三幼播播堂""艺术节""亲子运动会""我为湛江代言"等。

4. 环境课程

在"留白"理念下的环境创设中，我园提出"让幼儿园的每个角落都充满孩子的色彩和故事"的愿景，致力于营造"有故事的环境"，创设有故事的主题墙。通过倾听与支持，让幼儿用自己的方式创设可看（看见学习的过程）、可探（可以探究的环境）、可说和可听（幼儿能从时间、地点、人物、情节等方面讲述自己的故事）的环境，让幼儿成为环境的小主人。如：幼儿手绘的活动区标识、楼梯走道的游戏故事、创建四大游戏区（运动性游戏区、探索性游戏区、表现性游戏区和欣赏性游戏区）、沙水池、欢乐大滑梯、陶乐坊、树屋餐厅、温馨敞亮的会议室、充满诗情画意的一楼大厅和有故事的角落等。

同时，也取得了一些成果：省级教育科研项目立项4项：项目一"在学前儿童家庭中贯彻《指南》实现家园共育的策略研究——家园共育培养学前儿童数学认知能力"，立项编号2015JJKGYJ017；项目二"《指南》背景下幼儿园数学课程生活化、游戏化的实践研究"，立项编号2015JJKGSY028；项目三"儿童视角下幼儿户外自主游戏活动的观察与支持实践研究"，立项编号2020YQJK363；项目四"幼儿园青年教师专业素养提升的路径与策略研究"，立项编号2018YQJK283。市级课题项目1项："'五育融合'视域下幼小衔接的实践研究"，立项编号2022ZJYB029。区级教育科研项目立项4项：项目一"基于幼儿社会交往能力的自信心培养的几种方法及其在幼小衔接的应用研究"，立项编号2017ZJCKYB035；项目二"篮球活动中5~6岁幼儿合作意识培养的策略研究"，立项编号2019ZJCKYB002；项目三"融合多媒体教学开展5~6岁儿童美术活动的实践研究"，立项编号2021ZJCKYB013；项目四"5~6岁幼儿多声部合唱教学策略研究"，立项编号2021ZJCKYB014。获得市级教学成果奖1项：2018年7月，"《指南》背景下幼儿园数学课程生活化、游戏化的实践研究"成果获得第四届湛江市基础教育教学成果奖一等奖。

幼儿园园本课程建设是一个管理上的概念，在幼儿园园本课程建设的过程中，我园以办园理念为依托，基于解决幼儿园的实际问题来进行幼儿园课程建设，重视课程的实施、管理和评价。

（四）"留白"理念下的制度文化建设

幼儿园制度文化包括三个层面：一是传统、习惯、经验与知识积累形成的基本制度层面；二是由理性设计和建构的制度文化高级层面；三是包括机构、组织、设备等的实施机制层面。制度文化作为精神文化的产物和物质文化的工具，构成了人类行为与活动的习惯、规则，办园理念一旦形成，就必须在幼儿园工作的方方面面落实到位。我园拥有一支高效的管理团队，完善的制度保障了园本教研活动的顺利进行。同时形成了《市三幼职工手册》，制度的形成使我园的管理团队树立了以制度管人的理念，管理有目标，有落实，有评价。我园还成立了教研团队，教研室主管幼儿园的教育教学和教科研工作，在教研室的带领下，教研组长、级组长和骨干老师都成为幼儿园教科研工作的中坚力量。我园保持了良好的社区、家长、幼儿、教师关系，建设了一个被阳光照亮的民主管理体制，拥有了一支有情怀和激情的优秀精英团队。

（五）"留白"理念下的精神文化建设

苏格拉底说过："教育不是灌输，而是点燃火焰。"教师的自我实现，不单是物质需求，更是精神上的满足。教育的真义就是价值的引导和自主构建，"立足儿童视角，尊重儿童，以生活和游戏成就儿童幸福人格"的教育观，是三幼秉承传统，对教师的更高要求，我们高度重视制度的执行和教师的可持续发展。我园确立了"以培养专家型教师为重点，树立科学发展观，打造一支知识型、专业型、学习型的创新团队"的师资培养策略。幼儿园精神文化是全体工作人员、家长这个群体对园所硬件、师资、师幼互动、精神状态等方面的反映样态。这个群体可以认识和改造环境，同样，环境也可以影响这个群体。一个园所外在的表现形式反映出该园对幼儿教师和家长的重视程度，也就是"以人为本"的程度。在"留白"理念下的环境创设中，我们提出"让幼儿园的每个角落都充满孩子的色彩和故事"，同时管理优、教育优、环境优的"三优"开展给幼儿园明确了一个以教育环境和教育活动为抓手，打造优秀团队和园所文化的内涵发展之路。

二、我们的同行者

家长是我们教育路上志同道合的同行者，只有家园紧密合作才能更好地培养孩子。我园以《指南》理念为指导，全面、系统、有效地开展幼儿园、家庭、社区协同教育工作，构建了幼儿园、家庭、社区三位一体的教育模式，形成了"尊重、信任、合作、引领"的家长观。幼儿园与家庭、社区建立了一种合作、互补的关系，在彼此的互动中，促进了幼儿综合素质的发展。

家长通过走进幼儿园，策划与组织活动、体验与参与管理，实现了留白理念中的留白家园，家长对我们的工作更了解、更支持。在幼儿园里常常看到教师之间、教师与孩子之间、教师与家长之间的温馨和谐，每一个走进市三幼的人都会被这氛围所感染。

在家园的共同努力下，我们也开展了一系列丰富的家长活动，如家长进课堂讲故事、绘本漂流、亲子雕刻时光、家长助教指导幼儿包饺子、家长分享育儿经验、家长义工维持交通秩序、亲子故事比赛、"爸爸妈妈合唱团"在合唱节献唱、"我为赤坎老街代言"亲子活动、"我为湛江代言"亲子活动等。

三、留白是一种理念

留白是一种智慧，留白是一种境界，留白是一种艺术。在幼儿园教育中运用"留白"，是教师尊重幼儿、尊重教育规律的表现。那么在幼儿园教育中，如何运用"留白"呢?

（一）导入新课时留白

导入新课是一节课的起始环节，导入新课的设计目的是启发幼儿，让幼儿迅速进入思维状态，积极主动地探究新知识。在幼儿园数学教育中，导入新课时，教师可设计恰当的留白，为幼儿营造一个自主学习的氛围。

（二）操作探究时留白

操作探究是幼儿获得直接经验的环节。在操作探究中，教师可设计恰当的留白，为幼儿留下思考的空间和时间，让幼儿通过自己的操作、探究、领悟去发现知识，获得直接经验。

（三）交流表达时留白

交流表达是幼儿将操作探究过程中获得的感性经验与同伴、老师进行沟通交流的环节。在交流表达中，教师可设计恰当的留白，为幼儿提供一个思考、交流、质疑的机会，让幼儿在思想碰撞中巩固和深化知识。

（四）点化提升时留白

点化提升是教师"点化"幼儿，促进幼儿顿悟的环节。在点化提升中，教师可设计恰当的留白，为幼儿营造一个顿悟知识的氛围，促使幼儿在顿悟中深入理解知识。

四、教育希冀

留白教育为幼儿提供了一定的自我探索空间，让他们能够自主地发现、思考、解决问题，从而更好地促进其认知、情感、社交等方面的发展。留白教育也为幼儿提供了展示自我的机会。在幼儿园的墙面、区角等空间，可以留出一些空白，让幼儿有足够的自由度，去表达自己的想法和感受，从而更好地促进其语言表达能力和创造力的发展。留白教育还鼓励幼儿进行创新思维，对于一些问题或任务，不设定固定的解决方案或答案，让幼儿能够自由发挥，从多个角度去思考和解决问题，从而更好地培养其创新思维和创造力。

未来，我园将始终秉承着"在幸福三幼遇见美好自己"的办园宗旨，履行"培养具有终身幸福能力的未来人"的教育承诺，赋予幼儿、老师和家长更多的空间去创造、创新，不断完善和提升我园的园下文化，以"留白"理念为方向标，用科学的思想来引导教师，用正确的理论来指导教师，共同践行教育使命，培养学会认知、学会做事、学会共处、学会生存的幸福孩子，让大家共同见证彼此的成长，见证市三幼的瑰丽韶华！

第四节　梦想、大道与信仰

在幼儿教育中，我们应该拥有梦想，拥有大道，拥有信仰，真正成为幼儿教育发展的推动者，也成为留白教育理念的践行者。

一、育人梦想

幼儿教师的梦想是让每一个孩子得到最好的教育。幼儿教师是孩子成长过程中的重要伙伴，他们不仅需要关注孩子们的成长需要，更需要注重每个孩子的个性特征、兴趣爱好、家庭背景等个体差异，有针对性地开展教育活动，使每个孩子都能得到最好的教育。

幼儿教师的梦想不仅仅是传授知识，更重要的是培养孩子们的品质、情感和习惯。幼儿教师希望每个孩子都能够自尊、自信、积极向上、乐观向善，能够拥有良好的品质和道德观念，能够在未来的学习和生活中获得成功和幸福。

幼儿教师不仅关注孩子们的学习成绩，更加注重孩子们的全面发展和个性化发展。他们希望每个孩子都能够拥有丰富的文化素养和艺术素养，审美能力、创造能力、动手能力等全面得到提高。同时，幼儿教师还要关注孩子们的心理健康和社交能力，帮助他们建立良好的人际关系，提高他们的团队协作能力，为孩子们的未来成长打下坚实的基础。

幼儿教师的梦想是让每个孩子都能够得到公平的机会，享受优质的教育资源。他们希望每个家庭都能够享受到育儿的乐趣和收获，每个孩子都能够得到均衡的发展和展现自己才华的机会。

总之，幼儿教师的梦想是让每个孩子得到最好的教育，为他们未来的学习和生活打下坚实的基础。幼儿教师应该关注孩子们的全面发展和个性化发展，注重品质和道德观念的培养，让每个孩子都能够得到公平的机会，享受优质的教育资源。作为幼儿教师，我们应该为实现这个梦想而不断努力，为每个孩子的未来成长贡献自己的力量。

二、教育大道

幼儿教育的大道是指尊重幼儿身心发展规律和特点，关注幼儿身心健康、情感态度和价值观的培养，以及幼儿个性和潜能的开发，为幼儿提供良好的成长环境和丰富的学习资源，让他们在快乐的童年生活中获得有益的经验和成长，为将来的人生发展打下坚实的基础。

首先，幼儿教育强调尊重幼儿身心发展规律和特点。幼儿期是孩子身体和心理发育的重要阶段，需要遵循其发展规律和特点，进行教育和保育。教师应该了解和尊重每个幼儿的差异，根据他们的年龄、性别、兴趣爱好和家庭背景等不同因素，制订适合他们的教育计划和活动安排，促进其身心全面发展和健康成长。

其次，幼儿教育注重幼儿身心健康、情感态度和价值观的培养。幼儿园应该提供安全、健康、干净、温馨的环境，应注重幼儿的身体健康和心理健康，培养他们良好的情感态度和价值观。教师应该关注幼儿的情感需求，培养他们自尊、自信、合作、分享、关爱他人等积极情感和态度，帮助他们树立正确的价值观和人生观。

再次，幼儿教育关注幼儿个性和潜能的开发。每个幼儿都是独特的个体，有不同的兴趣、爱好、能力和特长。幼儿园应该为每个幼儿提供个性化的教育和培养，让他们在适合自己的领域中发挥特长、挖掘潜力，从而促进其全面发展。

最后，幼儿教育强调为幼儿提供良好的成长环境和丰富的学习资源。幼儿园应该是幼儿的快乐家园和成长摇篮，应该提供多样化的教育和游戏资源，让他们在探索和实践中获得有益的经验和成长。幼儿园应该与家庭、社区密切合作，共同为幼儿打造全方位的教育环境和成长支持体系。

总之，幼儿教育要求教育者以开放的心态和全新的视角，关注孩子的全面发展和个性化需求，同时注重自身的专业发展和道德修养，努力成为一名符合时代要求的优秀教育者。

三、育人信仰

教育是一种信仰，它是指引幼儿寻找真我、实现自我、筑造人生梦想的过程。教育信仰是教师对教育活动的认识、情感、态度和价值观的体现，是教师对教育活动的最高层次的追求，也是教师对幼儿发展的美好愿景。

首先，教育是一种信仰，因为教育信仰体现了教师对幼儿发展的美好愿景。教师相信每个幼儿都有自己独特的潜能和特长，需要被发现和培养。教师会通过多元化的教学活动，帮助幼儿发现自己的兴趣和优势，并鼓励他们勇敢追求自己的梦想。

其次，教育是一种信仰，因为教育信仰是教师对教育活动的认识、情感、态度和价值观的体现。教师对教育有着强烈的认同感和归属感，他们认为教育是一项神圣的事业，具有培养未来人才、促进社会进步的重要使命。教师会以自己独特的教学风格和理念，引导幼儿获取知识、培养能力、提升素养，并实现教学相长。

最后，教育是一种信仰，因为教育信仰是教师对教育活动的最高层次的追求。教师不仅是知识的传授者，更是幼儿成长道路上的引路人。教师会用自己的教育信仰来指导教学，使幼儿具备适应未来社会的能力和素质，让他们在人生的道路上始终保持自信、坚韧和勇气，筑造自己的梦想。

总之，教育是一种信仰，它体现了教师对幼儿发展的美好愿景，对教育活动的认识、情感、态度和价值观的体现，以及对教育活动的最高层次的追求。教育信仰是教师职业生涯中不可或缺的一部分，它为教师的教学活动提供了强大的动力和指引，同时也为幼儿的成长和发展提供了有力的保障和支持。

第二章
留白教育理论

　　留白教育指的是在教育过程中，给孩子留出足够的时间和空间，让他们有机会独立思考、自主学习，发挥他们的想象力和创造力，从而更好地成长和发展。留白教育中的"留白"，并不是指让孩子放任自流，而是要在适当的时机给孩子足够的自由度和掌控感，让他们有时间和空间去探索自己的兴趣和热情，发挥自己的想象力和创造力。

第一节　理论基础

在幼儿园教育中，采用"留白教育"理念是十分恰当和必要的。这一理念贯彻了陈鹤琴的"活教育"理论，强调儿童的中心地位和教育的实践与体验性。它也呼应了陶行知的"生活教育"理论，强调教育与生活的紧密结合，以及杜威的"新三中心论"和"做中学"理论，强调活动和实践在教育中的重要性。通过留白，幼儿园设计能够给孩子留出自我探索的空间，让他们在实践中自由探索、尝试和创造。这种环境可以激发幼儿的想象力和创造力，培养他们的独立思考能力和创新精神，促进幼儿思维的发展。同时，留白的设计也让孩子从小就能接触到具有美学思想的空间设计，培养他们的审美能力和艺术素养。因此，采用"留白教育"理念可以更好地促进幼儿的全面发展。

一、陈鹤琴的"活教育"理论

陈鹤琴的"活教育"理论是一种以儿童为中心，强调教育的生活化、实践性和体验性的教育理念。他认为，教育应该根据儿童的心理和兴趣特点来进行，让儿童通过亲身经历和亲手操作来获得知识和技能。

（一）发展脉络

陈鹤琴的"活教育"理论的发展脉络可以追溯到20世纪20年代。他担任鼓楼幼稚园（鼓楼幼儿园前身，简称鼓幼）园长整整30年，将教育学、心理学的理论运用在教育实验研究中，努力创建中国化、科学化、大众化的幼儿教育体系。在这个过程中，他提出了"活教育"的思想，认为要使幼稚园教育中国化、科学化，首先要从课程改革入手。他和老师们通过三次课程实验，从幼儿园的办园宗旨、培养目标、教学内容、设备标准到教师的要求，逐项进行研究，提出了幼稚教育的三大目标、15条主张、17条教学原则、学习的四个步骤等，逐渐形成了一套适合时代需要、符合民族精神的"活教育"理论体系。

1932年，由陈鹤琴主持、根据鼓楼幼稚园课程实验成果制定的全国《幼稚园课程标准》正式颁布实施，这是我国幼儿教育史上的第一部幼儿园课程标准。在这个标准中，陈鹤琴等人提出了以"生活化、社会化、科学化"为原则的幼稚园课程结构，强调了以儿童为本、以"做人"为核心的课程目标。

在1947年的《活教育》刊物中，陈鹤琴谈到，"活教育"的形成就是基于当年在鼓幼的实验，这些实验为"活教育"运动的到来铺平了道路。鼓幼成为孕育"活教育"最早的摇篮。

总的来说，陈鹤琴的"活教育"理论是在实践中逐步形成的，它强调了儿童的主体地位和教育的生活化、实践性和体验性。这个理论对中国幼儿教育的发展产生了深远的影响，至今仍然具有重要的指导意义。

（二）核心观点

首先，陈鹤琴的"活教育"理论认为，儿童不是被动接受知识的容器，而是具有主动性和创造性的个体。幼儿时期是孩子身心发展的关键时期，他们的好奇心和探索欲望非常强烈。因此，教育应该尊重儿童的主体地位，让儿童在亲身经历和亲手操作中学习，激发他们的学习兴趣和积极性。

其次，"活教育"强调教育的生活化。幼儿生活在一个充满变化和未知的世界中，他们需要学习的是与生活紧密相关的知识和技能。因此，教育内容应该与幼儿的生活经验相联系，让幼儿通过亲身经历来学习。例如，在幼儿园中可以设置各种生活场景，如厨房、医院、商店等，让幼儿扮演不同的角色，进行模拟生活实践。这样可以提高幼儿的生活自理能力和社会交往能力。

再次，"活教育"强调教育的实践性和体验性。陈鹤琴认为，实践是获取知识和技能的重要途径。在幼儿教育中，应该通过实践和体验来培养幼儿的各种能力。例如，可以通过手工制作、绘画、音乐等活动来培养幼儿的手眼协调能力和创造力；通过户外探险、观察动植物等活动来培养幼儿的观察力和科学素养；通过角色扮演、情景模拟等活动来培养幼儿的社会交往能力和情感表达能力。

最后，"活教育"强调教育的整体性和系统性。陈鹤琴认为，教育应该是一个整体性的过程，各个领域之间相互联系、相互促进。在幼儿教育中，应该注重各个领域之间的联系和整合，促进幼儿的全面发展。同时，教育也应该是一个系统性的过程，每个阶段都有不同的目标和内容，应该循序渐进地进行。

（三）对"留白"教育的启示

陈鹤琴的"活教育"理论对幼儿园"留白"教育有着重要的启示。

首先，"活教育"理论强调儿童在教育中的主体地位，认为教育应该根据儿童的心理和兴趣特点来进行。这与"留白"教育的理念不谋而合，因为"留白"教育同样强调给儿童更多的自由和探索的空间，让他们通过自我探索和体验来获得知识和技能。

其次，"活教育"强调教育的生活化、实践性和体验性。在"留白"教育中，教师会给予儿童更多的实际操作和体验的机会，让儿童在亲身经历中学习和成长。这种教育方式有助于培养儿童的独立思考能力和创新精神，这与"活教育"的目标也是一致的。

再次，"活教育"强调教育的整体性和系统性。在"留白"教育中，教师会注重各个领域之间的联系和整合，以促进儿童的全面发展。这与"活教育"强调的整体教育观相符，即教育应该是全面而系统的，各个阶段的教育应该有机地衔接起来。

最后，"活教育"理论提倡不断学习和自我更新的精神。在"留白"教育中，教师也需要不断学习和研究，以适应幼儿教育的不断变化和发展。只有不断学习和更新观念，才能更好地促进幼儿的成长和发展。

二、陶行知的"生活教育"理论

陶行知的"生活教育"理论对幼儿教育有着重要的启示和指导意义。他的理论强调了教育与生活的紧密联系、教育的实践性和体验性、教育的整体性和系统性，以及自我学习和自我发展精神的重要性。这些理念与幼儿教育的特点和发展方向相契合，能够帮助幼儿在日常生活中学习，让他们通过亲身经历和动手操作来获取知识和技能，培养他们的独立思考能力和创新精神。

（一）发展脉络

陶行知的"生活教育"理论的发展脉络可以追溯到他早期的教学实践和思想的形成。他的"生活教育"理论经历了不同阶段的发展和完善，最终形成了完整的体系。

在早期，陶行知提出了"教学合一"的教育思想，认为教学应该与生活实践相结合，学生应该通过实践来学习和掌握知识。这个思想奠定了陶行知"生活教育"理论的基础。

随着陶行知对教育的深入研究和探索，逐渐形成了"生活即教育"的观点。他认为，生活本身就是一种教育，人们可以通过生活来学习，通过学习来改善生活。这个观点进一步发展了陶行知的"生活教育"理论，使他的教育思想更加贴近实际和生活。

在20世纪20年代末期，陶行知开始将自己的"生活教育"理论应用于具体的教学试验中。他创办了晓庄试验乡村学校，将教育与生活结合起来，使教育者和受教育者从传统的旧教育中解放出来。这个阶段是陶行知"生活教育"理论的形成期，他的理论开始在实践中得到验证和应用。

到了20世纪30年代初，陶行知在乡村教师讨论会上发表了《生活即教育》的报告，提出生活本身就含有对人的教育作用。之后他在《我之学校观》一文中论述了学校与社会的关系，认为学校是社会的一部分。这些论述进一步发展了陶行知的"生活教育"理论，使他的理论更加成熟和完善。

在20世纪40年代初，陶行知对自己的"生活教育"理论进行了总结和概括，认为"生活教育是给生活以教育，用生活来教育，为生活向前向上的需要而教育"。这个定义明确了生活教育的基本原则和方法，使陶行知的"生活教育"理论更加明确和系统。

（二）核心观点

陶行知的"生活教育"理论的核心观点包括以下几点：

1. 生活含有教育的意义

陶行知认为，自从有了人类社会，就有了人类的生活，也就有了人类的教育。教育随着人类生活的变化而变化。生活是不断前进的，教育也要不断进步。他认为"生活教育是生活所原有、生活所自营、生活所必需的教育"。

2. 生活与教育密不可分

陶行知认为，"过什么样的生活就受什么样的教育：过康健的生活便受康健的教育；过科学的生活便受科学的教育；过劳动的生活便受劳动的教育；过艺术的生活便受艺术的教育；过社会革命生活便受社会革命的教育"。同时，他强调，"教育不通过生活是没有用的，需要生活的教育，用生活来教育，为生活而教育。为生活需要而办教育，教育与生活是分不开的"。

3. 教育具有终身性

陶行知指出："生活教育与生俱来，与生同去。出世便是破蒙，进棺材才算毕业。"他认为，人要活到老学到老。

4. 实际生活是教育的中心

陶行知始终把教育和社会生活联系起来进行考察，他主张教育要与社会生活相结合，不能脱离生活。他强调要根据生活需要进行教育内容和方法的设置。

5. 生活决定教育，教育改造生活

陶行知认为，生活决定教育，表现为教育的目的、原则、内容、方法都为生活所决定，为生活所必需。同时，他也指出教育对生活具有反作用，教育能推动生活进步，改造每个人的生活。

以上核心观点都强调了教育与生活的紧密联系和相互影响。陶行知的"生活教育"理论不仅在当时具有重要意义，至今仍对教育事业产生着深远的影响。

（三）对"留白"教育的启示

陶行知的"生活教育"理论对幼儿"留白教育"有着重要的启示。

首先，"生活教育"理论强调了教育与生活的紧密联系。对于幼儿教育来说，这意味着应该将教育融入幼儿的生活中，让他们通过日常生活来学习和成长。例如，幼儿可以在日常生活中学习基本的礼仪、人际交往的技巧和自我照顾的能力等。

其次，"生活教育"理论强调了教育的实践性和体验性。在幼儿教育中，应该鼓励幼儿通过亲身经历和动手操作来获取知识和技能。例如，通过游戏、手工制作等活动，让幼儿在玩耍中学习到知识和技能。

最后，"生活教育"理论提倡自我学习和自我发展的精神。在幼儿教育中，应该鼓励幼儿自主学习和自我发展，培养他们的独立思考能力和创新精神。例如，通过阅读、探索等活动，让幼儿自主发现和解决问题，培养他们的自主学习能力和创新精神。

三、杜威的"新三中心论"

杜威的"新三中心论"主张以儿童为中心，以活动为中心，以经验为中心，强调了儿童的主动性、创造性和探索精神，为现代教育提供了重要的指导思想。在幼儿教育中，我们应该充分尊重儿童的个性和需求，让他们在多样化的活动中亲身体验和实践，从而获得丰富的经验。

（一）发展脉络

杜威的"新三中心论"源于他的实用主义教育思想。他批判了传统的学校教育，主张教育应该以儿童为中心，尊重儿童的个性和天性。他提出"教育即生活"和"学校即社会"的观点，认为教育应该与现实生活相联系，以现实化、生活化的教学取代传统的课堂讲授，以儿童的亲身经验代替书本知识，以学生的主动活动代替教师的主导。

在此基础上，杜威提出了"新三中心论"，即以现实化、生活化的教学为中心，以儿童的亲身经验和自主活动为中心，以学校的社会情境为中心。他认为，这样的教育方式可以更好地促进儿童的成长和发展。

在教学论方面，杜威依据学生在做中学的认识发展提出了五个阶段的过程，分别是困难、问题、假设、验证和结论，提出了教育无目的论。他认为，在教学过程中，教师应该引导和帮助儿童发现问题和解决问题，而不是简单地传授知识。

总之，杜威的"新三中心论"是在批判传统教育的基础上提出的，它强调了儿童的中心地位和教育的生活化、实践性和体验性。这个理论对现代教育产生了深远的影响，至今仍然具有重要的指导意义。

（二）核心观点

杜威的"新三中心论"的核心观点是：以儿童为中心，以活动为中心，以经验为中心。

1. 以儿童为中心

杜威认为，教育应该以儿童为中心，尊重儿童的个性和天性。他批判了传统的学校教育，主张教育应该适应儿童的需求和兴趣，让儿童在教育过程中发挥主动性和创造性。

2. 以活动为中心

杜威认为，教育应该以活动为中心，通过活动让儿童亲身体验和实践，从而获得知识和技能。他主张以活动为基础，让儿童在活动中学习和成长，培养他们的实践能力和创新精神。

3. 以经验为中心

杜威认为，教育应该以经验为中心，通过经验让儿童获得知识和技能。他主张通过实践和体验来获取经验，让儿童在经验中学习和成长。

（三）对"留白"教育的启示

杜威的"新三中心论"对幼儿"留白教育"有着重要的启示。

以儿童为中心的观点启示幼儿教育应该尊重儿童的个性和天性，让儿童在教育过程中发挥主动性和创造性。在幼儿教育中，应该充分了解和尊重每个儿童的特点和需求，让他们在教育中自由探索和学习，发挥自己的想象力和创造力。

以活动为中心的观点启示幼儿教育应该通过活动让儿童亲身体验和实践，从而获得知识和技能。在幼儿教育中，应该通过多样化的活动，如游戏、手工制作、观察等，让幼儿在亲身经历中学习和成长，培养他们的实践能力和创新精神。

以经验为中心的观点启示幼儿教育应该通过经验让儿童获得知识和技能。在幼儿教育中，应该注重幼儿的实践和体验，让他们在实践中获取经验，从而更好地学习和成长。

四、杜威的"做中学"理论

杜威的"做中学"理论是一种注重实践性和主动性的教育理念，它强调了通过实践活动来学习知识和技能的重要性。这种教育方式可以更好地激发学生的学习兴趣和好奇心，培养他们的实践能力和创新精神。

（一）发展脉络

杜威的"做中学"理论源于他的实用主义教育思想。他认为，传统的学校教育注重知识的传授，忽视了学生的实践能力和创新精神的培养，这种教育方式已经不能满足现代社会的需求。因此，他提出了"做中学"的教育理念，强调学生在实践活动中获取知识和技能，培养他们的创新精神和解决问题的能力。

杜威的"做中学"理论在实践中得到了广泛应用。他主张通过活动来让学生亲身体验和实践，从而获得知识和技能。在活动中，学生不再是被动地接受知识，而是主动地参与其中，通过自己的实践和探索来获取经验。这种教育方式可以激发学生的学习兴趣和好奇心，培养他们的实践能力和创新精神。

杜威的"做中学"教育理念在不断发展完善。他不仅提出了理念，还为实施这一理念提供了具体的方法和策略。

（二）核心观点

杜威的"做中学"理论的核心观点是：教育要以儿童为中心，与生活紧密相连，通过活动和经验来促进儿童的成长和发展。

杜威认为，教育应该以儿童为中心，尊重儿童的个性和需求，让儿童在多样化的活动中亲身体验和实践，从而获得丰富的经验。同时，教育应该与现实生活相联系。此外，杜威还强调了教师的引导作用，帮助幼儿发现问题和解决问题，激发他们的学习兴趣和好奇心。

在教学方法上，杜威主张采用情境教学和项目式学习等方式，让学生在真实的情境中解决问题，以提高他们的实践能力和创新精神。此外，他还提出了"反思学习"的概念，让学生在学习过程中不断反思和总结，以提高他们的学习效果和思维能力。

（三）对"留白"教育的启示

杜威的"做中学"理论对"留白"教育有着重要的启示。

首先，"做中学"强调了儿童的主动性和实践性，这与"留白"教育中的理念相契合。"留白"教育强调了给予儿童足够的时间和空间去探索和学习，让他们在自主的探索和实践中获得知识和技能。这种教育方式与"做中学"相结合，可以更好地促进儿童的主动性和创新精神的发展。

其次，"做中学"强调了教育与现实生活的联系。"留白"教育也强调了将教育融入日常生活中，让儿童通过亲身经历和体验来获得知识和技能。这种教育方式可以更好地激发儿童的学习兴趣和好奇心，让他们在现实生活中发现问题和解决问题，以提高他们的实践能力和解决问题的能力。

最后，"做中学"强调了多样化的教学方式和方法。"留白"教育也提倡采用多种方式和方法来开展教育活动，例如通过游戏、手工制作、观察等方式来促进儿童的全面发展。这种教育方式可以更好地满足儿童的需求，让他们在不同的活动中获得多样化的经验和知识。

第二节　价值取向

在留白教育中，应以儿童为本，培养幸福儿童；以教师为本，培养幸福教师；基于家校合作，共筑幸福家园。

一、留白教育——以儿童为本，培养幸福儿童

留白教育中的留白，主要是为了儿童更好地成长，引导儿童追求幸福。

（一）留白教育中儿童本位的理解

18世纪到19世纪上半叶，以卢梭、福禄贝尔为代表的教育思想家们提出了"儿童本位论"，主张教育要遵循儿童的本性，使其自然发展。20世纪初期，杜威秉承此观点，提出了"儿童中心论"，认为教育应从儿童不变的本能、自发的兴趣和需要出发，以儿童自己的活动作为中心，反对传统的教师中心、书本中心。随着社会文明的进步和儿童相关研究的深入，今天，"儿童本位"已成为现代社会关乎儿童的基本共识，例如《儿童权利公约》提出"关于儿童的一切行动，不论是由公私社会福利机构、法院、行政当局或立法机构执行，均应以儿童的最大利益为一种首要考虑"。所以说，"儿童本位"是一种思考与实践儿童利益相关事务时的立场，强调以儿童的利益为根本，尊重儿童作为"人"的尊严与权利，遵循儿童身心发育的规律与特性。

具体到教育领域，"儿童本位"首先体现为对合乎幼儿利益的本能、兴趣和需要的尊重与满足。从理想学前教育的诉求来看，身心健康、全面和谐的发展正是幼儿的核心利益。这意味着广大教师要紧紧围绕"核心利益"这一抓手组织各类教育活动，防止跌入把完全顺从幼儿所有的需求当作儿童本位的陷阱。

一方面，幼儿自发的需求中可能存在对其身心发展意义不大，甚至有害的

方面，如果不进行专业甄别，不仅无法实现幼儿的利益，反而可能影响他们的成长。例如，教师依据幼儿投票结果，决定在烹饪活动时制作彩虹饼干——在厚涂巧克力酱的饼干上装饰满满的巧克力豆，显然，在满足幼儿意愿时，教师忽视了健康饮食的问题。幼儿的需求只是教育活动的来源之一，幼儿喜欢的不一定就是幼儿必需的。幼儿的兴趣需要必须经过教师等专业人员有理有据的科学筛选才能成为教育内容。

另一方面，立足于儿童本位理念的幼儿园教育并不否定目的、计划和教师指导。成长发展本身就是儿童的权益，支持其获得适宜的发展更是"儿童本位"的要义之一。因此，学前教育必须着眼幼儿的未来、关注幼儿经验的增长变化、支持幼儿身心发展水平的提升，而这一切离不开教师的规划与组织。例如，有的教师面对幼儿长期反复只做一种游戏时不敢介入，误以为一旦介入就破坏了游戏的自主性，违背了儿童本位的精神，其实，此时幼儿恰恰需要的是教师帮助他突破游戏停滞不前的瓶颈。正如《幼儿园教育指导纲要（试行）》（以下简称《纲要》）中所指出的，教育活动"是教师以多种形式有目的、有计划地引导幼儿生动、活泼、主动活动的教育过程"，应"既适合幼儿的现有水平，又有一定的挑战性。既符合幼儿的现实需要，又有利于其长远发展。既贴近幼儿的生活来选择幼儿感兴趣的事物和问题，又有助于拓展幼儿的经验和视野"。

我们不可能要求身心发展水平尚不成熟的幼儿在教育过程中以成人期待的方式和水平尊重教师，但我们可以让自己以更加辩证的视角理解"儿童本位"，理解"尊重儿童"，从而令师幼关系更加美好。

（二）留白教育中儿童为本的实践要求

幼儿教育是指针对0—6岁儿童的身体、情感、认知和社交能力的发展所进行的教育。幼儿教育强调以儿童为本，即把儿童放在教育的核心位置，以儿童为中心，注重儿童的全面发展。

1. 关注儿童的身心健康

儿童的身心健康是幼儿教育的根本目标。幼儿教育要关注儿童的身体健康和心理健康。在身体健康方面，幼儿教育注重儿童的体能锻炼和营养均衡，确保儿童在园内接受定时、科学的身体活动，养成良好的生活习惯。在心理健康方面，幼儿教育重视儿童的情感发展，帮助儿童建立积极的情绪和自我认知，培养他们自信、健康、独立的人格。

2. 注重儿童的主动学习

幼儿教育注重儿童的主动学习，即激发儿童的学习兴趣和探索欲望，培养儿童的问题解决和创新能力。通过提供丰富的学习环境和材料，引导儿童通过实践、观察、实验等方式自主探究、发现和学习，强调儿童在学习过程中的主体地位，使儿童在快乐中自然地学习和成长。

3. 培养儿童的社会交往能力

幼儿教育重视儿童的社会交往，即培养儿童的交往技能、合作精神和分享意识。通过为儿童提供与同伴和老师交往的机会，帮助儿童学会与人相处、礼让、帮助、合作等社会技能，培养儿童的社交能力和亲社会行为。

4. 全面发展儿童的多元智能

幼儿教育要全面发展儿童的多元智能，即注重儿童在语言、数理逻辑、音乐、空间、身体协调、人际交往、自我认识等各方面的智能发展。通过多样化的教育手段和活动设计，为儿童提供丰富的认知体验，拓展儿童的知识面和兴趣领域，促进儿童全面发展，挖掘儿童的潜在天赋和特长。

幼儿教育要始终以儿童为本，关注儿童的身心健康，注重儿童的主动学习，培养儿童的社会交往能力，全面发展儿童的多元智能。这样的幼儿教育才能够真正满足儿童的发展需求，帮助儿童获得更好的成长和发展，为儿童未来的学习和生活奠定坚实的基础。

（三）留白教育培养幸福儿童

幸福是一种真正的愉快，它可能外露，也可能内藏。所谓真正的愉快是指这种感受是发自儿童内心的，是与其成长的方向一致的。幸福的感受能引发儿童不断地创造、探究和成长。所以儿童教育应该给儿童以知识，发展儿童的能力，激发儿童积极的情感，使儿童真正感受到幸福，这也是衡量儿童教育成效的最根本的标准。

幸福是人类的根本追求，人类的一切奋斗都指向最终的幸福。幸福是主体的一种积极的心理感受，这种感受是同人生的内在生命力量联系在一起的。一切与人的身心健康成长相关的积极感受才是幸福。因此，幸福不是一种外在的恩赐，幸福也不等同于物欲享受。儿童在成长的过程中，除了机体在生长发育外，他的精神也在成长。儿童来到人世，就开始建构自己的精神世界，进入如蒙台梭利所说的"精神胚胎"期。这个时期，不同于他的"生理胚胎"期，也不同于日后的成人生活阶段。蒙台梭利认为："生活最重要的时期并非大学时代，而是人生之初，即从出生到6岁这一阶段。这是因为，这一时期正是人的潜能，其最伟大的工具，本身开始形成之时。不仅仅是智能，人的所有心理能力亦然。"精神胚胎期，儿童开始心理建构的工作。这种工作是儿童生命本能的自然展开。儿童在成长过程中也许的确不能缺少成人的协助，但儿童主要的和根本的是依靠自己的力量使自己长大成人。儿童并非毫无能力，并非事事依赖成人。每个人都是从儿童时代长大成人的。教育是帮助儿童从周围世界中学习、成长。儿童生命成长过程中表现出来的这种创造能力是其心理世界不断发展和完善的原动力。

1. 幸福为什么与部分幼儿失之交臂

（1）幸福观的偏差

一定的物质条件是产生幸福感受的必要条件，而不是充分条件。只有在一定的物质条件下个体所从事的活动、所获得的体验与其生命成长尤其是内在精神成长取得一致，内在的生命潜能得以不断激发时，个体才能有真正的幸福感。所以，对于与儿童生活紧密相关的成人来说，了解儿童，了解儿童的需要和兴趣，了解儿童精神世界成长和发展的规律，就是"发现儿童生命的法则"。教师和家长"必须遵循这些法则而行动，因为它们表明了普天下共同的人的权利"，并为儿童的成长、为儿童生命法则的展开提供适宜的而非奢侈的条件。只有这样，儿童才能得到真正的幸福。

（2）个体需要认识的偏差

个体能否真正体验到幸福，关键在于当前的活动是否与个体的需要或兴趣协调一致。在现实生活中，成人经常把自己的需要和意志强加给儿童。有的成人以为，自己需要的，儿童也一定需要。其实，儿童与成人处于生命历程的不同阶段，他们不可能有完全相同的需要。儿童在生命法则展开的过程中，有特殊的需要和兴趣。

（3）儿童学习认识的偏差

儿童是怎么学习的？3—6岁的幼儿是怎么学习的？每一个幼儿教育工作者都必须正确回答这个问题。幼儿的学习不同于中小学生的学习，幼儿的学习是同幼儿的一日生活紧密联系在一起的。一日生活是幼儿学习的内容，也是幼儿学习的过程。因此，除了集体教学活动以外，在幼儿园中，一日生活的其他环节，如饮食、劳动、游戏、散步、卫生等都是幼儿的学习活动，也都是幼儿的学习内容。幼儿学习这些内容的主要方式不是坐着聆听，而是在特定的生活和学习情境中通过多种感官参与活动，从而习得。如果缺少了动手、动口、动脑的机会，就不可能是真正有效的学习，这是现代儿童心理发展理论所明示的。

2. 幸福是幼儿教育的应有之义

通过以上的讨论，我们可以清楚地看到，儿童的幸福与成人的作为紧密联系在一起，从一定意义上说，成人的过度干预会使儿童没有充分感受到真正的幸福。同时，我们也可以认定，成人的努力——朝着儿童生命潜能成长方向的努力能使儿童更好地拥有幸福。幸福是科学的幼儿教育的应有之义。一方面，教育作为人类社会的一项智慧性的文明事业，它是人类幸福的有机构成部分，即"幸福需要教育"。因此，教育是人类包括儿童幸福生活所必不可少的。教育是在人类幸福的光辉映照下的伟大工程，而幼儿教育是这一工程的核心和起始，幼儿正是由于接受了教育，才促进了身体、认知、情感等方面的发展，才能更好地感受并创造幸福。

另一方面，教育应包含幸福。当然，全面包含幸福的教育一定是依循现代心理科学、教育科学而实施的教育，是确实有助于儿童生命潜能发展的教育，即科学的教育。科学的儿童教育，其出发点和归宿是儿童的幸福；科学的儿童教育，其内容和过程应该能够激起儿童的幸福感受，让儿童感到满足和兴奋。使儿童教育充满幸福的关键在于"在儿童教育中运用隐藏在儿童内心深处的那些力量"，这"不仅可能，而且必须这样做"。苏联教育家赞可夫说过："了解儿童，了解他们的爱好和才能，了解他们的精神世界，了解他们的欢乐和忧愁，恐怕没有比这一点更重要的事了。"只有这样，儿童教育才可能与儿童的兴趣与需要联系起来，与儿童的发展联系起来，最终与儿童的幸福联系起来。

在留白教育实践中，我们热切地呼吁儿童教育工作者切实地关注儿童的幸福，儿童今天的幸福，就是人类未来的幸福。

二、留白管理——以教师为本，培养幸福教师

留白教育的推动者是教师，因此在管理中应以教师为本。

（一）留白教育中教师为本的角色定位思考

幼儿教育是一项非常细腻、琐碎的工作，教师需要在教育中充分发挥自身的专业知识和技能，以"教师本位"的教育理念来引导幼儿成长。

1. 教师是幼儿教育的计划者和组织者

幼儿教育需要教师在教育过程中充分发挥计划者和组织者的作用。教师需要根据幼儿的兴趣、需要、发展和特点，制订合适的教育目标，设计丰富多彩的教育活动，创造有助于幼儿成长的教育环境，使幼儿在有目的、有组织的教育过程中得到全面的发展。

2. 教师是幼儿教育的指导者和引领者

幼儿教育需要教师在教育过程中充分发挥指导者和引领者的作用。面对幼儿的自主学习和探究，教师需要提供必要的指导、提示和引领，引导幼儿向更高的目标和要求迈进。同时，教师还要随时观察和分析幼儿的学习情况和行为表现，及时调整和改进教育策略，以更好地促进幼儿的成长和发展。

3. 教师是幼儿教育的研究者和创新者

幼儿教育需要教师在教育过程中充分发挥研究者和创新者的作用。教师需要不断研究和探索适合幼儿的教育理念、方法和途径，不断更新教育理念，勇于尝试新的教育手段和技巧，始终保持对幼儿教育的热情和创新精神，以推动幼儿教育不断向前发展。

4. 教师是幼儿教育的评价者和反馈者

幼儿教育需要教师在教育过程中充分发挥评价者和反馈者的作用。教师需要对幼儿的发展和教育效果进行全面、科学、客观的评价，对教育过程中的优点和不足及时进行反馈和总结，以进一步改进和优化教育方案，更好地促进幼儿的成长和发展。

（二）提升专业水平，培养幸福幼儿教师

教育是通往人类心灵的事业，教育者应当在教育过程中收获幸福，收获满足，从而实现自身的和谐发展。一个没有幸福感，没有积极向上心态的教师，不仅不利于其自身的身心健康，而且也不可能培养出具有积极心态的阳光幼儿。

如何提升教师的幸福感，让教师更加专业地成长？

1. 开创"五结合"方法，提升教师幸福感

第一，教师职业幸福感与幼儿园留白办学理念相结合。在教育的过程中，只有让幼儿享受到教育的快乐，才能有效提升教师职业的幸福感。

第二，教师职业幸福感与教师日常教学实践相结合。教师本职是教书育人，教师幸福感无法脱离教学实践。

第三，教师职业幸福感与提高教师专业素养相结合。专业素养是影响教师幸福感的重要因素，专业发展也是幼儿园队伍培养的永恒主题。

第四，教师职业幸福感与教学成果交流相结合。定期开展教学成果交流展示活动，通过交流展示和评估教师的教学成果，可以使教师之间相互取长补短，从而增强职业自信。

第五，教师职业幸福感与时代背景相结合。国家和社会对教师的关注、对学前教育的关注，能让教师感受到自身岗位的重要性，从而增加幸福感。

通过提升教师幸福感，来帮助教师克服职业倦怠和新时期教育的变革带来的焦虑，提升教师的整体素质，促进教师与幼儿的全面健康发展。

2. 推动"三路径"实施，提升教师幸福感

（1）优化教师的支持源，增强教师幸福指数

教师的支持源除了领导、同事、朋友和社会其他各界人士外，还应包括：制度、团队氛围、外部评价、工作方式。第一，修订制度，推陈出新，提升满意度。我园结合"提升教师职业幸福感"的研究，秉着人性化、民主化、科学化、激励性原则，修订了相关制度——教职工考勤制度、教师各类奖项奖励办法等，增加了"孝老爱亲制度"，给遇到特殊困难的教师开绿灯，解决他们的后顾之忧。制订程序公开公正，关注教师的需求态度，促进教职工积极、主动、快乐而有创造性地工作，提升了教师的满意度。第二，打造团队，由管到理，增强归属感。打造年组建设，采用"三重原则"，即重视老年教师、重用骨干教师、重锤青年教师，以团队绩效评价年组老师，让教师群体抱团发展，增强教师的归属感，调动各年龄阶段教师的积极性，增强了园所凝聚力。第三，家园有约，自内而外，提高自尊心。发挥家长资源的评价作用，开展"家长有约""家长进课堂""家长学校""亲子实践"等丰富多彩的活动，在活动中明确主题，根据主题制订了相应的反馈表、评价表、调查表等。形式灵活多样的家长活动，让教师同家长密切接触，使幼儿园和教师走进家长的心

灵，得到家长的信任和认可。

（2）转变教师学习观念，感受教师职业快乐

我园开展"阅读经典"活动，转变教师学习观念，帮助教师体验幸福、追求成功。第一，读书有益——深入宣传，全面调动。我们利用读书日，深入宣传阅读经典的重大意义，引导广大教师积极参与读书工程，让教师充分理解了读书有益，树立"不为读书而读书，而是我要读书"的观念。园所教师全员参与，每位教师都有机会走进"经典"，启迪智慧，体验幸福。第二，打造书香——着力造就教师幸福感。建立图书漂流站，加强情感交流。我园根据教师需求，订购教育教学理论书籍，同时，教师自己订购刊物，成立"读书漂流屋"，书籍共享，统一管理；坚持学以致用，增强读书活动的实效。注重读书实效性，倡导结合教学实际的阅读。通过推荐书目、组建学习兴趣小组、读书演讲、心得体会交流、读书笔记展评等形式，逐步建立起学习有组织、交流有渠道、运用有空间、考核有制度的读书学习机制；建立活动制度，增强读书活动保障。每月在月常规教学检查中按时检查，定期组织评比，保证读书有序；加强制度建设，重视读书活动过程资料以及读书成果资料的收集、整理与归档。

（3）带动教师专业成长，品味教师职业幸福

第一，锤炼内功，从胜任教学中品味幸福。我园通过四层级管理模式，对骨干教师、成熟教师、成长期教师、职初期教师进行针对性培养，通过园本培训、师徒结对、基本功练兵、新教师培训等多种方式，促进教师专业成长，增强教师职业幸福感。第二，学会研究，从自我成长中感受幸福。我们积极创设研究氛围，让教师学会研究，以研究的状态来开展日常的教育教学工作。通过如幼儿为什么不爱来园、如何做好家长工作、如何提高一日活动组织的有效性等问题，引领教师在问题中研究，在研究中解决问题，促进了教师自主成长和研究能力的提升。第三，学会反思，在自我超越中体验幸福。开展以一日活动为载体的教师自主式反思，建立教师自主反思的制度，通过每周学习《在反思中成长》案例集、每周撰写教案反思、每月梳理工作反思、每两月交流主题活动反思等相关的活动要求，鼓励教师根据一日活动的不同内容以及自身工作中存在的问题，开展自主反思活动；以观摩研讨为载体的教师集体式反思，以案例研究为载体，以教育理论为支点，全面分析教学活动，通过自评、他评，总结活动中的亮点，找出不足，并结合问题提出改进措施，形成统一思想，从而

促使大家共同提升；开展以评价活动为载体的评价式反思活动，教师在活动中结合反思要点进行自我反思，观摩教师根据授课教师自主反思进行评价，帮助授课教师找出自我评价中的不足，通过评价反思的环节，不断提高教师的反思能力。

教师的专业能力关系到幼儿的成长，关系到园所的发展，而教师的职业幸福感则关系到教师队伍的稳定，关系到教师的健康成长。今后，我们将不懈努力，增强教师的职业幸福感，让教师在教育的道路上愈行愈远，让教师在希望与快乐的天空中展翅翱翔！

（三）缓解职业倦怠，追求职业幸福

在留白教育管理模式下，幼儿教师自身应缓解职业倦怠，追求职业幸福。

1. 学会换位思考

幼儿园教师的工作是艰巨而复杂的，每天工作时间长，工作量大，总之，忙、脏、累、苦、愁、悔。但我们反过来想，与那些常年在流水线上工作的工人相比，我们的工作又是如此美好，我们每天面对一群叽叽喳喳、活泼可爱的孩子，我们可以进行情感交流，内容和情境是变化的，只要充分发挥创造性，就能把工作做好。

2. 熟悉国家教育政策法规

《国家中长期教育改革和发展规划纲要（2010—2020）》明确指出："严格执行幼儿教师资格标准，切实加强幼儿教师培养培训，提高幼儿教师队伍整体素质，依法落实幼儿教师地位和待遇。"党和政府也要求全社会要大力弘扬尊师重教的良好风尚，使教师成为受社会尊敬的职业。由此不难看出，国家为我们幼儿教师的政治、经济地位提供了政策上的保障。我们教师的职业是受尊重的，是光荣的。

3. 自我研修，提高专业技能

（1）读书——开阔自己的视野

读书的过程便是一个人成长的过程，书籍是教师的精神家园，只有爱读书的教师，才会从书籍中汲取力量，丰富自己，使自己"腹有诗书气自华"，在教学中，我们要不断充实自己的理论，读书看报，广泛涉猎教育学、心理学等教学理论书籍，了解最前沿的理论研究，使自己充分与时代接轨。

（2）撰写教学反思——教师成长的必经之路

记得叶澜教授曾说过："一个教师写一辈子教案不一定能成为名师，如果一个教师写三年教学反思就有可能成为名师。"在日常教学中，要常写反思，而且要写好反思，描述班级突发事件，特别是要对学困生、留守儿童进行持续跟踪。尽可能做到每次听课和研课都写教学反思，反思自身的教育教学行为，反思每一堂课的教学策略，反思自己的教学艺术和教育品位（字数不限，尽可能简明扼要），着眼于改进自己的课堂教学，吸取精华，剔除糟粕，努力提高自身的专业水平和综合素养。功夫不负有心人，只要坚持，肯定能有所收获。

（3）从事教育研究——快乐无穷

记得苏霍姆林斯基曾说过，如果你想让工作给教师带来快乐，使上课不感到单调乏味，就引导教师从事教学研究这条路。只要我们去进行研究，就会发现什么都是新的，什么都是值得研究的。这样的工作当然是快乐无穷的。肯钻研，脚踏实地，认认真真地做好自己的本职工作，就可以提高自己的专业技能，成为一个有研修能力的教师。

（4）给自己一束阳光——追求生命的幸福

德国科学家苏丽贝克发现，在黑夜翻耕的土壤中，仅有2%的野草种子会发芽，但如果在白天翻耕，野草种子的发芽率高达80%，约为前者的四十倍。这是为什么呢？因为绝大多数野草种子在被翻出后的数小时内，如果没有受到光线刺激，便难以发芽。

其实，个人的成长进步也离不开"光"的激励，只不过激励我们的那一束阳光，有时是一个微笑，有时是一声赞扬，有时则是一句问候。然而，生活中，别人赐"光"的机会毕竟很少，要自己给自己一束阳光。有些人虽先天优势不足，适应能力不强，但他们不气馁，执着地攀登，走上了人生高峰；另一些人则在遭受失败、困难挫折时，患得患失，怨天尤人，最终碌碌无为，一事无成。同样的境况，为何会有不同的人生？不是上帝眷顾谁多一点儿，而是自己没有给自己一束阳光；即使在人生的黑夜，也别忘了给自己一束阳光——一束希望之光，一束笑对生活之光……这束阳光看似微弱，照亮的却是整个人生之旅。

总之，任何工作都不可能一帆风顺，总会有困难和矛盾出现，会有烦恼和不快产生。只有自己去寻找工作的乐趣，形成幼儿教师职业幸福感，才能在工作中成为一个快乐的人、一个幸福的人。让我们为造就一支热爱儿童、勇于奉献、有职业幸福感的高素质的幼儿园教师队伍而共同努力！愿我们成为幸福的幼儿园教师！

三、留白家园——促家校合作，共筑幸福家园

家园共育即家长与幼儿园共同完成幼儿的教育过程。家园共育既是一种教育措施，也是一种现代教育观。以下所研究的家园共育主要指家庭与幼儿园共同培养幼儿数学认知能力，即幼儿在环境相互作用的过程中，产生对环境中数量、形状等的兴趣，获得有关数、形、量、时间、空间的感性经验，逐步形成一些初级数学概念的技能。

（一）提出"贯彻《指南》实现家园共育"的"五步走"策略

根据家园共育教育理论，结合本园的实际情况，我园旨在通过实践研究过程中的反思与行动循环，探索出有效的培养幼儿数学认知能力的家园共育策略："宣传→培训→观摩→体验→分享"这一"贯彻《指南》实现家园共育"的"五步走"策略，即积极宣传《指南》，让家长了解《指南》；全面组织培训，转变家长的儿童观和教育观；开展观摩活动，教师示范正确的教育方法；举行亲子数学嘉年华，提供体验机会；分享经验，强化家长对教育方法的掌握程度。"五步走"策略，正是基于园所研究基础上的一套较完整、易于操作的实践模式。

1. 积极宣传，让家长了解《指南》

要让家长认知《指南》，积极宣传是不可缺少的一步。应通过幼儿园的积极宣传，让家长对《指南》产生初步的了解。对此，我们采用的主要方法有：幼儿园网站、微信公众号与小短片宣传；手册和书籍宣传；家园互动栏宣传。

2. 全面组织培训，转变家长的儿童观和教育观

根据掌握的实际情况，结合《指南》有针对性地指导家长掌握学前儿童家庭数学教育的要点，指导家长树立正确的儿童观和教育观，对学前儿童的数学认知发展有正确的要求。在实践过程中，我们对家长的培训主要采取专题讲座集体培训和"宝宝数学周记"观察记录个别辅导两种形式。

其中专题讲座是由园内教师园长或幼教专家来园做报告和讲座，为家长提供直接有效的服务。这是幼儿园家园共育中常见的形式和方法，其目的在于帮

助家长掌握科学育儿知识，提高家教水平。这种形式吸收的人员较多，往往可以获得较好的效果。

作为贯彻《指南》行动计划实验园，我园就《家园共育培养3—6岁学前儿童数学认知能力》这一育人实践方案中的有关内容，于2015年11月2日组织家长进行了"学习《指南》，形成家园共育"的专题讲座。陈婷老师就学习实践方案向家长们做了介绍，并运用实例让家长知道如何去关注孩子的行为表现，如何采取有效措施共同配合。洪华清园长围绕《指南》的基本指导思想和基本框架，就"什么样的教育才是高质量的幼儿教育""家长在其中应发挥什么样的作用""为什么要家园配合""怎样配合"等问题一一做了详尽的回答。之后，由家长根据培训的内容及有关孩子的引导、教育等问题提出疑问，并得到解答。培训收到了很好的效果，家长满意而归。

我们制订每学期的家长学校授课内容，利用、引进园外的研究机构、专家团队等培训资源，实施家教培训，定期进行科学育儿讲座。针对问卷中分析出的"家长对《指南》认识运用情况不理想，缺乏科学幼儿家庭数学教育观念和方法"这一现状，2015年9月11日，我们邀请了华南师范大学的郑福明教授、蔡黎曼教授到园做关于"转变育儿观念，走进幼儿教育"的专题讲座；2015年12月29日，我们邀请了顺德德胜幼儿园林培淼副园长到园做关于"正确引导孩子的思维启蒙"的专题讲座等。专题讲座帮助家长树立了正确的儿童观、教育观，使家长对幼儿园教育工作从陌生到了解，从了解到参与，从参与到积极支持，使家长在共育过程中成长、成熟起来，更全面地了解《指南》，掌握幼儿数学家庭教育的方法、技巧。

另外，各班级以家长会的形式，组织家长解读《指南》的内容及教育教学精神。在了解过《指南》对幼儿数学认知方面学习与发展的基本规律、特点及教育建议的基础上，家长要完成记录"宝宝数学周记"这一任务。

"宝宝数学周记"主要分为幼儿基本信息、（幼儿在家数学学习的）具体表现、家长疑惑以及教师答疑（以《指南》为依据来为家长提供分析建议）这四部分的记录内容。

"宝宝数学周记"是我园在进行育人实践研究时，基于"学习故事"的理论实践家园共育的创新性策略成果之一。"学习故事"由新西兰学前教育者卡尔（Carr，2004）提出，是一种用来记录、评价和支持儿童学习的方式。"学习故事"是在真实情境中完成的结构性观察和记录，能提供一种反映儿童发展的持续性画面，能用来记录和交流儿童学习的情况。而"宝宝数学周记"作为一种叙事性评价的记录，为家长和教师提供了一种共同观察与解读幼儿学习数学行为的方法。家长根据"宝宝数学周记"，以生活中的数学问题为视角，通过发现适宜引发幼儿数学学习的生活问题，观察幼儿操作并记录其行为。然后，教师再根据家长的观察记录，去解读幼儿行为，判断幼儿目前的学习水平、前期经验和最近发展区，并解答家长在进行家庭数学教育时产生的疑惑，以《指南》为依据，结合丰富的教学经验，具体地指导家长下一步如何引导幼儿数学认知的发展。

据家长的反馈，大多数家长能通过"宝宝数学周记"有效地改进家庭数学教育方法，从而掌握更多更科学的生活化、游戏化的家庭数学教育方法，大大提升了家庭数学教育的效果。

3. 开展家长半日观摩活动，引导家长掌握正确的教育方法

培训只能促进教育观念的转变，而要实现从观念到行为的转化，还需要幼儿园在教育方法上为家长提供榜样或典范，供家长模仿学习。幼儿园示范的最主要方式是让家长观摩教学活动，让家长感受到在幼儿园一日生活中渗透的幼儿数学认知能力教育的方法，让家长体会"知识不是教会的，世界是孩子自己感悟的"这一《指南》精神。

家长半日观摩活动是幼儿园定期邀请家长来园进行半天观摩的教育教学活动。一方面，家长可以通过直观的方式了解幼儿教育的内容、幼儿在园的活动表现以及教师工作情况；另一方面，通过幼儿园与家庭相互联系，教师与家长相互沟通，家园相互作用、相互配合，形成教育共识。实践证明，家长半日观摩活动是实现家园共育的有效途径，是连接幼儿园与家庭的桥梁，也是维系教师与家长的纽带。

教师需要在半日观摩活动的准备前期制订本班家长半日观摩活动方案（包括设计意图、活动目标、活动流程），并在活动结束后附上活动反思及活动照片，完成一份完整的家长半日观摩活动设计。家长半日观摩活动设计需要体现教师在半日活动各个环节中进行家园共育的细节及幼儿数学教育渗透在一日生活环节和游戏操作中的教育理念。教师还需要给每位家长发一张"家长半日观摩记录表"。观摩表主要分基本信息、家长关注记录及家长启发记录三部分。

让家长用语言或图片记录自己在幼儿园所观察到的幼儿数学教育过程方法或环境创设，并灵活地运用到家庭数学教育中，还要记录家长对幼儿园数学教育活动的建议。

最后，由教师统计家长反馈意见及观摩记录表。针对反馈意见，教师可以召开家长座谈会，请家长提出对教学工作、家长半日观摩活动的建议和意见；汇集观摩记录表，教师和家长交流开放日活动总结和反思，总结家长的观摩心得，解答家长育儿困惑，交流家长有效的模仿教学，指导家长贯彻《指南》的精神，在游戏和生活中渗透幼儿数学教育。

家长半日观摩活动是个"双赢"的活动，对家长来说，他们可以通过活动从教师的教学方法、幼儿表现和幼儿园内的环境教具三方面学习到幼儿数学教育渗透的良方妙计。并且能从幼儿在园的生活活动、教育活动、活动区活动等情况真实地了解到自己孩子的数学认知发展现状。同时，家长可以和教师进行有针对性的联系和探讨，以寻求更有效的家庭数学教育方法，使教育达到最优化。对教师来讲，这也是展现自己风采、锻炼自己的好机会，更是与家长沟通的大好机会。对幼儿园来说，通过家长半日观摩活动，教学工作中的一些问题会暴露在家长面前，可以广泛征求家长的意见，共同寻找解决的办法，从而更好地促进幼儿的全面健康发展。

4. 亲子数学嘉年华提供体验机会，引导家长运用正确的教育方法

通过宣传、学习与观摩，家长对幼儿发展特点和教育方法有了一定的了解，这时幼儿园如果为家长提供体验的机会，家长便会获得深刻的感受，并最终内化为他们自身的认识和自觉的行为。

"玩转数学"嘉年华属于幼儿园亲子活动的一种形式。幼儿园的亲子活动是以幼儿发展为中心，教师通过创设适宜亲子活动的情境组织活动，指导家长与孩子在能力、观念、情感、行为上进行交流与沟通，让家长深层次地参与活动。

在2016年的元旦，我园开展"玩转数学"主题嘉年华活动，让家长直接参与到幼儿园教育活动中。其中，小班幼儿与家长组织开展"美食街"活动，各班家长和老师商量拟定菜单与价格，将价格设定在5元以内，在实际操作时让小班幼儿自主参与其中，体验当老板，在玩的同时，灵活掌握5以内的点数。中班幼儿给大家表演了数学团体操，在体育动作中渗透了单双数队列变换、图形分类、数的分解与组合等数学原理。大班幼儿开展了跳蚤市场，从分组经营到进货、摆摊位、销售，最后计算成本盈利，都是由幼儿自主操作，教师与家长在旁辅助指导。其中还安排了大班幼儿扮演"小小收税员"，到各摊位收税，大摊位收2元，小摊位收1元，从小培养幼儿缴税征税的公民意识。

5. 分享经验，强化家长对教育方法的掌握

家长与教师之间存在着角色、年龄、经验等方面的差异，因此家长对教师所给予的建议往往存在不同程度的疑虑。但是家长们在年龄、育儿经历和感兴趣的问题等方面往往更接近。因此家长们更能接纳彼此的建议。为提升家园共育的效果，促进教师与家长之间、家长与家长之间的正向沟通，主要采用家长沙龙和"育儿接力棒"两种方法。

所谓家长沙龙，即教师经过对家长的访问调查，把幼儿家庭数学教育中存在的一些典型问题作为主题，通过和家长开展有针对性的沙龙活动，以达到解决问题的目的。在我们的家长沙龙中，家长是活动的主体和举办者，推荐在家庭数学教育方面较有心得的热心家长，将自己在家庭数学教育过程中遇到的问题和解决的策略与其他家长分享。教师负责辅助家长开展家长沙龙活动，并把活动情况记录下来，形成家长沙龙活动设计。

"育儿接力棒"是由幼儿园各班教师设计的一本交流小册。其意义就是让家长们在"育儿接力棒"交流册中分享育儿经验。为了交流家庭数学教育方法，承载着"育儿接力棒"的交流分享宗旨，2016年2月，我园开展了"幼儿快乐学数学"家长征文比赛。活动得到家长的大力支持和踊跃参与，广泛收集了优秀的家庭数学教育活动案例分析、家庭数学教育小策略游戏、家庭数学教育小故事视频和解读《指南》家园共育的心得体会，一共收到家长作品341份，其中获得特等奖的作品有12份，一等奖有24份，二等奖有40份，三等奖有265份。最后，我园把优秀文稿展示在园内的宣传栏，并记录在"育儿接力棒"家长读本中，流传于各班级家长手中，把优秀的家庭数学教育技巧传递给更多的家庭。许多家长都表示，在参与这次活动中领会了《指南》的教育理念，也获得了更丰富、更有效的家庭数学教育方法技巧。

（二）家园共育下的数学认知能力发展

在幼儿园领导、教研人员和幼儿园全体教师和家长的共同努力下，初步达到预期目标，取得一定成果。

1. 促进幼儿健康发展

（1）激发幼儿对数学的兴趣

兴趣是幼儿学习的向导。从幼儿的年龄特点来看，兴趣可以激发幼儿的学习动机和求知欲。一年来，教研人员及全园教师与家长依据《指南》精神，注重从幼儿兴趣出发，利用生活化情境和游戏化的教育方式，让幼儿学在其中，玩在其中，乐在其中，激发了幼儿探索数学的欲望和对数学的无限兴趣。

见证幼儿对学习数学兴趣的变化过程，最有说服力的人莫过于幼儿身边最亲密的家长及幼儿园老师。经研究前、后期两次教师访谈及对我园家长的问卷调查，绝大多数教师和家长都认为，在数学育人主题研究实践的这一年里，幼儿对数学的兴趣有了明显的提高，主要表现如下。

教师们普遍认为：通过研究，孩子对数学的兴趣提高了。现在我们的孩子特别喜欢学习数学，例如在数学教学活动中，孩子们的学习兴致很高，很专注地聆听，并且抢着发言，乐于参与数学操作，学习的情绪很高昂；在区域活动中，大部分幼儿都喜欢选择数学区（角），而且比较专注投入，坚持性也很好；在生活中，孩子经常会发现和谈论生活中的数学问题，并常常用数学解决简单的问题，如大班孩子会使用表格记录区域玩具的使用次数，从而解决孩子抢玩具或区域玩具丢失的问题；中班孩子会在墙饰"鱼宝宝爱喝水"中用小鱼磁铁记录自己一天的喝水量；在一日生活环节，连小班孩子都会一一对应、按数量、按类别独立取餐；等等。这是主题开展以来，孩子在生活游戏中的极大进步。

家长们纷纷反馈：通过研究，孩子对数学的兴趣提高了。在这一年的家园共育主题研究中，我们看到孩子们对数学兴趣的提高以及数学认知能力的变化，孩子们对生活中的数学元素特别敏感。如在外出散步时，孩子会叽叽喳喳说个不停：这棵树高、那棵树矮、这棵粗、那棵细，等等；在酒店吃饭时，孩子会观察桌椅、餐具等物品的形状、数量；到电影院看电影时，孩子会抢着拿票找座位，并说出单双数；在超市购物时，孩子要自主选择物品、计数、付款等。现在，与孩子生活密切相关的衣、食、住、行等场合、物品都成了孩子们感受数学的好教材。

在中二班的家长沙龙活动中，叶叶妈妈说："……以前叶叶对数字、图形之类的真是一点儿兴趣都没有。就算我用他最喜欢的肯德基鸡腿也鼓励不了他去认一下爸爸买回来的数字卡片。但这个学期，某天放学我接孩子回家，我发现了孩子的神奇变化。我俩在搭电梯时，叶叶主动地按了数字'5'，还说'妈妈，我们家在第5层，我告诉你一个秘密，我知道李老师的家在第29层，比我们家的要高得多！'我看着孩子和我分享着楼层里的数字秘密，不由得惊讶着、窃喜着。慢慢地，我发现孩子的变化越来越大，他越来越喜欢上生活里的数学，例如，会帮我数家人客人的数量并摆上对应数量的餐具，会在切水果时带着爷爷奶奶比赛，看谁切的图形多，等等。很感谢市三幼开展的数学主题研究，使我的孩子对数学产生了兴趣。这将为孩子日后学习数学创造有利条件，为孩子终身学习数学奠定良好的基础。"

叶叶妈妈发言结束后，有更多的家长表示深有同感，都纷纷说他们的孩子对数学的兴趣日益浓厚。如睎睎妈妈说："我没想到宝宝在家里玩飞行棋游戏的时候会说出骰子上（1—6）数的加法组合。"朱朱爸爸说："我的孩子现在就喜欢拼装'乐高'积木，楼房与道路建得有模有样，形状空间感比我还强！"

（2）发展幼儿数学思维，帮助幼儿养成良好的学习品质

数学思维的培养，对于幼儿的数学学习活动起着主导性的、决定性的作用。它就像钥匙一样，起到了开锁的作用，开启了养成幼儿良好学习品质的大门。我园携手家长，密切联系幼儿日常生活、活动空间、游戏操作活动和家园互动，从新的视角、多个维度来促进幼儿的思维发展。

在研究后期，从我们对园内教师的访谈可知，绝大多数教师认为，研究后，幼儿数学思维的灵活性、深刻性、逻辑性、敏捷性和独创性都有不同程度的提升。

2016年1月，我园接待广东省幼儿园骨干教师培训班学员来园跟岗学习，我园陈伟琼老师在向跟岗老师展示观摩课《学习用自然物测量》时，中一班的孩子能利索地运用各种绳子、瓶子等自然物进行测量，活动中，孩子思维很活跃、很敏捷，能独立思考并与同伴很好地协商合作，孩子的出色表现得到了听课老师的高度评价。

在2016年3月20日—3月24日，我园接待甘肃省甘州区蒲公英导师团来跟岗学习。其中，我园詹东玲老师承担了小班数学观摩课《数鸡蛋》——认识5以内的数。年仅3岁的小二班孩子们，在数学活动中的听"数学故事"环节表现出良

好的专注力，在"找鸡蛋游戏"环节中，较多幼儿表现出不错的灵活性，孩子们的数学思维表现得到了观摩教师的高度评价。詹东玲教师则表示：幼儿园开展的一系列数学教育策略研究和家园互动活动，使我班幼儿的观察力、注意力和表达能力得到了极大的锻炼，大大促进了幼儿数学思维的提升。

（3）提高幼儿数学能力，学会运用数学解决生活中和游戏中的简单问题

正如荷兰数学教育家弗赖登塔尔所说，数学必须"源于现实，寓于现实，用于现实"。我们依据《指南》精神，遵循幼儿的年龄特点，以与幼儿年龄相适应的、生活化的、富有童趣的方式表现教育内容，通过幼儿自身的操作、探索，使幼儿在现实生活中、活动中、游戏中学习数学，掌握数学，并引导幼儿尝试运用已有的知识经验解决现实生活及游戏中某些简单的问题，体验数学的重要性与乐趣。

在研究的这一年内，我们向园内家长征收了家庭数学教育小故事（视频）共289份。我们看到在研究前期（2015年9月至11月）里收到的"小故事"，里面的小主角运用数学解决生活中、游戏中问题的能力还比较弱。但在研究中后期（2015年12月至2016年2月）收到的"小故事"里面的小主角运用数学解决生活中、游戏中问题的能力明显较以前有提高。

除了"家庭数学教育小故事"见证着幼儿数学能力的成长，在园内举行的各种家园互动活动也让家长和孩子们参与到幼儿园教育活动中，一起体验数学的魅力。

在幼儿园之外，在家庭数学教育活动中，我们不仅要求父母为孩子创设游戏与探索的环境，还要求父母参与其中，与孩子共同体验成功的快乐。通过调查、访谈可知，在研究后期，大部分的家长都善于在生活中、在游戏中渗透家庭数学教育，家长经常让孩子在生活中看到什么就数什么，培养孩子的数感；与孩子赛跑，对着手表或时钟看谁速度快；与孩子一起拍篮球，数一数，比一比，看谁拍的数量多；与孩子一起搭积木，体验立体图形的变化；结合一日生活活动，让孩子学会看钟表，一起观察吃早饭、午饭与晚饭时时针分别停留的位置，从而体验时间的流逝，知道珍惜时间；和孩子一起做手工，体验颜色、数量和形状的有趣排列，既培养了孩子对规律美感的欣赏，又锻炼了孩子的动手操作能力；帮助家长做家务，在做家务的过程中，自然渗透数量或量的概念，如按人数分配餐具和椅子、按颜色或者按类型来分类收拾自己的玩具；等

等。不仅培养了孩子的家庭责任感，更提高了孩子运用数学解决生活中实际问题的能力，增强了孩子对数学学习的自信心。家庭数学活动可以让幼儿在充满爱的生活中，自然快乐地探索数学、学习数学，有效地促进幼儿数学认知能力的发展。

2. 促进家长教育观念的转变和科学育儿水平的提高

（1）促使家长了解《指南》，更新教育观念

在主题研究开展之后，我园组织家长深入学习《指南》的基本内容和精神理念，经常开展家长讲座、家长沙龙活动，定期举行家长半日观摩活动等，通过这些活动，帮助家长更深层次地理解《指南》的精神要旨，从而将《指南》的精神内化为家长的教育行为。从《3—6岁儿童家庭数学教育情况的调查分析报告（二）》可看出，有92.4％的家长知道《指南》颁布的时间，说明多数家长已经开始关注《指南》的颁发。有91.7％的家长知道《指南》中五大领域的内容和教育建议，说明家长对《指南》的框架和内容已有基本的认识和了解。在主题实践开展前，我们曾访谈过部分家长，他们对《指南》的认知少之又少。这说明，主题研究的实施促使家长开始关注《指南》，并对《指南》有了更深入、更全面的认知、理解和运用。

（2）提高家长参与家园互动的积极性，有效促进家园共育

家长参与主题活动，与教师之间的交流更多了。家长们有了子女教育方面的问题，尤其是在解读《指南》或进行家庭数学教育方面遇到困惑时，经常会主动找教师沟通，请教师帮助解决问题。通过对家长关注家长园地和参加幼儿园专项活动的跟踪调查，我们发现家长对幼儿园各种家园互动活动的参与率有了明显的提高。家长参与幼儿园家园互动活动的研究前后期数据对比结果如下表。

时间	家长参与幼儿园家园互动活动				
	与教师主动交流配合	家长讲座	半日观摩活动	家长沙龙与家长征文	嘉年华
研究前	44.6%	37.9%	31.6%	20.8%	41.5%
研究后	94.7%	91.9%	87.7%	93.4%	92.7%

在研究后期，2016年2月，我园举办了全园家长参与的"幼儿快乐学数学"

家长征文评选活动，家长们踊跃参与，共收集到稿件341份。

由此可见，我园家长已转变观念，能自觉了解《指南》、关注幼儿生活、运用《指南》于家庭数学教育之中，并能主动找老师交流。积极参与幼儿园的家园互动活动，配合幼儿园工作。

（3）提高家长育儿水平和数学教育技能

我园通过实施"宣传—培训—观摩—体验—分享""五步走"的策略，特别是通过"宝宝数学周记"和"家长半日观摩活动"这两个易于操作的实践模式，使家长们在家园互动的过程中，不断提高科学育儿水平和家庭数学教育技能。我们在主题研究前后分别向全园家长开展了问卷调查，通过对主题研究前后的家长问卷调查进行比较，我们发现家长们在研究后期的育儿水平和对家庭数学教育方法的掌握运用方面有了明显的进步。家长开展家庭数学教育的计划性和方法在研究前后的数据变化对比如下表。

时间	家长开展家庭数学教育的计划性				家长开展家庭数学教育的方法						
	有预定的计划	偶尔有计划	都没有计划	随机进行	口头问答	故事情境	动手操作	生活情境	游戏情境	不做指导	其他
研究前	7%	29.5%	21%	42.5%	31.7%	19%	14%	1.9%	30.2%	46.7%	40.3%
研究后	57.1%	27%	1.3%	14.6%	57.1%	84.4%	83.8%	84.1%	78.1%	3.8%	0%

首先，由上表可以看出，研究后有57.1%的家长表示与孩子开展数学活动有预定的计划，14.6%的家长表示与孩子开展数学活动是完全随机进行的。而在研究前的调查中，42.5%的家长表示在家庭中开展数学活动时完全是随机进行的，仅有7%的家长有预定的计划。这说明现在大多数家长在家庭中开展数学活动前已有预设的目标和途径，不再像从前那样没有事先准备的工具，只是随意开展，而是有了科学的依据和指导。

其次，还可以看出，多数家长在开展数学活动时采用故事情境、动手操作、生活情境和游戏情境等方法进行，对比之前的仅有少数家长采用游戏化的方法为幼儿创设数学学习情境可知，现在值得被倡导的生活化、游戏化的方法如故事情境、动手操作、生活情境和游戏情境等深受家长重视，仅有3.8%的家长表示对幼儿的数学教育顺其自然，不做指导，对比之前的数据可知，多数家长的数学教育观和教育方法已有明显的转变。

3. 促进教师专业成长

通过主题研究方式，促进了我园教师在《指南》实施过程中的专业成长、观念更新，并初步探索出一条可供操作和推广的家园共育，培养幼儿数学认知能力的途径和方法，形成了一套适合并能促进我园幼儿形成良好数学思维和数学学习习惯，提升数学能力和数学品质的新型家园共育，培养幼儿数学认知能力的课程。

（1）提高教师对《指南》的理解与运用

通过专家培训提高教师对《指南》的理解与运用。实施主题研究的这一年来，我园先后邀请了华南师范大学郑福明、蔡黎曼教授，岭南师范大学徐宝良、林泳海等教授来园为教师做《指南》解读，如郑福明教授做了"转变育儿观念，走进幼儿教育"等专题培训。

通过外出学习提高教师对《指南》的理解与运用。我园依托各类培训机构，分期分批地组织教师参加各级各类《指南》培训。在数学主题育人研究这一年里，先后组织园长、教师到北京、南京、广州等地参加《指南》培训。其中园长、教师参加国培25人次，省级培训19人次，市、区级培训约89人次。通过外出学习培训，帮助教师深入理解和领会《指南》的精神实质。

通过园本研修提高教师对《指南》的理解与运用。我园探索建立科学规范、常态化的园本研训方案，以教研组、年级组为单位，针对学习贯彻时遇到的困惑，通过专题研讨、案例教学、经验交流、竞赛等形式，推进《指南》学习的深入，从而将《指南》精神内化为正确的教育行为。

通过观察记录"学习故事"提高教师对《指南》的理解与运用。我园把《指南》作为观察了解幼儿的框架，组织教师学习"学习故事"理论，并运用《指南》观察、了解幼儿的学习行为，撰写观察记录。教师共撰写观察记录15份，其中获赤坎区学前教育论文评选活动一等奖3篇、二等奖6篇、三等奖6篇。观察记录已成为老师们将《指南》内涵进一步落实到实际教学的又一次实践。现在，观察和了解幼儿是我们每个老师每天要做的工作，他们会在一日生活的各种活动中有目的、有步骤、有计划地观察幼儿的言行举止和情绪情感，通过获取的信息更好地了解幼儿，对幼儿进行随机的引导，从而有意识地调控教育行为，促进幼儿的身心发展，也促进教师综合素质能力的专业成长。

（2）提高教师科研理论水平

有效提高了教师科研理论水平和家园共育实践能力。参加研究的教师撰写的论文发表和获奖共58篇，其中在市级刊物发表5篇，在区级刊物发表53篇，如陈婷老师的论文《〈指南〉背景下家园共育培养幼儿数学认知能力的实践策略探索》、何炜靖老师的论文《关于3～6岁儿童家庭数学教育情况的调查分析报告——基于〈3～6岁儿童学习与发展指南〉背景下的研究》和陈伟琼老师的论文《走进童心世界，让幼儿快乐成长》同时发表在《湛江教育》2016年第1期；李向群老师的论文《家园合作搭建"让数学走进幼儿生活"的桥梁》于2016年5月27日发表在《湛江晚报》。

我园教师的获奖论文共53篇。在赤坎区教育局组织的"2016年赤坎学前教育征文和教学活动（游戏）设计"比赛活动中，全区获奖的论文共95篇，其中我园老师的论文占了53篇，超过全区的一半。全区获一等奖的论文共20篇，我园占了16篇。这些数据充分说明了我园通过主题研究，教师的科研理论水平得到了明显的提高。

（3）提升教师家长工作指导能力

从研究前后的教师访谈可以看出，教师组织家园互动活动的能力有了极大的提升。大大改善了过去存在的家园共育状态（教育效果有限，不够深入，多停留在表面，很少深入幼儿园教育过程的每个环节之中；家园合作不够密切，两者常常脱节；家园活动很少与家庭教育联系起来）。现在，绝大多数的教师表示，家园互动活动的教育效果非常有效，像在"宝宝数学周记"里，教师可以根据家长的观察记录，解读幼儿行为，判断幼儿目前的学习水平、前期经验和最近发展区，并解答家长的疑惑，以《指南》为依据，凭借丰富的教学经验，具体的指导建议家长下一步如何引导幼儿数学认知的发展。研究后期收集整理的数据显示，这一年里，全园收到的"宝宝数学周记"达到1598份，有效解决家长疑惑的比例达到83%。

（4）通过主题研究的锤炼，一批理念先进、经验丰富的优秀教师脱颖而出

2015—2016年，陈婷、刘艳红老师参加广东省幼儿园教师说课比赛，分别荣获一等奖和二等奖，张婧怡、邱育霖、詹东玲老师参加赤坎区教育局幼儿园教师演讲比赛，分别荣获一等奖、二等奖，谢彩霞老师参加赤坎区幼儿园教师

专业大赛，获综合一等奖、"主题才艺展示"单项第二名、"情景答辩"单项第三名，徐凤英、冯金珠、孔祥飞老师参加湛江市总工会组织的保育员技能大赛，分别获得三等奖、优秀奖，幼儿园获得湛江市保育员技能大赛优秀组织奖。多名青年教师在市、区内承担公开课展示活动，部分优秀青年教师逐渐成长为骨干教师。

4. 获得良好的社会影响

（1）实现家庭教育与幼儿园教育相结合，提高家庭教育质量

园内开展了一系列推进家园共育的活动之后，我们与大部分家长、教师进行访谈记录。大部分教师表示，比以前更了解《指南》的精神，理解到家园共育的重要性，并将其渗透实际工作中，掌握了更多开展家园活动的形式，与家长的沟通指导能力也得到提高。超过九成受访家长反映，在园内开展的宣传、讲座、家长半日观摩活动、"玩转数学"亲子嘉年华、家长沙龙、"幼儿快乐学数学"家长征文比赛等活动中，都能真切地感受到家园共育的有效性，家长自身的育儿观念和能力也得到了改善。

（2）初步探索出一条家园共育，培养幼儿数学认知能力的途径与模式

主题研究以来，老师们不断地学习先进的教育理念来给自己充电，发展自己的教育理念，完善自己的教育行为。我们根据与主题研究有关的教育理论，结合本园的实际情况，经过不断的实践和反思的循环，探索出有效的家园共育培养幼儿数学认知能力"五步走"策略，这一策略正是基于主题研究基础上的一套较完整、易于操作的实践模式。

（3）建立家园共育平台，加强家园共育的力量

借助开展主题研究这一平台，我园通过家长讲座、家长沙龙、制作"宝宝数学周记"成长记录表、微信公众号宣传等方式来推进幼儿园与家庭共同教育的步伐。

过去我园家园共育活动的目标确定与活动实施等都是以幼儿园为中心，偏重考虑幼儿园单方面的需要，而较少顾及家长的需求与处境，家长只能被动地参加。

开展主题研究的这一年来，我园家园共育互动活动的形式变得丰富多彩。

我园通过幼儿园网站、微信公众号与小短片宣传，手册和书籍宣传，家园互动栏宣传这三种方式积极向家长宣传《指南》，现经研究后的调查发现，已

有九成的家长熟悉《指南》并能很好地把《指南》运用在家庭教育之中。

我园组织园外的研究机构、专家团队等来园进行家长培训或由园内教师、园长主讲的家长讲座，在开展主题研究的这一年内就有6场。

家长对幼儿家庭教育有各种各样的困惑，所以，我们基于"学习故事"的理论实践家园共育的创新性策略，提出了"宝宝数学周记"。

考虑到家长的时间问题，我园尝试着分班级将家长观摩活动有机地结合在半天时间内，家长们在半天的时间内，先开家长会了解观摩流程，然后观察记录幼儿园里幼儿数学教育渗透的教育方法，最后，家长向教师反馈交流观摩意见或心得，家园气氛活泼而融洽，家长的半天时间被充分地利用。由于准备充分，整个活动开展得非常成功，研究后期的家长问卷中也显示，这项活动很受家长欢迎，实用性很强。

经过所有人员一年来的努力，家长通过参与幼儿园丰富多彩的家园互动活动，不仅大开眼界，还解决了很多在家庭数学教育上的困惑，在学习中成长。同时，我园鼓励家长总结与分享自己科学的育儿经验。在家长沙龙与家长征文活动中，家长们畅所欲言，各抒己见，他们摆观点、谈经验，起到让"家长教育家长"的作用。

2016年元旦，我园开展庆元旦亲子活动——"玩转数学"亲子嘉年华，这次数学主题的家园互动活动，给全园家长提供了一次体验机会，让家长直接参与到幼儿园教育活动中，掌握幼儿数学教育的方法技巧。在小班的"美食街"里，家长可以与孩子认识5以内的数，中班的"趣味数学团体操"更是让家长见识到数学在游戏与健康领域的渗透，在大班的"跳蚤市场"里，家长与孩子的数学教育互动就更多了，买卖游戏里就渗透着数的分解与结合，等等。

我园鼓励家长总结与分享自己科学的育儿经验。在这一年的主题研究实践中，全园11个班都举行过家长沙龙，让家长相互交流如何贯彻《指南》来实施幼儿家庭数学教育。在2016年的2月，我园更是举办了"幼儿快乐学数学"家长征文比赛，征文活动家长踊跃参与，共收到稿件341份。我园建立了家教理论资源库。为便于家长随时请教，及时解决自己遇到的教育难题，我们将有关家庭教育的优秀文章和其他资料都上传网站，形成资源库，便于家长在家也能通过网络学习。

经过一年的研究活动开展，老师、家长都积累了大量的家教经验，2016年

5月，我们征集了实验教师、家长和幼儿写的关于家庭教育的优秀论文四十多篇，将其汇编成册；召开优秀家长表彰会；制作了"家教现代化工作短片"等。

（4）推广研究成果，发挥示范园的辐射带动作用

在研究过程中，我们不断地对研究成果进行总结，并将成功经验在全市、全省乃至外省同行中进行推广，充分发挥省贯彻《指南》实验园的示范引领作用，得到领导同行的一致肯定。一年来，我园在同行中的研究经验、成果推广情况记录如下表。

序号	时间	范围及对象	人数	形式及内容	负责老师
1	2015年11月20日	雷州龙门镇中心幼儿园老师	22	介绍主题研究实施途径 观摩活动：小班数学《一颗纽扣》、绘本《是谁嗯嗯在我头上》	梁玞璟 陈卫琼 何炜靖 罗春丽
2	2015年12月25日	雷州龙门镇中心幼儿园老师	35	支教：送课下乡 观摩活动：《快乐的小青蛙》《好饿的小蛇》	何武贤 刘艳红
3	2016年1月4—8日	广东省幼儿园骨干教师培训班学员	18	数学专题讲座：数学生活化、游戏化策略 跟岗："数学教育在一日生活环节的渗透" 园本研修：微课程分享交流 数学教学活动观摩：中班数学活动《有趣的洞洞》、小班数学活动《苹果丰收》、大班数学活动《统计真有趣》、大班数学活动《找小猫》	洪华清 梁玞璟 陈伟琼 孙智敏 王莉玲 陈湖冰 黄小燕
4	2016年3月2日	赤坎区教育局举办的保育员培训班的学员	290	专题讲座：《广东省幼儿园一日活动指引》解读及《3—6岁儿童学习与发展指南》数学目标解读	洪华清

序号	时间	范围及对象	人数	形式及内容	负责老师
5	2016年3月20—24日	甘肃省甘州区蒲公英导师团	4	专题讲座：生活化、游戏化幼儿数学教育 半天活动观摩："一日生活环节中数学游戏化的渗透" 大班数学示范课展示：《有趣的密码》 经验分享：《如何做好家教工作》《幼儿成长档案的制作》	洪华清 陈湖冰 罗春丽 钟秋花
6	2016年4月14—15日	徐闻县城北乡中心幼儿园老师	18	支教、送课下乡 教学活动示范：数学活动《比较高矮》《美味便当》《体育活动中数学元素的融入展示》	洪华清 陈卫琼 梁玲璟 罗春丽 陈伟琼 王莉玲 何武贤
7	2016年5月10—11日	市教育局举办的《指南》学习培训班学员	450	分享：研究经验及阶段性研究成果	刘艳红
8	2016年6月3日	赤坎区省、市一级幼儿园园长、老师	50	主题研究成果交流分享	洪华清
9	2016年6月6日	英德机关幼儿园老师	12	讲座：如何在社会主题活动中开展数学教育 小班数学示范活动：《数鸡蛋》	罗春丽 詹东玲

第三章
留白教育文化体系

留白教育文化体系包括思想文化、课程文化、制度文化和精神文化，通过文化来影响孩子的成长。

第一节　思想文化

　　幼儿教育思想文化是指以幼儿为中心，以幼儿的需求和成长为基础，旨在促进幼儿的身心健康发展、智力开发、品德培养、情感沟通以及社会适应性等方面的教育理念、文化氛围和教育活动。幼儿教育思想文化强调的是以幼儿为中心，充分尊重幼儿的个性、兴趣和需求，通过提供适宜的教育环境、教育资源和教育方式，促进幼儿的全面发展。同时，幼儿教育思想文化也注重培养幼儿的自主性、合作精神、创新意识和实践能力，帮助幼儿建立积极向上的情感态度和价值观，为幼儿未来的发展奠定坚实的基础。

一、儿童观

　　儿童观是指人们对儿童的认识和看法，它涉及儿童的人格、权利、地位、发展等方面的观念和态度。正确的儿童观是人们正确对待和教育儿童的基础，也是促进儿童健康成长的重要保障。"留白"教育儿童观如下。

（一）儿童是具有独立人格的个体

　　儿童不是成人的附属品，也不是成人的简单复制者。每个儿童都是一个独立的个体，具有自己的思想、情感和人格特征。儿童有自己的权利，需要得到尊重和保护。同时，儿童也有自己的兴趣爱好和特长，需要得到关注和培养。

（二）儿童享有游戏和受教育的权利

　　游戏是儿童的天性，也是儿童学习和发展的重要方式。因此，我们应该为儿童提供足够的游戏时间和空间，让他们自由地探索和发现。同时，我们也应该为儿童提供良好的教育环境，让他们接受正规的教育和培训，帮助他们发展自己的潜力和才能。

（三）儿童的权益应该得到保障

儿童是社会的未来和希望，他们的权益应该得到保障。这包括儿童的生存权、发展权、受保护权和参与权等。我们应该采取措施保障儿童的权益，防止任何形式的侵犯和虐待。

（四）儿童的身心发展特点需要得到重视

儿童的身心发展有其自身的规律和特点，我们需要尊重这些规律和特点，为儿童提供符合他们身心发展的教育和照顾。例如，我们应该根据儿童的认知特点进行教育，注重形象思维和直观教学，同时，我们也要关注儿童的情感发展，培养他们的自尊、自信和自控能力。

二、教育观

教育观是指人们对教育的看法和观念，它直接影响教育的方法、内容和目的等方面。在教育儿童方面，"留白"教育的教育观如下。

（一）立足儿童视角

以儿童为中心是现代教育的重要原则，这就要求我们在教育中从儿童的视角出发，了解儿童的需求、兴趣和特点，制订适合儿童的教育计划和方法。同时，我们也要关注儿童的个体差异，为每个儿童提供个性化的教育服务。

（二）尊重儿童

尊重儿童是现代教育的基础，也是儿童健康成长的重要保障。我们应该尊重儿童的意愿和权利，尊重他们的创造力和想象力，尊重他们的个性和特点，让他们在教育中得到尊重和信任。

（三）以生活和游戏成就儿童幸福人格

生活和游戏是儿童的重要学习方式，也是他们成长和发展的重要途径。我们应该为儿童提供丰富多彩的生活和游戏活动，让他们在实践中学习知识、锻炼技能、培养情感。同时，我们也应该注重儿童的心理健康，帮助他们建立积极向上的人格特质，提高他们的幸福感和生活质量。

（四）注重全面发展

现代教育注重儿童的全面发展，包括知识、技能、情感、社会适应等方面。我们应该为儿童提供全面的教育服务，注重培养他们的综合素质和能力，帮助他们成为具有社会责任感、创新精神和合作精神的未来人才。

三、家长观

家长观是指家长对子女教育和成长的认识和态度。正确的家长观可以帮助家长更好地理解和支持子女的成长，促进家庭和学校的合作，共同为子女的成长和发展提供良好的环境。"留白"教育的家长观如下。

（一）尊重信任

尊重信任是家长与子女建立良好关系的基础。家长应该尊重子女的意愿和权利，信任他们的能力和潜力，给予他们足够的支持和鼓励。同时，家长也要学会倾听子女的声音，了解他们的需求和想法，与他们建立良好的沟通和互动关系。

（二）合作引领

家长与学校应该密切合作，共同为孩子的成长和发展提供支持。家长应该积极参与子女的教育过程，了解学校的教育计划和方法，与教师保持良好的沟通和合作。同时，家长也应该在子女的教育中发挥积极的引领作用，帮助子女树立正确的价值观和人生观，培养他们的社会责任感和创新精神。

四、园风

园风是幼儿园在长期办学实践中形成的具有独特个性和特点的风气和风格。这些特点通常是由园所文化、教育理念和管理方式所决定的。市三幼的园风如下。

（一）仁爱

仁爱是园所文化的核心，它体现了对每一个幼儿的关爱和尊重。在幼儿园中，无论是教师还是员工，都应该以仁爱之心对待每一个幼儿，关注他们的成长和发展，给予他们温暖和关怀。同时，园所还应该培养幼儿关爱他人、尊重生命的意识，让他们学会感恩和回报。

（二）人本

人本是园所管理的基本理念，它强调尊重每一个幼儿的个性和差异，注重发挥他们的主体性和创造性。在幼儿园中，应该尊重每一个幼儿的意愿和需求，为他们提供个性化的教育和服务。同时，园所还应该鼓励幼儿自我探索、自我发现和自我实现，让他们在成长过程中得到充分的发展和展示。

（三）自由

自由是园所教育的重要原则，它体现了对每一个幼儿的尊重和信任。在幼儿园中，应该给予幼儿充分的自由和空间，让他们自由探索、自由表达和自由活动。同时，园所还应该注重培养幼儿的自主性和创造性，让他们在自由的氛围中得到全面的发展。

（四）和谐

和谐是园所氛围的重要体现，它强调了人与人之间的和谐、人与环境的和谐以及人与社会的和谐。在幼儿园中，应该注重教师与幼儿之间、幼儿与幼儿之间以及教师之间的和谐关系。同时，园所还应该注重营造良好的校园环境和氛围，让每一个幼儿在愉悦、舒适的环境中学习和成长。

五、办园宗旨

我们的办园宗旨是让每一个孩子都能遇见美好的自己。我们相信，每一个孩子都是独一无二的，他们有着自己的兴趣、特长和潜力。我们的使命是提供一个充满爱和关怀的环境，让孩子们在这里感受到幸福和快乐，发现自己的优点和潜力，成为最好的自己。

为了实现这一宗旨，我们在幸福三幼的教育中注重以下几个方面：第一，尊重每个孩子的个性。我们鼓励孩子们在课堂上表达自己的观点和想法，让他们在自由、轻松的氛围中发挥自己的创造力和想象力。第二，提供丰富多彩的活动。我们为孩子们安排各种有趣的活动，包括户外探险、手工制作、音乐表演等，让孩子们在实践中学习新知识、锻炼新技能。第三，培养孩子们的自主性。我们鼓励孩子们自己决定做什么、怎么做，让他们在自我探索和尝试中成长和进步。第四，注重孩子们的心理健康。我们关注每一个孩子的情感需求，与他们建立良好的沟通和信任关系，帮助他们建立自信和积极的心态。

在幸福三幼，我们的特色包括：第一，温馨的家庭氛围。我们致力于为孩子们创造一个温馨、舒适、充满爱的环境，让他们感受到家的温暖和关怀。第二，专业的师资队伍。我们的教师都具备专业的教育背景和丰富的教学经验，他们了解每个孩子的需求和特点，为孩子们提供个性化的教育服务。第三，良好的教育成果。我们注重培养孩子们的综合素质和能力，让他们在知识、技能、情感等方面得到全面的发展。我们的教育成果得到了家长和社会的认可和赞誉。

选择幸福三幼，就是选择了一个充满爱和关怀的成长环境，让孩子们在这里遇见美好的自己。我们相信，在幸福三幼，每一个孩子都能找到自己的兴趣和潜力，成为最好的自己。

六、"留白"教育培养目标

培养目标是幼儿教育的重要目标，旨在通过教育和实践，帮助幼儿掌握基本的知识、技能和态度，为他们的未来生活和职业发展打下基础。市三幼"留白"教育的培养目标如下。

（一）学会认知

学会认知是指培养幼儿的基本认知能力，包括观察、记忆、思维、想象等方面的能力。在幼儿教育中，我们应该注重培养幼儿的观察力和注意力，让他们学会专注并能够注意到细节。同时，我们还要引导幼儿形成初步的记忆力和思维能力，让他们能够进行基本的思考和判断。此外，我们还应该鼓励幼儿发挥想象力，培养他们的创造力和创新思维。

（二）学会做事

学会做事是指培养幼儿的基本生活技能和自我管理能力。在幼儿教育中，我们应该注重培养幼儿的自理能力，让他们学会自己穿衣、洗手、吃饭等基本生活技能。同时，我们还要引导幼儿形成初步的时间观念和纪律意识，让他们能够按时完成简单的任务并养成遵守规则的意识。此外，我们还应该鼓励幼儿尝试做一些简单的家务劳动，培养他们的劳动意识和责任感。

（三）学会共处

学会共处是指培养幼儿的人际交往能力和社会适应能力。在幼儿教育中，我们应该注重培养幼儿的合作意识和沟通能力，让他们学会与他人相处、合作和分享。同时，我们还要引导幼儿形成初步的道德意识和行为习惯，让他们能够尊重他人、遵守公共秩序和社会规范。此外，我们还应该鼓励幼儿参与集体活动，进行社交，培养他们的社交能力和适应能力。

（四）学会生存

学会生存是指培养幼儿的基本生存技能，提高自我保护能力。在幼儿教育中，我们应该注重培养幼儿的自我保护意识和方法，让他们学会在遇到危险时如何保护自己。同时，我们还要引导幼儿形成初步的环境意识和环保意识，让他们能够爱护自然环境和社会资源。此外，我们还应该鼓励幼儿参与户外活动和体育运动，提高他们的身体素质和适应能力。

第二节　课程文化

　　园所贯彻《指南》精神，遵循"留白"的教育理念，秉承"儿童是具有独立人格的个体，享有游戏和受教育的权利"的儿童观，将教育与一日生活、游戏有机地结合起来，形成了独具特色的四大课程板块：生活课程、游戏课程、综合实践活动课程、环境课程。

一、课程文化简介

　　我园的园本课程发展经历了三大阶段：第一阶段是分科教学阶段；第二阶段是领域教学阶段；第三阶段是留白课程的建构阶段。

　　园本课程的建构也经历了漫长的发展过程，经过几代市三幼人的共同努力，逐渐打造出了留白课程的园本课程体系。

（一）课程理念
　　我们的教育理念是：让教育留白，追循儿童的幸福成长。

（二）课程资源与内容

1. 课程资源
　　在建构园本课程的过程中，离不开各种资源的支持，包括园内、园外的人力物力和文化资源，以及信息网络资源。在各种资源的加持下，促进留白课程更有质量地完善和成型。

2. 课程内容
　　留白课程包含四大板块的内容，分别是：生活课程、游戏课程、综合实践活动课程和环境课程。

　　课程内容选定的原则：首先是源于幼儿的生活，并且贴近幼儿的生活，是符合幼儿最近发展区的内容；其次是通过游戏的形式开展，在玩中学，做中学，促进幼儿的深度学习；再次是课程的内容源于幼儿的兴趣和需要，是幼儿喜欢的问题和事物，在此基础上，促进幼儿经验水平的螺旋式上升。

我园园本课程的实施途径可从时间、空间、内容和形式几个维度划分。通过五种方式落实园本课程。各项内容之间相互融合、相互渗透、互为补充，共同建构起我园园本课程的内容框架。

（1）生活课程

生活课程，陶行知先生说的"一日生活皆课程"和陈鹤琴先生说的"大自然大社会是我们的活教材"，即立足于园本，从节日节气、美食文化、风景文化及人文文化等维度着手，挖掘富有教育意义的生活内容，纳入课程范畴，给予教师与幼儿更广阔开放的教育空间，让教育的"留白"赋予幼儿童年更多创造的可能性。

生活课程的核心经验主要归纳为：回归自然、回归传统、回归生活、回归儿童。

教育目标主要包括三个维度：第一，认知目标——以美食文化、风景文化及人文文化为认知载体，幼儿感知和了解地方特色文化；第二，方法目标——通过师幼谈话、区域操作、项目式学习、课程嘉年华活动等形式，幼儿参与制作、体验，掌握某种方法与过程；第三，情感目标——热爱地方特色文化，热爱生活和自然。

生活课程的实施路径：谈话活动、区域活动、项目式学习活动、课程嘉年华。

（2）游戏课程

游戏课程即实现教学活动游戏化的憧憬。我们将留白游戏作为幼儿园主题课程的有效补充、延伸，同时，它还是教师结合自己的专业特长、研究方向，直击本班儿童兴趣、发展需求的，真正展现教师主动性的一块"自留地"。留白游戏课程便很好地弥补了课程的"空白"。老师们运用这个小小的"空白"，巩固提升了主题活动经验，也开发建构了属于自己班级的特色。因此，留白游戏课程具有两个主要特点：一是个性化，实现了班班有不同，个个不一样；二是自主化，实现了一定程度上内容和时间的灵活性。留白游戏课程一直主张"一班一策"的特色化发展，老师们可以根据自己的专业特长和研究方向，有计划、有目的地实施班级特色活动，留白课程形式就是老师挥洒自由，开展不同领域、不同形式的特色活动的最优平台。

游戏课程的核心经验归纳为：适应环境、开发智慧、自主探究、深度学习。

教育目标包含三大维度：第一，认知目标——在户外自主游戏活动和区域活动中渗透五大领域教育内容，幼儿在操作体验中获得直接经验；第二，方法目标——在集体教学活动中渗透游戏，实现教学游戏化；第三，情感目标——喜欢参与游戏，感受游戏带来的积极情感体验。

我园为幼儿户外自主游戏提供了切实的物质保障，将户外环境划分为四大游戏区域，分别是探索性区域、表现性区域、欣赏性区域、运动性区域，为幼儿的深度学习提供广阔的空间，为幼儿的成长保驾护航。

幼儿的自主游戏分为三个步骤：计划、游戏和回顾。

三步的游戏过程既能满足幼儿游戏、探索的求知需要，又能提高幼儿的语言、绘画等表征能力。

游戏课程的实施主要有四个渠道：户外自主游戏活动、区域活动、集体小组活动、家园共育。

（3）综合实践活动课程

让幼儿成为三幼的小主人翁，通过各种特色活动，培养合作交流、乐于探索、主动创造等良好品质。如"晨检小助手""光荣小旗手""环保小卫士""护绿小使者""亲水节""合唱团""三幼播播堂""艺术节""亲子运动会""我为湛江代言"等。

课程的核心经验包括：社会参与、合作交往、劳动实践、多维体验。

课程的教育目标包括三个维度：第一，认知目标——通过开展园内的实践活动，培养幼儿合作交往、服务他人的品质和能力；第二，方法目标——通过开展家园、社区联动的实践活动，培养幼儿参与劳动、多维度体验社会实践的品质和能力；第三，情感目标——乐于参与实践活动，感受亲身参与实践带来的积极情感体验。

综合实践活动内容丰富，形式灵活多样，为幼儿打开了学习的另一扇窗户，也为教育创造了更多的可能和惊喜。

（4）环境课程

环境课程包括物质环境和精神环境。在"留白"理念下的物质环境创设中，我园提出"让幼儿园的每个角落都充满孩子的色彩和故事"。如：孩子手绘的活动区标识、楼梯走道的游戏故事、四大游戏区（探索性游戏区、表现性游戏区、欣赏性游戏区和运动性游戏区）、沙水池、欢乐大滑梯、陶乐坊、树屋餐厅、会议室等。在"留白"理念下，我园生成"让幼儿园的每个角落都充满孩子的色彩和故事"的环境课程。通过倾听与支持，让幼儿用自己的方式创设可看、可探、可说、可听的环境，让幼儿成为环境的小主人，在环境文化中散发"儿童味"，彰显"生活味"，充满"故事味"。

环境课程的核心经验包含：幼物互动、心理建设、文化熏陶、素养培养。

教育目标：第一，认知目标——应用马赛克方法，让幼儿运用多种途径表达自己的想法和声音，参与幼儿园环境的创设；第二，方法目标——通过绘画、手工制作等艺术创作形式，幼儿用自己的语言展示游戏故事；第三，情感目标——感受环境的温馨和谐，体验环境教育带来的积极情感体验。

环境课程主要是通过活动室环境创设、儿童视角下的环境创设、户外游戏活动环境、自然环境等途径得到落实。

（三）课程评价

评价的方法包括自评和他评，自评主要是幼儿个人的评价，他评主要是教师和家长的评价。

幼儿主要是通过绘画与分享游戏故事，进行自评，而教师则通过撰写课程故事进行他评，家长通过撰写学习故事对幼儿的游戏行为进行评价。

成尚荣先生曾说："儿童是幼儿园课程的永恒主语。"我园将秉承儿童视角、儿童立场的园本课程建设理念，坚持以儿童的观点生发课程，整体规划幼儿园课程，保证儿童全面发展的"底色"，实现《指南》对儿童学习与发展的要求。

二、幼儿园园本特色课程文化建设要求

幼儿园园本特色课程是指以幼儿园为主体，结合学校实际情况和社会需求，充分利用本地资源，注重启发幼儿学习兴趣和培养幼儿自主学习能力的一种课程形式。

（一）以幼儿园为主体

园本特色课程的特点之一是以幼儿园为主体。在设计和实施园本特色课程时，需要充分考虑幼儿园的实际情况和需求，结合幼儿园师资、设施、社区资

源等方面进行课程开发和建设。同时，幼儿园要积极参与课程的设计、实施和评价，确保课程的针对性和有效性。

（二）结合实际情况和社会需求

园本特色课程要结合幼儿园的实际情况和社会需求。要充分利用本地资源，将自然环境、文化传统、人才培养需求等因素纳入课程设计之中。园本特色课程要考虑幼儿园的师资水平、幼儿学习特点和兴趣、社区资源等方面，使课程具有可行性、实用性和发展性。

（三）注重启发幼儿学习兴趣和培养幼儿自主学习能力

园本特色课程要注重启发幼儿学习兴趣和培养幼儿自主学习能力。在课程实施中，要采用多种教学方式和手段，引导幼儿主动探索、思考和操作，培养幼儿的探究精神和实践能力。同时，要关注幼儿的学习过程和个性化需求，为幼儿提供多样化的学习体验和机会，鼓励幼儿自主学习和自我发展。

（四）体现幼儿园的办园理念和教育特色

园本特色课程要体现幼儿园的办园理念和教育特色。幼儿园的办园理念和教育特色是幼儿园在长期的教育教学实践中形成的，是幼儿园办学的灵魂和旗帜。园本特色课程要贯彻幼儿园的教育理念，结合幼儿园的教育特色进行课程设计，使幼儿园的教育理念和特色在课程中得到充分体现和实施。

（五）具有开放性和创新性

园本特色课程要具有开放性和创新性。幼儿园要加强与家庭、社区的联系与合作，充分利用社区资源和力量，共同开发园本特色课程。同时，幼儿园要关注教育改革的趋势和发展方向，结合国内外幼教动态进行课程调整和创新，不断探索适合幼儿发展的新型教育模式和教学方法。

总之，幼儿园园本特色课程是一种具有主体性、针对性、可行性、发展性和创新性的课程形式，对于推动幼儿园课程改革和提高幼儿园教育质量具有重要意义。幼儿园要充分认识园本特色课程的价值和意义，加强园本特色课程的建设和研究，为幼儿提供更加优质的教育服务。

三、幼儿园课程建设原则

幼儿园的"留白"课程应以"留白"理念为引领，全面促进幼儿的身体、智力、情感和社会性发展，尊重幼儿的身心发展规律，以活动为主，注重直观性、主体性和快乐性原则，加强与家长的沟通和合作，培养幼儿的创造力和创新精神。

（一）全面发展性原则

"留白"课程应该具有全局性的战略意义，能促进幼儿在体力、智力、情感、社会性等方面的全面发展。这意味着课程应该涵盖各个领域，包括身体健康、语言发展、数学认知、社会交往、艺术表现等，要为幼儿打下坚实的基础，培养他们全面的能力和素质。

（二）尊重幼儿身心发展规律的原则

"留白"课程应该根据幼儿身心发展的规律和特点进行设计，确保教育的针对性和有效性。幼儿在不同的年龄段有着不同的身心发展特点，课程设计应该符合这些特点，注重幼儿的认知、情感、动作和社会性等方面的发展，避免过度强调某一方面的发展而忽视其他方面。

（三）活动性原则

"留白"课程应该以活动为主，为幼儿提供丰富多彩的实践活动，让他们通过亲身体验和操作来感知世界、获取知识、培养能力。活动可以包括户外探险、手工制作、角色扮演、音乐律动等，这些活动能够激发幼儿的兴趣和好奇心，培养他们的动手能力和创新思维。

（四）渗透性原则

"留白"课程应该渗透幼儿的一日生活、游戏、环境创设等的各个方面，要充分利用各种教育资源，最大限度地提高教育的效果。这意味着要将教育融入幼儿的日常生活中，如用餐、午休、户外活动等，以及各种游戏和活动中。同时，还要充分利用环境创设和布置等隐性教育手段，让幼儿在潜移默化中接受教育。

（五）随机性原则

"留白"课程应该关注幼儿的兴趣、需要和个性特点，及时调整教育内容和方式，做到随机生成、因材施教。幼儿的兴趣和需要是不断变化的，要根据他们的表现和反应及时调整课程内容和方式，以满足他们的学习需求。同时，还要根据每个幼儿的个性特点和发展水平，提供个性化的教育指导。

（六）主体性原则

"留白"课程应该以幼儿为主体，让幼儿成为学习的主人，尊重他们的意愿和选择，为他们提供自主探究和发现的平台。这意味着要鼓励幼儿自主思考、发现问题和解决问题，让他们在主动学习和探索中获得经验和知识。教师的作用是提供适当的指导和支持，而不是过度干预幼儿的学习过程。

（七）直观性原则

"留白"课程应该注重培养幼儿的感官能力和想象力，利用图像、声音、色彩、味道等多种感官刺激，帮助幼儿更好地理解和掌握知识。通过直观的教学手段和材料，如图片、实物、音乐等，让幼儿通过看、听、摸、闻等多种方式来感知世界，促进他们的认知和思维能力的发展。

（八）快乐性原则

"留白"课程应该关注幼儿的情感需求，营造愉快、宽松的学习氛围，让他们在快乐中学习、成长。通过有趣的游戏、歌曲、故事等活动，让幼儿感受到学习的乐趣。同时，还要关注幼儿的情绪变化和需求，及时给予关心和支持。

（九）家园合作性原则

"留白"课程应该加强与家长的沟通与合作，充分利用家长资源，共同为幼儿的发展创造良好的教育环境。家长是幼儿成长的重要伙伴之一，要与家长建立紧密的联系，共同制订教育计划和目标，为家长提供家庭教育的指导和支持。同时，还要鼓励家长参与幼儿园的教育活动和教育决策过程。

（十）创造性原则

"留白"课程应该注重培养幼儿的创造力和创新精神，鼓励幼儿解决问题时勇于尝试、大胆想象，培养他们的发散思维能力。通过各种创意活动和游戏等方式，激发幼儿的想象力和创造力。同时还要提供开放性的问题情境和材料，鼓励幼儿尝试不同的解决方法，发展创新思维。

第三节　精神文化

教师的自我实现，不单是物质需求，更是精神上的满足。教育的真正意义就是价值的引导和自主构建，我们秉着"立足儿童视角，尊重儿童，以生活和游戏成就儿童幸福人格"的教育观，把制度的执行和教师的可持续发展放在首位，并形成"仁爱、人本、自由、和谐"的园风。

一、幼儿园精神文化建设的内涵

幼儿园精神文化建设是指幼儿园在长期办学过程中形成的共同价值观、行为准则和心理默契，是幼儿园文化中最为核心的部分，是幼儿园文化建设的灵魂和精髓。幼儿园精神文化建设对于幼儿园的发展具有重要的价值与意义。

幼儿园精神文化建设是在幼儿园办学的长期过程中逐渐形成的，是全体师生员工共同认可和接受的价值观、行为准则和心理默契。具体来说，幼儿园精神文化建设包括以下几个方面。

第一，办学理念。办学理念是幼儿园对办学的理性思考和愿景陈述，是幼儿园精神文化建设的重要组成部分。办学理念反映了幼儿园的定位、目标和使命，是幼儿园办学的价值观和哲学思想。

第二，园风。园风是幼儿园的精神风貌和文化气息，是幼儿园精神文化建设的具体表现形式之一。园风反映了幼儿园的文化传统、道德风尚和行为习惯，体现了幼儿园的凝聚力和向心力。

第三，教风。教风是教师群体的教育思想、教学态度和教学风格，是幼儿园精神文化建设的重要组成部分。教风反映了教师的教学水平和职业素养，直接关系到幼儿园的教育质量和人才输出。

第四，学风。学风是幼儿群体的学习态度、学习习惯和学习成果，是幼儿园精神文化建设的重要组成部分。学风反映了幼儿园孩子的学习品质和成长状态，直接关系到幼儿园的人才培养质量和长远发展。

二、幼儿园精神文化建设的价值与意义

第一，凝聚全体师生员工的力量。幼儿园精神文化建设能够形成全体师生员工的共同价值观和行为准则，使大家在同一目标下团结一致、齐心协力，为幼儿园的发展贡献力量。

第二，提升幼儿园的知名度和美誉度。优秀的幼儿园精神文化建设能够提升幼儿园的知名度和美誉度，吸引更多的师生员工和家长参与其中，壮大办学的力量，同时也会受到社会的认可和赞誉，为幼儿园的长远发展打下坚实的基础。

第三，塑造良好的品牌形象。幼儿园精神文化建设是幼儿园品牌形象的重要组成部分，能够为幼儿园树立良好的形象和信誉，提高品牌的价值和竞争力，为幼儿园的长远发展创造有利条件。

第四，促进师生员工的全面发展。幼儿园精神文化建设能够为师生员工提供广阔的发展空间和平台，激发大家的积极性和创造性，使每个人的才能得到充分发挥，同时也能促进师生员工的自我完善和全面发展。

第五，形成独特的文化特色。幼儿园精神文化建设是在幼儿园办学的长期过程中逐渐形成的，能够反映幼儿园的特色和个性，为幼儿园形成独特的文化特色和风格提供有力的支撑。

总之，幼儿园精神文化建设是幼儿园文化建设的核心部分，是幼儿园最为重要的文化软实力之一。幼儿园精神文化建设对于幼儿园的发展具有重要的价值与意义，能凝聚全体师生员工的力量、提升幼儿园的知名度和美誉度、塑造良好的品牌形象、促进师生员工的全面发展、形成独特的文化特色。因此，加强幼儿园精神文化建设是每个幼儿园的重要任务之一，需要全体师生员工的共同努力和实践。同时，也需要不断与时俱进，适应社会发展的新形势和新需求，不断创新发展，为幼儿园的长远发展提供有力的支撑和保障。

三、创建幸福的精神文化

幼儿园幸福精神文化建设是幼儿园文化的重要组成部分，是幼儿园办学理

念、教育思想和教育风格的重要体现。它以幸福教育为核心，注重培养师生员工的幸福感和快乐感，提高其生命质量，促进其全面发展。

第一，创造幸福的教育环境。幼儿园幸福精神文化建设要以幸福教育为主题，为师生员工创造一个幸福的教育环境。这个环境应该是温馨、和谐、快乐的，充满着爱和关怀。要用优美的环境和精心设计的教育设施来营造一个良好的教育氛围，让师生员工在其中感受到幸福和快乐。同时，教育环境也要与教育内容相匹配，让教育内容能够更加生动、形象地呈现给师生员工，让他们在幸福的教育环境中学习、成长和进步。

第二，培养幸福的师生员工。幼儿园幸福精神文化建设要以培养幸福的师生员工为目标。要注重师生的全面发展和成长，提高他们的幸福感和快乐感，让他们在幼儿园中感受到生命的意义和价值。对于教师，要注重提高其教育教学能力和职业素养，让他们在工作中获得成就感和快乐感。对于幼儿，要注重培养其综合素质和个性特长，让他们在学习中获得知识、成长和幸福。同时，还要注重员工的管理和培训，提高员工的工作积极性和创造力，让他们在工作中获得满足感和快乐感。

第三，营造幸福的园所文化。幼儿园幸福精神文化建设要以营造幸福的园所文化为重点。园所文化是幼儿园精神风貌和教育特色的重要体现，是幼儿园文化的重要组成部分。要注重营造一个积极向上、和谐快乐的园所文化氛围，让师生员工在其中感受到幸福和快乐。要加强园所文化建设和管理，注重文化的继承和创新，不断推出具有时代特色和新鲜感的文化活动和项目，让师生员工感受到文化的魅力和幸福感。

第四，探索幸福的教育方法和手段。幼儿园幸福精神文化建设要以探索幸福的教育方法和手段为己任。要注重探索和实践适合师生员工的教育方法和手段，让他们在教育中获得幸福感和快乐感。要关注教育方法的多样性和创新性，注重传统方法和现代科技的结合，让教育方法能够更加生动、形象、有趣，从而激发师生员工的学习兴趣和创造力。

总之，幼儿园幸福精神文化建设要以幸福教育为主题，为师生员工创造一个幸福的教育环境，培养幸福的师生员工，营造幸福的园所文化，探索幸福的教育方法和手段，注重提高教师对幼儿心理健康的引导能力。幼儿园应该加强对教师的培训，让教师掌握更多的幼儿心理健康教育技巧和方法，提高其对幼儿心理健康的敏感度和引导能力，以便更好地促进幼儿心理的健康成长。

同时，幼儿园也应该注重加强家园合作，让家长也参与到幼儿的心理健康教育中来。通过定期开展家长课程、组织家长活动等方式，增强家长对幼儿心理健康的认识和理解，提高家长对幼儿心理健康的关注度和引导能力，从而形成家园合力，共同促进幼儿的心理健康成长。

此外，幼儿园还应该注重营造良好的心理健康教育氛围。通过在园区内张贴心理健康教育标语、布置心理健康教育环境等方式，让幼儿在日常生活中潜移默化地接受心理健康教育，形成良好的心理素质和行为习惯。

幼儿园幸福精神文化建设是幼儿园文化建设的核心部分之一，是幼儿园长远发展的重要支撑。我们应该在实践中不断总结经验，不断完善和创新幼儿园幸福精神文化建设，为幼儿的全面发展提供更好的教育和环境保障。

四、园本精神文化建设——基于"以人为本"视角

园所文化是幼儿园在长期的教育实践和管理过程中形成的价值观念、群体意识和行为规范的一种综合体，是一种富有个性的学园文化。"以人为本"是实现园所文化的核心，幼儿园的改革与发展，必须依靠人这一主体来实现，要充分尊重孩子的主体地位，充分尊重每位员工自我价值的创造。而"健康乐学"则是一种积极、快乐、灵动的精神文化。在幼儿园的管理中，我们不断寻求新的文化理念，以实现"教师为本""儿童为本"，师幼共同构建健康乐学的园所文化。

我们在幼儿园多年文化积淀的基础上思考研究教师的发展需要什么、孩子的发展需要什么、幼儿园该怎样发展等问题，从而确立了我们的办园理念、办园宗旨、办园目标、园风、教风。让"文化理念"内化为幼儿园发展的思想营养，激励教职工思想、理念不断升华，及对职业的深厚情感和积极向上的追求，实现共同的目标。

（一）在"以人为本"的基础上，建立有序、规范的管理机制，创造和谐而充满生机的园所

1. "以教师为本"，创设人文化的制度文化

（1）制度是对行为的一种约束、一种规范，是职责的表现形式。同时，制度只有在对目标、价值观念认同的基础上共同构建，它才具有灵魂。把精神要

求与具体规定有机地结合起来，把"软文化"与"硬制度"熔于一炉，铸造出刚柔相济、软硬相容的规章制度，才能达到师幼共建幼儿园文化、共造园风、共守园规的目的。

（2）为员工营造自主开放、和谐温馨的工作、学习生活环境。了解教师所需、所想、所思、所做，用换位的思想去思考问题、体会教师的需求，在教师和管理之间找到一个最佳结合点；从尊重、关爱、理解、信任的角度出发，欣赏教师的工作，让他们感受到自己是在一个充满支持的环境中工作，注重亲和力；要走近教师的心，发现每一位教师的闪光点，让每个人都彰显精彩，释放出自己潜在的能量；从工作和生活的点滴做起，引导教师发扬互相关心、互相合作、共同提高的团队精神，让大家在一个愉悦、和谐的环境中快乐地工作和生活。

2."以幼儿为本"，注重"硬环境"条件的建设，突出"软环境"的培植

（1）构建"物为童用、扬其童性"的幼儿园环境，从园舍、设备设施的配置、活动室的安排布置，到园所的绿化美化，活动材料的提供、投放等，都尽量满足孩子们生活、活动和发展的需求，创造孩子们游戏、学习的快乐天堂。

（2）让环境与开放多元的教育融为一体，让每一寸土地、每一个角落、每一块墙壁都体现教育的意义。园所整体环境及幼儿活动室色彩缤纷、温馨，充满童趣，让孩子们走在每一处都有不同的视觉体验，户外环境文化、走廊文化、家园天地、教育警示、名言设计等，处处体现着幼儿园的教育理念、教育特色，并立体地展示了教师、孩子们不同的艺术风采。班级环境是老师和孩子们亲自设计、布置的，并与课程主题活动相互补充、支持，每一个区角都成为幼儿学习、探究、实践的空间和园地，形成了各班独特的人文氛围，为幼儿的发展提供更为宽阔的空间。

（3）在努力为幼儿创设良好物质环境的同时，我们也将心理环境的创设放在重要位置。我们要求每一位员工从自身做起，蹲下来和孩子交流，创设尊重、关爱、温馨、愉悦的环境，让幼儿形成活泼开朗的良好性格，迈出健全人格的第一步，以公正、公平的态度对待每个孩子，关爱每个孩子，让他们在幼儿园健康快乐地成长。通过丰富多彩的活动，激发幼儿的好奇心，提供探索和创造的机会，让他们体验成功的快乐，同时让孩子们走进社会、亲近自然、体验情感、拓宽视野、陶冶情操，使其成为对社会有用的人。

（二）"以幼儿园为本"，构建体现教师发展的行为文化

1. 注重教师群体精神，为个人潜能的发展搭建平台，让每个人都彰显精彩

（1）重视了解每位教师的心理需要、情感需要，引导每位教师要有容人之短的雅量，相互理解、支持，长相处，不相疑，形成温馨、和谐，具有凝聚力、向心力的集体；让自己在处事、工作、生活和自我心态的调节上从容、淡定；善于发现每位教师的闪光点，尽量创造条件，为他们搭建促进自身发展的平台，让他们在幼儿教育的大舞台上成为一颗独特的、闪亮的星星，引导他们扬长避短，让每颗耀眼的星星都凭借个人独特的光芒，使幼儿园保教工作呈现百花齐放的蓬勃生机。

（2）鼓励与激发教师的专业意识，鼓励与引领教师进行教学研究与反思，营造具有学术自由与专业竞争力的团队环境。积极为老师们搭建发展的平台，为老师的专业发展提供机会和条件。提供学习培训的机会，从优化教师个体素质入手，提高教师的专业技能，同时注重优化教师群体素质，充分利用园本教师资源，开展形式多样、丰富多彩的园本培训、交流研讨活动，如专题讨论、技能培训、百家讲坛、课例研讨等，让优秀的教育方法和经验在园内得到展现和推广，同时为有专长的教师提供展示、提升的平台。让每个人都有机会展示自己，体验事业的成就感，从而更加自信地学习、工作和生活，同时也让教师们学会分享。

2. 以教育科研为基础，汇集教师的教育智慧，认同与支持教师的自主研究与个性教育

让教师在具体的科研情境中提高追求事业的能力，拓宽教师专业发展的空间，让其才能得以发展，让每一个人都能够不断完善自己，不断超越自己。让教师对日常工作保持一份敏感和探索的习惯，学会对发生在自己身边的看似平常的教育现象进行思考和探索，善于从中发现问题，学会对自己的教育实践进行判断和反省，为教师立足教学实践，进行课题研究提供支持、帮助。

3. 营造快乐的学习氛围，让幼儿园书香四溢

首先，我们为教师、幼儿创设了良好的阅读环境，提供大量幼儿阅读绘本、教师阅读书籍，建设教师阅览室、亲子阅览室、班级阅览区，并开展丰富多彩的阅读活动，通过阅读活动，让教师、幼儿在交流中体验成就感，在分享中激发阅读兴趣，养成良好的阅读习惯，师幼共同创建书香幼儿园。

　　园所文化是幼儿园的灵魂和特色，我们尝试在"以人为本"构建园所文化的过程中，努力营造一种和谐的氛围，创造优美的环境，把有形的教育和潜在的教育融合在一起，从而全面推动幼儿园的发展。

第四节　制度文化

我园结合《指南》，把办园理念解读为人人能听懂、人人能读懂的共同愿景，把理念变成具体、可操作的标准和要求，并且在操作中不断求证和修订《市三幼职工手册》。针对办园理念制订的标准才是最适合园所的管理标准，是经过了无数次自下而上和自上而下修订的标准，是大家约定俗成的规范，也是大家愿意共同维护的制度文化。

一、幼儿园制度文化建设的内涵

幼儿园制度文化建设是一项系统内容，它涉及幼儿园的管理、教育、服务等多个方面，对于提升幼儿园整体形象、促进幼儿全面发展具有重要意义。

制度文化是文化的一种类型，是社会生活中逐渐形成的、为大家所共同遵循的规范、准则和习惯，是文化中规范层面的部分。制度文化建设的内涵包括三个方面：规范体系建设、制度执行落实、制度宣传教育。

在幼儿园制度文化建设中，规范体系建设是基础，包括各项制度的建立、完善和修订。制度执行落实是关键，需要确保各项制度得到有效执行。制度宣传教育是保障，通过加强宣传教育，提高教职员工对制度的理解和认识，增强其制度意识和遵守制度的自觉性。

二、幼儿园制度文化建设的意义

第一，有利于提升幼儿园整体形象。制度文化建设是幼儿园文化建设的重要组成部分，是展示幼儿园形象的重要窗口。通过加强制度文化建设，可以提高幼儿园的整体形象和对外形象，为幼儿园创造更好的社会环境。

第二，有利于促进幼儿全面发展。制度文化建设在幼儿园的管理和教育方面都有重要作用。在管理方面，制度文化建设可以规范幼儿园各项管理工作，提高管理效率和管理水平，为幼儿提供更好的成长环境；在教育方面，制度文化建设可以规范幼儿园的保教工作，提高保教质量，促进幼儿的全面发展。

第三，有利于提高教职员工素质。制度文化建设可以强化教职员工的规范意识、制度意识和纪律意识，提高其职业素养和综合素质，为幼儿园的发展提供有力的人才保障。

第四，有利于推动幼儿园文化建设。制度文化建设是幼儿园文化建设的重要组成部分，是推动幼儿园文化建设的重要手段之一。通过加强制度文化建设，可以带动幼儿园其他方面的文化建设，整体提升幼儿园的文化水平和文化软实力。

幼儿园制度文化建设对于提升幼儿园整体形象、促进幼儿全面发展、提高教职员工素质、推动幼儿园文化建设具有重要的意义。幼儿园应该加强制度文化建设，制订科学合理的制度，强化制度执行落实和宣传教育，推动制度文化建设不断向纵深发展。同时，应该注意不断更新和完善制度，适应幼儿园发展的新形势和新要求，确保制度文化的持续性和有效性。

三、幼儿园制度文化建设原则

幼儿园制度文化建设需要遵循以下原则。

第一，以人为本的原则。制度文化建设既要符合幼儿园整体发展的需要，也要满足幼儿和教职员工的个性化需求，在规范制度的同时，也要重视人的因素，体现对人的尊重和关心。

第二，共性与个性相结合的原则。制度文化建设既要遵循国家法律法规和教育主管部门的相关规定，也要结合幼儿园自身的实际情况和特点，制订符合幼儿园实际情况的制度，突出幼儿园的特色和优势。

第三，内容与形式相统一的原则。制度文化建设要注重制度内容与表现形式的统一，既要保证制度的严肃性和有效性，也要考虑制度的可行性，使其能够得到切实执行。

第四，改革创新的原则。制度文化建设要紧跟幼儿园发展的步伐，不断进行改革和创新，要不断更新和完善制度，适应幼儿园发展的新形势和新要求，确保制度文化的持续性和有效性。

第五，制度化与教育性相结合的原则。制度文化建设既要保证制度的严肃性和约束力，也要注重教育性，使制度教育化和教育制度化相得益彰，让幼儿和教职员工养成良好的行为习惯和工作作风。

第六，传统与现代相结合的原则。制度文化建设既要继承和发扬传统文化的优秀部分，也要适应现代社会的发展需求，建立符合现代社会特点和幼儿教育规律的制度体系。

第七，稳定性与灵活性相结合的原则。制度文化建设要保持一定的稳定性，不能朝令夕改，让幼儿和教职员工能够建立起稳定的行为模式和思维习惯，同时也要根据实际情况进行灵活调整，确保制度的适应性和有效性。

第八，民主与集中相结合的原则。制度文化建设要注重民主与集中的结合，既要听取各方面的意见和建议，也要确保决策的效率和执行力，让幼儿和教职员工能够自觉遵守和执行制度。

第九，责任与权利相结合的原则。制度文化建设要明确责任与权利的关系，既要强调责任和义务，也要保障权利，让幼儿和教职员工在执行制度的同时，能够获得相应的利益保障。

第十，监督与激励相结合的原则。制度文化建设要建立有效的监督机制和激励机制，既要加强对幼儿和教职员工行为的监督和管理，也要给予相应的激励和奖励，让幼儿和教职员工在执行制度的过程中能够得到有效的激励和鼓励。

四、幼儿园制度文化建设策略

幼儿园制度文化建设是幼儿园管理的重要组成部分，对于保障幼儿园正常运转和促进幼儿全面发展具有重要意义。

（一）建立健全制度体系

制度体系建设是幼儿园制度文化建设的基础和前提。幼儿园应该根据国家法律法规和教育主管部门的相关规定，结合幼儿园实际情况和特点，制订符合幼儿园发展的制度体系。制度体系应该包括人事管理、教育教学管理、安全管理、卫生保健管理、家长工作管理等方面，要涵盖幼儿园管理的各个方面和环节，确保制度体系的完整性和有效性。同时，幼儿园应该定期对制度进行审查和修订，及时更新和完善制度，适应幼儿园发展的新形势和新要求，确保制度文化的持续性和有效性。

（二）加强制度宣传教育

加强制度宣传教育是幼儿园制度文化建设的重要环节。幼儿园应该通过多种途径和方式加强制度宣传教育，让教职员工和幼儿了解和掌握制度的内涵和要求。可以通过召开全体员工会议、家长会等途径，利用园内宣传栏、班级墙饰等方式，开展制度宣传教育活动，增强教职员工和幼儿对制度的理解和认识。同时，可以通过组织竞赛、考核等形式，检验教职员工和幼儿对制度的掌握情况，督促他们认真学习，严格执行制度。

（三）严格制度执行落实

严格制度执行落实是幼儿园制度文化建设的关键。幼儿园应该采取有力措施，确保制度得到有效执行。首先，要制订科学合理的制度执行方案，明确各项制度的执行责任和执行流程，确保制度执行的有序性和有效性。其次，要加强对制度执行情况的监督检查，及时发现和纠正问题，防止制度执行不力或执行不到位的情况发生。最后，要建立制度执行典型，对制度执行情况进行通报和表彰，激励教职员工和幼儿认真执行制度，形成良好的制度执行氛围。

（四）注重制度创新

注重制度创新是幼儿园制度文化建设的动力。幼儿园应该根据发展需要和创新需求，及时改革和完善制度体系，推动制度创新，推动制度建设和幼儿园发展相互促进、相得益彰。可以从问题导向出发，针对幼儿园管理中的重点、难点问题，制订创新解决方案，推动制度的创新和升级。同时，可以鼓励员工提出制度创新建议，广泛收集和整理有关制度创新的思路、方法、案例等信息，结合幼儿园实际情况进行研究和尝试，推动制度创新的持续深入。

（五）加强组织领导

加强组织领导是幼儿园制度文化建设的保障。幼儿园应该加强对制度文化建设的组织领导，建设健全制度文化的领导体制和机制，明确各有关方面的职责和任务，推动各项工作顺利进行。应该选派能力强、作风优、态度端正的干部担任制度文化建设工作的负责人，积极做好制度文化建设的组织、协调、管理、监督等工作，确保制度文化建设工作的顺利进行。同时，应该加强对干部的教育培训，提高干部的专业素养和工作能力，为幼儿园制度文化建设提供有力的人才保障。

幼儿园制度文化建设需要建立健全制度体系、加强制度宣传教育、严格落实制度执行、注重制度创新并加强组织领导等多方面的策略和措施。只有在这些方面都得到有效落实的情况下，才能建立起符合实际情况、顺应发展潮流、能促进幼儿全面发展的优秀制度文化。

五、幼儿园制度文化建设实践——以安全制度建设文化为例

安全工作是幼儿园顺利开展教育教学工作的前提和基础。安全教育更是幼儿园工作的重中之重。《纲要》中指出"幼儿园必须把保护幼儿的生命和促进幼儿的健康放在工作的首位"，也就是说，幼儿的安全是一切发展的保障，只有在保障幼儿安全的基础上才能保证其身心健康发展。我们的教育对象是年幼的孩子，由于他们缺乏安全知识，自我保护意识薄弱，加上他们对周边事物十分好奇，不能清晰地看到周围环境中潜伏的危险因素，缺乏对行为结果危险性的预测，更不会正确、及时地应对各种突发的危险事件，从而可能酿成严重后果。因此，对幼儿实施"安全教育"理当成为幼儿园保教工作的"重中之重"。作为一线的幼儿教师，我们应当紧紧围绕"珍爱生命，安全第一"这一永恒的主题寻求行之有效的安全教育途径。

（一）当前幼儿园安全教育与管理存在的问题

第一，幼儿自身原因，幼儿自我保护和安全防范能力差。由于幼儿年龄小，缺乏安全知识，识别危险和自我保护的能力差，加上活泼好动，好奇心重，喜欢探索，在活动中对危险事物不能做出正确判断，不能预见行为后果，如：幼儿在玩耍时，对迎面跑来的其他幼儿不知要躲闪；有的幼儿在游戏时，不顾其他的小朋友。幼儿面临危险时，不会保护自己，安全意识薄弱，缺乏应有的防范知识，不知道躲避风险，容易发生砸伤、摔伤、烫伤等。

第二，在家庭教育方式上存在偏差和过度保护，家长安全防范意识薄弱。家长对孩子过分保护，什么事也不敢让孩子去尝试，视自己的孩子为小皇帝、小公主，限制孩子的活动，过多地对幼儿采取各种保护性措施，忽略了对幼儿独立能力的培养，这样也失去了对孩子进行安全教育的机会。有的家长因为工作繁忙，只管孩子吃饱穿暖，忽视了对幼儿进行安全教育，如若家长安全防范意识也薄弱，孩子一旦发生事故，家长就易束手无策。

第三，有些幼儿园安全制度不严，管理不善。少数幼儿园安全责任意识不

够，对安全工作不够重视。有些幼儿园突发事件应急预案尚不健全，有些幼儿园虽然有应急预案，但操作性不强，有些幼儿园结合自身实际开展紧急疏散、演练活动不够。

第四，有些幼儿园食堂、食品的卫生条件差，存在安全问题。少数幼儿园食堂硬件设施落后，食品进货渠道不规范，食堂炊事员不断更换，个别炊事员无证上岗，使用"三无"食品，卫生设施较差，食堂卫生安全有待加强。

第五，有些幼儿园设施设备存在安全隐患。部分幼儿园设施设备陈旧老化，如大型活动组合器械、滑梯、攀登架等大型玩具年久失修，存在安全隐患。

第六，在消防安全方面，存在消防设施落后、陈旧，消防器材不足，消防通道不符合要求等问题。

第七，园所周边环境方面不佳。有些幼儿园周边环境令人担忧，园所周围有一些商家无证经营，售卖一些不洁食品，存在一定卫生安全隐患。

从幼儿园安全教育的现状来看，有些问题应引起我们的关注和思考。例如，认为对幼儿进行安全教育就是给幼儿上安全教育课；只关注幼儿在园内的安全教育，而忽视与幼儿安全和发展有直接关联的家庭因素等；安全教育活动犹如"流行风"，不能有始有终地开展，有的则是"雷声大雨点小"，没有切实地开展。

（二）加强幼儿园安全教育与管理的措施

1. 加强领导的安全意识，建立安全工作责任制

（1）加强领导，成立机构。首先，幼儿园应从加强领导，落实安全责任入手。成立"安全工作领导小组"，由园长任组长，分管的副园长任副组长，年段长、教研组长、保卫员、食堂管理员、保健医生等负责人任成员，下设办公室，具体负责安全工作的有关事宜。园长亲自挂帅，分管副园长具体抓落实，层层抓执行，形成全园上下齐抓共管的局面。其次，在规划幼儿园工作时，应把幼儿园安全工作摆上重要议事日程，纳入年度工作计划，要经常召开安全专题园务会议，分析安全方面存在的问题，研究制订具体方案和措施，促进幼儿园安全工作扎实开展，营造强有力的工作格局。

（2）签订责任书。首先，为确保安全工作责任的落实，要建立健全安全工作责任制，每学期开学初，园长与各类人员签订安全目标责任书，使安全工作责任到人，实行层层负责的目标管理责任制，做到年初有计划、有部署，平时有督查、有评比，年终有总结、有奖惩。其次，班主任还应与家长签订"家长安全管理责任书"，让家长明确安全教育和监督职责。再次，幼儿园还应与供货商签订"食品安全卫生管理责任书"，双管齐下，杜绝各类安全事故的发生。

（3）建立健全安全制度和应急预案。常言道："没有规矩，不成方圆。"幼儿园要抓好制度建设，狠抓规章制度的落实，建立健全一系列安全工作规章制度和突发事件应急处置工作预案。如：建立领导值日制度、门房保卫制度、总值班制度、幼儿交接制度、卫生保健制度、食堂和食品卫生安全制度、伙食管理制度、食品质量验收和检查制度、食品留样制度等。还要建立幼儿园突发事件应急预案、园所安全应急预案、预防食物中毒预案、预防火灾、防汛抗灾、预防地震及重大事故紧急疏散等预案，并进行演练。制订园长、教师、保育员、医务、财务、后勤、门卫、炊事、清洁工等各类人员的岗位职责。有关制度及职责均形成书面并张挂上墙，做到职责明确、分工具体、责任到人。还要制订"幼儿一日生活常规""幼儿卫生准则"以及一系列教育教学常规管理机制，使教师每月、每周、每日都有一个清晰的工作程序。

2. 强化幼儿园内部管理，安全措施落实到位

（1）加强门卫管理。为了进一步加强园内秩序管理，幼儿园应配备专职门卫固定值班，坚持每天24小时值班制，每天严格执行门卫制度和外来人员登记制度。凡有人来访，必须认真做好登记，严禁陌生人进入园所。设立"幼儿交接登记"，要求家长刷卡接送孩子，督促门卫严格把好凭卡接送关。加强领导值班工作，每天安排两位行政后勤人员值班，加强一日活动巡查，针对周边道路拥堵情况，行政值班人员协助门卫进行监管，严禁家长的摩托车、自行车进入园所，确保幼儿园周边道路畅通，保证家长和孩子的出入安全。

（2）加强食堂卫生安全管理。幼儿园要严格遵守《中华人民共和国食品卫生法》，制订食品卫生安全制度，实行园长负责制，食堂工作人员要持健康证上岗，每年体检一次。采购员要把好进货关，必须到正规渠道采购食品，严禁让腐烂、变质食品及原料进入园所，幼儿园应与各家供货商签订协议书，确保幼儿食品卫生安全，每天还必须做好食物留样工作。保健员要认真检查食品是否符合卫生安全条件，合理安排幼儿食谱，定期做好幼儿营养计算，指导炊事员科学烹调，做好干稀搭配、荤素搭配，保证幼儿食物营养充足平衡、多样丰富。炊事员要把好食品的最后一关，发现不卫生、变质和过期等问题食品，立即报告，同时，必须严把厨房关，严禁无关人员进入厨房，杜绝意外事故的发生。炊事员除了做好幼儿餐点外，对烹饪用具、刀、菜板、盆、筐、抹布等应做到生熟分开，洗刷干净，食具要餐餐消毒，严防食物中毒和肠道传染病发生。

（3）做好园舍、设施设备安全检查。幼儿园安全领导小组要经常深入一线进行检查，对幼儿园园舍、设施设备采取定期检查和不定期抽查，确保安全工作落到实处，如对幼儿园的水电、燃气等重点安全工作，要求值班人员天天检查，保证万无一失。对幼儿园的房屋、场地、家具、玩具、用具及大型活动器械，要经常进行全面排查，发现问题立即整改，消除各种安全隐患，避免触电、砸伤、摔伤、烫伤、溺水等事故的发生。

3. 开展丰富多彩的安全教育活动

综合实践活动课程是我园四大园本课程之一，以各类体验活动为基础，以安全教育为抓手，根据幼儿不同的年龄特点，我园开展丰富多彩、生动形象的安全教育活动，旨在让幼儿树立安全意识，增强安全防护技能，全面提升安全素养。如，全园开展"三警进园所"，定期的消防、防震、防暴演练，参观消防局，认识消防车，开展防溺水教育等教育活动；大班通过小主持、表演的形式，向全园师幼宣扬安全知识；中班通过情景剧表演，向全园师幼展现各类安全防护技能；小班则在日常的实际生活中体验和感受生活中的安全小常识和小技巧。此外，我园还鼓励全园幼儿和家长共同在"幼儿安全学习平台"上进行学习，其中涵盖了各种安全主题教学视频和操作游戏，形式丰富多样，内容简单易懂，深受家长和幼儿的喜爱。

4. 家园配合

形成安全教育合力，对幼儿进行安全教育，单靠幼儿园的教育是远远不够的，需要家长配合，形成安全教育合力。幼儿园要重视家庭教育，开辟安全工作宣传栏和家教专栏、家长园地、"致家长一封信"、"寒暑假告家长安全书"，定期召开家长会，举办"家长学校"，通过微信公众号、视频号等网络平台向家长推送有益的安全教育文章和视频，向家长宣传安全教育的重要性和必要性，增强家长的安全防范意识，让家长主动培养幼儿的自我保护能力，切实将安全教育的内容延伸到每个家庭中。开展"交通安全常识"和"消防安全知识"讲座，让家长增长安全知识，强化安全意识，与幼儿园通力合作，密切配合，齐抓共管，共同做好幼儿安全防范工作。促进幼儿综合素质的提高，使幼儿从小就在德、智、体、美、劳诸方面获得全面发展。

对于幼儿的安全教育应当成为幼儿教育系统工程中的一个重要项目，无论教师、家长或是幼儿，任何时刻都不能放松安全这根弦，应当防微杜渐，警钟长鸣。

第五节　环境文化

幼儿园环境文化是指幼儿园中的环境，包括物质环境和精神环境，围绕着人类的外部世界，是人类赖以生存与发展的社会和物质条件的综合体。从心理学的角度来看，环境可分为外环境和内环境；按环境的性质和作用，环境可分为自然环境和社会环境。幼儿园环境文化按照不同的维度，有不同的分类。从幼儿活动的形式来看，包括语言环境、运动环境、劳动环境和游戏环境。从构成内容的特质性差异来看，幼儿园环境包括幼儿园的物质环境、精神环境。物质环境又称为显性环境，精神环境也称为隐性环境。

一、幼儿教育中的环境育人

众所周知，良好的环境有助于促进幼儿的身心健康发展，并在智力启发和品德培养方面发挥着不可忽视的作用。近年来，我们的幼儿园一直致力于创建良好室内和室外环境的实践探索中。

（一）创造一个让幼儿自主成长的学习环境

幼儿园的学习活动应该是多样化和动态的，是幼儿主体发挥作用的成长过程。通过布置一些场景，准备各种教具，营造轻松、和谐的环境氛围，引导幼儿积极地参与课堂教学中，从而使幼儿学习相应的知识技能，并获得愉快的情感体验。其中，幼儿的参与充分发挥了他们的主动性，这是有效学习、自主成长的根本。

比如，与小动物玩耍的教学环境创设，可以为角色扮演奠定良好的环境基础，可以充分调动幼儿的学习热情，使他们能够全面运用到手、脑和嘴，而不是受制于教师亦步亦趋的指导和讲解，从而实现创造性和个性化的成长发展。又比如，在设计活动室的墙壁时，教师需要充分考虑目标幼儿的年龄特征，使装饰墙壁真正起到作用。例如，一位小班老师在活动室布置了"我喜欢水果"的装饰墙。当幼儿参加区角活动时，经常玩颜色分类、排队买水果等游戏。墙面装饰的内容与孩子的生活经历和认知水平相对应，有效地激发了孩子的兴趣，并起到了应有的教育作用。在装饰墙壁时，我们还强调，墙饰的内容应与班级当前的主要教育目标保持一致。

（二）创造一个让幼儿展现自我的户外环境

户外环境对幼儿的行为和发展具有重要意义。它不仅是落实《纲要》的客观要求，而且它可以指导幼儿在实践探索活动中取得全面的发展和进步。现代幼儿接触户外环境的机会本来就少，接触纯自然环境的机会更加缺乏，这对于幼儿的全面发展特别是身心健康发展都将产生不利的影响。基于此，户外环境创设应该成为重点内容。

在全园师幼的共同努力下，我园现已发展为"每个角落都充满儿童味"的视角景观。比如，楼梯展示墙上的幼儿游戏故事、班本游戏课程、幼儿手绘的指示牌、幼儿制作的泥工造型、幼儿的摄影作品等，处处都彰显了幼儿的视角、幼儿的语言、幼儿的主体地位。

（三）创造机会，让幼儿积极参与创造环境

只有充分发挥幼儿的主观能动性，使幼儿有机会参与到创造环境的过程中，他们的创造力和个性才能得到激发和培养，环境教育才能在其身心发展中发挥最佳作用。因此，在创造环境的过程中，我们应该使孩子们有机会成为参与者和实施者。

比如，在创设户外自主游戏区域时，教师会对幼儿进行访谈，了解幼儿的想法和意见，并邀请幼儿通过幼儿园之旅、拍照和图书制作等方式表达自己的想法，将想法和建议实体化，再用以装饰区域、调整材料。另外，与成年人相比，幼儿的思维方式大不相同。他们需要依靠特定的动作和外表来形成认知结构。因此，幼儿需要通过各种特定的活动来理解事物并进行学习。丰富的物质材料可以促进幼儿的研究行为，因此在教育活动中，教师需要创造适合幼儿成长水平并满足其特定需求和兴趣的物质环境，鼓励幼儿独立、自发地探索。

（四）综合分析，开展环境创设活动

幼儿园着重通过创建环境及幼儿园的特定设计和课程的实施以及当地文化资源两种方式共同创建园所环境。在幼儿园中，我们分析了幼儿园的布局和

现有环境，将创建公共空间主题和特征的想法划分到楼层，根据主题课程构造活动室。例如，第一层展示儿童的艺术成就，第二层使用走廊的墙壁和空间来展示当地的文化特色，第三层结合一个研究室来创建科学技术走廊。充分考虑幼儿的年龄特征，专注于特征，以简单和美丽为原则，来实现全面创意。幼儿园以分工、合作、循环学习、监督、检查和改革的形式分阶段推进工作。第一阶段的重点是"看"。老师们互相拜访和学习，介绍各自的想法和建议，从实践中学习创设并改善教室环境。第二阶段的重点是"验证"。管理人员通过研究特殊房间的环境和消耗品、主题墙的布局、活动室的空间、区域材料的分布等来发现问题并立即向班级或负责人提出意见，例如对废弃物、当地材料的使用，儿童的参与等。这阶段着眼于"改革"并启动调整和改进的新阶段。

（五）重视家园合作，促进幼儿全面发展

父母要为孩子创造良好的家庭环境，这是幼儿成长发展的重要场所。家庭环境应充满嬉戏的特点，满足孩子的心理需求。比如，在对待幼儿玩玩具问题方面，家长应该使其与其他游戏活动结合，明确一定的培养目标，引导幼儿从中获得愉悦的情绪体验，才能实现教育成长的目的。父母还应多带幼儿出去拓宽他们在社会环境中的视野，增长他们的知识，帮助他们获取信息，启发他们的智慧并激发创造力，这些都是对幼儿成长有重要作用的举措。因此，家园应密切合作，共同实现教育目标。教师要善用家访和父母开放日等机会，与父母互动，并向父母介绍环境教育和环境创设的相关知识，同时，要注意分享良好的养育方式和教育习惯，从而为幼儿创设一个全面积极的成长环境。

环境对于学龄前儿童的教育非常重要。环境是儿童成长最佳、最自然的教师。教师要做好这方面的理论研究和实践探索，开展有效的环境创设活动，使幼儿积极参与其中，进而实现良好的成长与发展。

二、在幼儿园环境文化建构中融入本土文化

在我国目前幼儿园教育过程中，环境创设逐渐成为幼儿园教育的"隐性"课程，逐渐受到广大幼儿园教师和管理人员的关注和重视。然而，在实际教育过程中，幼儿园对环境创设仍然存在一定的理解性偏差，没有形成对环境创设的整体规划意识，仍然以幼儿园教师为主要视角，忽略了幼儿主体作用的发挥，没有充分挖掘地方文化资源等，导致幼儿园的环境教育千篇一律，没有独

特的地方文化特色。

（一）利用地方文化资源，开发幼儿教育活动资源

我国拥有悠久的文化历史，每一个地方都有自己独特的风景名胜、民间小吃、本土建筑以及本土民间歌谣等优秀地方文化，"海滨城市""海鲜之都"均是湛江的美称，也体现了湛江的本土文化。我园通过开展"我为湛江代言"的活动，鼓励幼儿发掘湛江的美食、美景、人文风俗，并以小组探究学习的形式深入调研、绘制介绍海报，最后通过视频推介的形式宣传湛江。如何利用地方文化，创设具有地方文化特色的幼儿园环境是广大幼儿园教师重点关注的问题。

在实际的幼儿园环境创设过程中，教师可以将地方文化巧妙地区分为民间的民俗文化、风味小吃、土特产等几个方面，教师可以充分利用这一些地方文化资源，科学、有序地编制幼儿园的环境主题，让幼儿在幼儿园玩耍、学习的过程中也能了解到更多传统地方文化，促进幼儿全面发展。除此之外，教师也可以带领幼儿离开小小的教室，亲身感受地方自然风景，在用眼睛观赏的过程中也能够深刻地体会到地方文化的魅力，培养幼儿对地方文化的思想感情，为培养幼儿的创新思维打下基础。

（二）开发地方文化资源，加强地方文化熏陶

通过研究发现，3—6岁的幼儿具有较强的好奇心和探究欲望，幼儿在好的游戏环境中会更加专注和认真。因此，在教学的过程中，可以充分利用地方俗文化资源，通过设计情节丰富、具有地方民俗文化特色的游戏来开展地方文化教育，加强幼儿的本土民俗文化熏陶。

例如，我园在2023新年开学时组织全园师幼开展了"湛江年例"活动，让幼儿体验年例的独特风俗，品味湛江的风情美食，形成对湛江年例等非物质文化遗产的认知和认同，激发幼儿热爱湛江、热爱家乡之情。

（三）创设地方文化环境，加大对幼儿的视觉冲击

环境影响幼儿的成长和学习，良好的幼儿园教学环境可以在一定程度上提高教学效果。为了使幼儿能够更好感受愉快感和成就感，幼儿园教师需要给幼儿提供一种具有地方文化特色的活动环境，以提高幼儿对地方文化的熟悉感、认同感。

教师可以将地方自然物质融入幼儿园教学活动中。例如，开展游学活动，家园携手，带着幼儿深入湛江的各个行业、各个地方进行体验，了解湛江的物质文化，亲身体验各种民俗活动，建构起对湛江的认知。

3—6岁的幼儿正处于身心发展的重要时期，幼儿园应该充分利用地方文化这一丰富的教育资源，为幼儿创设具有地方文化特色的幼儿园学习环境，充分发挥幼儿园环境"隐性"教育的功能，增强幼儿地方文化教育，让幼儿充分体会我国传统地方文化亘古不变的艺术魅力，促进幼儿全面发展。

三、基于幼儿活动创设环境——从"美术课程活动"角度

美不仅是眼睛看到，也是心里想到、手中可以描绘出的意境，幼儿的美术教育不仅是在纸笔上，更在周围的生活中。美源于生活，也回归于生活。有效的创意美术教育不仅可以促进幼儿综合发展，而且不同形式的美术视觉艺术，可以培养幼儿不同的审美和鉴赏能力，让幼儿在愉快地观察周围事物的氛围中，去体验、创造，去感受生命的力量，感受创意美术的美好内核。在与其他人分享自己的艺术成果中表达自己，获得内心深处的成就感。创意美术环境的创设在一定程度上可以使幼儿释放自己的心灵，找到诠释自己的全新方式并获得丰富且自由的美术创作体验，让幼儿在丰富内心的同时，体会成长的快乐。

（一）幼儿园创意美术对丰盈幼儿园环境的作用

1. 环境方面

我们都知道环境对于一个人的成长发挥着至关重要的作用，这种作用不是一蹴而就的，而是在潜移默化中一点点地扎根，结出美丽的果实。对于幼儿成长空间来讲，幼儿园的环境建设至关重要，对幼儿成长教育的重要性也不容忽视，对幼儿具有特殊的意义。对幼儿园的空间安排、设施材料以及墙面的布置，都应该让幼儿参与其中，全方位引起幼儿对美术的兴趣，以此来激发幼儿的积极性，创意美术对于幼儿园环境的建设更是让幼儿直观地感受真实的情感体验，对美术知识有了新的认识。

2. 幼儿方面

当孩子看见自己的创意美术作品在幼儿园创设的环境中展示，会油然而生一种自信的感觉，幼儿会感觉被认同，内心会更加丰满，会体会到创意的魅力，会更加积极地参与到幼儿园的环境创设中。当幼儿的美术作品不断地被运用在幼儿园的环境创设中，他们就会对幼儿园感兴趣，会把幼儿园当成自己的

一部分，会让幼儿想要探索环境创设的新方式和内容。幼儿园的环境就可以真正被幼儿喜爱并且接纳、爱护。幼儿美术作品在环境创设中的运用也充分发挥了幼儿的主体地位，符合幼儿园以人为本的育人观，建立了幼儿对于美术创意的自信心，调动了幼儿对于幼儿园环境建设的积极性。

（二）幼儿园创意美术及幼儿园环境创设方法

1. 室内环境布置方法

（1）活动角布置方法。根据幼儿的年龄特点和实际学情，在活动室内创设适宜的区域，能有效支持幼儿的个性化探索学习。比如，创设建构区，提高幼儿对形状、空间的理解；创设娃娃家，有效缓解小班幼儿的分离焦虑，让幼儿理解各种角色的职责和作用；创设美工区，引导幼儿参与美术活动，提升幼儿的审美能力和动手能力；创设阅读区，培养幼儿前阅读和前识字的良好习惯和学习品质，激发幼儿阅读的兴趣，等等。

（2）学习中心（公共区）布置方法。为了让幼儿体验更全面、深入的区域活动，满足幼儿操作探索的需求，提高幼儿的社会交往能力，增强幼儿的交往自信，我园设置了学习中心。打破班级的隔阂，幼儿可以混班体验游戏，与更多的同伴交流沟通。

2. 室内环境设计方法

（1）墙饰布局合理，做到全面到位，合理分配。墙面布置的内容应本着以人为本的理念，注意纵面、横向发展的规律。尊重幼儿的年龄特点、行为特征，满足幼儿的身心发展需要。例如，小班的墙饰应避免结构复杂、色彩混杂，应以感官刺激为主，供幼儿操作的物品需可行性较强。中班以后，随着幼儿感知认识能力的提高，这时的墙饰可以逐步增加一些启发性比较强的内容。让幼儿在与墙饰的互动中获得丰富的知识体验。

（2）板块大小要匀称，高低错落有致。因为幼儿园有不同年龄段的幼儿，要满足大部分幼儿的成长需求，也要符合幼儿的发展规律，高处可放一些供幼儿欣赏的作品，低处可以设计一些方便与幼儿互动的美术创意作品。

（3）墙面的布置要生动形象，富有美感。墙饰布置不仅体现教育价值，同时具有审美培养价值。在设计墙饰背景或图案时一定要美观，吸引幼儿注意的同时，要引导幼儿对美的正确判断与掌握。

3. 主题环境设计方法

（1）设计幼儿社会性发展内容。幼儿社会性发展的内容包括同理心、责任感、自律、自信、友好相处、抗挫折、独立、坚持坚定、活泼开朗等方面。除进行相应的教育活动外，可以充分发挥环境的教育作用，使创意美术与主题活动、季节、节日结合起来，以此来促进幼儿的发展。

（2）根据节日的特点布置环境。为使幼儿对于不同节日有对应的印象，更好地感受节日氛围。在五一国际劳动节、八一建军节、十一国庆节等重要节日进行创意美术环境设计。

（3）根据季节，变换创意美术内容。可以引导幼儿观察动植物生长与季节的微妙变化，掌握季节的变化、色彩的变化，满足幼儿美术创造需要的同时，激发幼儿对大自然的热爱。

幼儿创意美术的发展从无到有到如今的生机勃勃，离不开每一位教师的辛勤播种，也离不开每一个幼儿的配合。创意美术的教育不仅发展了幼儿的想象力，激发了幼儿的创造性，同时培养了幼儿的思维能力和鉴赏能力，对幼儿的身心健康发展起到了良好的促进作用。幼儿园环境在创意美术的美化下，使幼儿的生活环境不断变化，使他们的童趣世界生机勃勃。

幼儿园环境与创意美术的结合符合幼儿生长生活的需要。创意美术既美化了幼儿的生活环境，让幼儿身处富有新意的童趣世界中，还培养了幼儿的创新合作精神，激发了幼儿的集体主义思想。

第四章
留白课程体系建构

　　留白是中国艺术作品创作中常用的一种手法，极具中国美学特征。留白一词指书画艺术创作中为使整个作品画面、章法更为协调精美而有意留下相应的空白，留有想象的空间。幼儿园课程是实现幼儿园教育目的的手段，是帮助幼儿获得有益的学习经验，促进其身心全面和谐发展的各种活动的总和。留白课程，即让幼儿拥有自主学习的时间、自主思考的时间、自主解决问题的时间，让幼儿成为学习的主角，成为思考和解决问题的自觉承担者。同时，活动的内容要使幼儿有所收获，更要让活动本身成为幼儿责任感、创新能力、合作能力、人际交往能力等素养提升的机会。

第一节　留白课程体系建构策略

留白课程体系建构以《指南》《幼儿园保育保教质量评估指南》为指导，同时注重幼儿天性与成长需要，并推动特色课程建设，以教师专业成长推进具体课程建设。

一、以《指南》《幼儿园保育保教质量评估指南》为指导

（一）《指南》指导课程建设

《指南》是由中国教育部颁布的，旨在指导和促进幼儿园课程的开发与实施。《指南》为幼儿园教师提供了一套关于儿童学习与发展的具体内容和标准，使得教师们能够更好地了解幼儿的学习特点和需求，从而更好地进行课程建设。

首先，《指南》为幼儿园教师提供了一整套关于幼儿学习与发展的框架，能帮助教师们更好地了解幼儿的学习特点和需求。在《指南》中，幼儿的学习与发展被划分为五个领域：身体保健、语言、社会情感、认知和创造性思维。这个框架不仅帮助教师们更好地了解幼儿的发展状况，还有助于教师们制订更加具体和全面的教育计划和课程。

其次，《指南》提供了具体的目标、内容和建议，帮助教师们更好地进行课程建设。《指南》中针对不同年龄段的幼儿提出了不同的学习与发展建议，教师们可以根据幼儿的具体情况和需要进行相应的调整和适配。同时，《指南》还提供了一些实际的教育方法和活动建议，以帮助教师们更好地将这些学习与发展目标融入课程中。

再次，《指南》与当代幼儿园课程改革的趋势相吻合，重视幼儿的综合素养和自主学习能力的培养。在《指南》中，儿童五大领域的发展被视为同等重

要，并且需要协调发展。此外，《指南》还强调了儿童自主学习和探索的重要性，教师们需要鼓励儿童自己思考、发现问题并寻找解决方法。

最后，《指南》对幼儿园课程建设的价值意义在于促进儿童的全面发展。幼儿园阶段是儿童身体、智力、情感和社会发展最为关键的时期之一，因此幼儿园的课程需要全面涵盖这些方面。通过遵循《指南》中的指导，教师们可以更加全面地关注儿童五大领域的发展，从而帮助儿童全面发展。

总之，《指南》作为教育部颁布的一套关于儿童学习与发展的指导性文件，对于幼儿园的课程建设具有重要意义，它为教师们提供了一套具体和全面的参考框架，指导教师们更好地了解儿童的学习特点和需求，并将这些学习与发展目标融入课程中。通过遵循《指南》中的建议和方法，教师们可以更好地促进儿童的全面发展，从而为他们的未来奠定坚实的基础。

（二）《幼儿园保育保教质量评估指南》指导课程建设

《幼儿园保育保教质量评估指南》是由联合国儿童基金会发布的一份旨在指导国家和地区制定科学合理的保育保教评估标准，提高儿童保育保教水平的指南。这份指南对于幼儿园的课程建设具有重要价值，具体体现在以下几个方面：

首先，《幼儿园保育保教质量评估指南》为幼儿园的课程建设提供了科学的评估标准。在幼儿园的课程建设中，评估是非常重要的一环，它可以帮助教师们检验他们的教育方法和效果，寻找改进的方向。《幼儿园保育保教质量评估指南》提供了一套全面的评估标准，包括保育保教的目标、内容、方法、环境等方面，可以帮助教师们更加客观地评估他们的课程，发现优势和不足，从而改进课程。

其次，《幼儿园保育保教质量评估指南》强调了儿童的全面发展，这为幼儿园的课程建设提供了更加广阔的视野。在《幼儿园保育保教质量评估指南》中，儿童的全面发展被定义为身体、认知和情感和社会发展三个方面，这三个方面是同等重要的，需要协调发展。教师们需要注重儿童的身体健康、认知发展、情感和社会发展，从而帮助他们全面地成长。

再次，《幼儿园保育保教质量评估指南》提供了丰富的教育资源，包括教育活动、教育方案、教育案例等，这些资源可以帮助教师们更加具体地了解不同年龄段、不同发展阶段儿童的特点和需求，从而更好地设计课程。同时，

《幼儿园保育保教质量评估指南》还强调了教师的专业发展和团队合作的重要性，教师们需要通过不断学习和交流来提高自己的专业水平和教学能力。

最后，《幼儿园保育保教质量评估指南》与当代幼儿园课程改革的趋势相吻合，重视儿童的综合素养和自主学习能力的培养。在《幼儿园保育保教质量评估指南》中，儿童被视为有权利得到爱护和支持的人，教师们需要尊重他们的权利和尊严，并鼓励他们自主学习和探索。幼儿园的课程需要重视儿童的综合素养和自主学习能力的培养，帮助儿童发掘自己的潜能。

总之，《幼儿园保育保教质量评估指南》对于幼儿园的课程建设具有重要的价值意义，它为教师们提供了一套科学合理的评估标准，帮助他们更加客观地评估课程；它强调了儿童的全面发展，为教师们提供了更加广阔的视野；它提供了丰富的教育资源，帮助教师们更好地了解儿童的发展特点和需求；它与当代幼儿园课程改革的趋势相吻合，重视儿童的综合素养和自主学习能力的培养。通过遵循《幼儿园保育保教质量评估指南》中的标准和建议，教师们可以更好地设计、实施和评估幼儿园的课程。

二、以儿童天性和成长需求为指引

幼儿园有效教学活动的开展关系到幼儿良好学习习惯的养成以及综合能力的发展，对幼儿日后的成长具有直接影响。任何教学活动的有效开展只停留在理论上是难以真正实现其积极作用的，需要在教学实践中不断反思和改进，才能获得想要的教学效果。但面对教学内容的不同以及幼儿性格特点的不同，教师在开展教学活动时，想要保证教学活动的有效性，一方面要注重选择合适的教学方法，另一方面要重视幼儿课堂参与度的提升。

相比中小学有明确的学科知识学习，幼儿园教育只分为五大领域，分别是健康、科学、社会、语言和艺术。看似简单的活动课程，对幼儿园孩子来说却是"一日生活皆课程"。因此幼儿教育的特点在于基础性、启蒙性和生活性。除此之外，幼儿园教育还注重孩子五大能力的培养，分别是社会适应能力、生活自理能力、人际交往能力、解决问题的能力和学会学习的能力。而由于幼儿园孩子年龄较小，主要是通过感官来体验和认识事物；因此直接经验更适合他们进行学习。

（一）幼儿园课程开发的影响因素

在课程开发上，一是要让儿童兴致高昂，对课程充满兴趣和期盼，同时在活动过程中激发儿童的探究欲望和好奇心，使其思考方式和复杂思考能力以及合作能力得到提升。

二是需要教师更加专业，对于课程的引导方向更加明确，在把握幼儿年龄特点的基础上，结合五大领域和发展核心进行培养，让儿童充分而全面地发展。

三是在课程实施过程中，要合理和最大化地利用周边资源，这对于家长群体和社会群体了解幼儿园工作是一个非常重要的渠道，也能加大周边资源对幼儿园的认可和支持。

四是在教师成长、幼儿发展和周边认可的条件下，幼儿园的课程开发也能够进入良性发展的路径，这对于之后幼儿园在课程本质上的提升有着至关重要的作用。

（二）基于儿童视角的幼儿园课程开发策略

1. 将游戏融入幼儿的集体教学中

为了让幼儿主动参与活动，并且乐于表达自己的意见，进而能从活动中获得良好的游戏体验，教师开展了主题活动"报纸上的洞"。活动前，教师准备了一份上面有一个洞的报纸、多媒体课件和一些小红花。教师拿着报纸引出问题："小朋友们，你们看，这是什么？"幼儿回答："是报纸，上面有一个洞！""那你们知道这个洞是怎么来的吗？让我们一起来看看吧！"通过观看多媒体课件，幼儿知道了报纸上的洞原来与苹果猪和丑小兔的故事有关。看完了故事，教师邀请幼儿一起玩角色扮演游戏。教师将班上的幼儿分成3人一组，轮流负责扮演苹果猪、丑小兔和路人，让幼儿自由发挥，按照自己的方式跟对方打招呼，再向其他组的幼儿打招呼，认识新朋友，每认识一个新朋友，就可以来老师这里领取一朵小红花。教师将角色扮演游戏融入日常的教学中，不但可以帮助幼儿更好地理解活动的内涵，同时也可以提高幼儿的参与度，促进幼儿的发展。

2. 利用多种教学形式开发红色课程

幼儿的教学形式具有趣味性和多样性的特点，能够培养幼儿的创新思维，又能够促进幼儿的个性发展。幼儿教师在进行教学内容和红色资源融合时，可以依据某一地区红色文化资源的特点，有针对性地选择合理的教学方法，创设适合幼儿的教学情境，以使幼儿更快地融入其中。目前由于各方面原因，很多红色课程都没有做好相关整合工作。针对这种情况，幼儿园更应该积极探索出一条适合自己幼儿园的红色课程开发道路，从而提高幼儿园的红色教育水平。在对红色课程开发过程中，可以结合当地具体的历史背景和社会现状，选择适宜的主题进行开发，并且根据不同的环境和场景设计不同的内容，使其更加贴近幼儿园的特点。游戏化教学作为幼儿园教学中的重要内容，教师要加强重视，并且积极为幼儿创建符合游戏活动的情境，以便配合红色文化在幼儿教学中的渗透，做好系统的开发整合工作。

3. 激发家长、社区与幼儿园的共育合力

幼儿园、家庭和社区都是幼儿生活的地方，教师应通过与家长的密切沟通了解幼儿的兴趣需求以及新动态。同时，幼儿园应争取社区的支持和帮助，不断充实课程内容，进而形成促进幼儿发展的积极大环境。在幼儿成长、发展的过程中，幼儿园可拓展沟通渠道，创造生成共育契机，将"微信公众号""微信群"等作为联系家长的高效平台，主动创造家园共育的机会，鼓励家长走进幼儿园，参与幼儿的生成课程学习过程。为了让家长更多地了解幼儿园的生成课程教育理念以及幼儿在幼儿园的学习、生活、游戏等情况，幼儿园可主动邀请家长参加各种活动，包括关于生成课程的讲座式家长会、分享式沙龙等。幼儿园还要有效开发利用社区资源，支持生成活动的深入开展。

4. 构筑开放、生态的教育环境

幼儿的发展不是孤立的，周围的生态环境会直接或间接地对幼儿的成长产生影响，幼儿生活的生态环境是由若干个镶嵌在一起的系统组成。家庭、社区环境对幼儿的成长和发展至关重要，会产生直接影响。因此，幼儿园教师在实践中需要充分挖掘家庭和社区资源，为幼儿的成长构筑一个开放的、生态的环境，拓展幼儿的生活空间，这样的开放生活空间可以丰富幼儿的社会知识和生活经验。此外，团结协作的家园氛围、家长与教师间的融洽关系、成人之间文明礼貌的言行举止也可以直接成为幼儿效仿的榜样。同时，社区作为一个社会实体，有着整套的社会制度，维护着社区的秩序，幼儿在这样的制度约束下，可以逐渐养成互相谦让、互相帮助、尊老爱幼、良好的生活卫生习惯以及文明的言行举止。这些良好的行为习惯对幼儿的终身学习具有重要作用。

5. 延伸课程开发实践

幼儿对自然风景比较青睐，教师不妨设计一些亲子活动任务，要求家长带领幼儿到实地观察和游览，利用手机拍成照片，将这些照片发送到微信群，这样可以建立网络互动，在信息交换和共享过程中，为幼儿创造学习机会。再如手工品制作活动，可以让家长协助，搜集材料、指导制作、进行修改，将制作成品带到幼儿园，教师组织实物展览活动，为幼儿提供交流学习机会。乡土资源进入幼儿课程之后，教师要科学利用，根据幼儿学习需要进行活动设计和组织，根据幼儿学习反馈情况及时地调整。特别是家园互动机制的形成，为教师教学创造了更加良好的条件。

三、基于儿童视角与成长需要的课程开发——以"游戏课程"开发为例

幼儿园课程开发应以本园教师为主，以周边资源为辅，充分重视幼儿的研究主体地位，挖掘可利用资源，共创具有一定特色的课程。同时，要遵循幼儿身心发展规律和学前教育规律，尊重个体差异，把幼儿的发展特点和需要牢牢放在心上。使创设的课程符合本园的实际情况，同时更具有个性化和特色，为幼儿发展提供一个丰富多彩的探索环境。

随着国家对幼儿教育政策的陆续出台，越来越强调引领幼儿园树立正确的儿童观、游戏观、课程观，推进幼儿园课程实施符合幼儿身心发展规律和学前教育规律，促进幼儿健康快乐成长；教研工作要以儿童利益优先的原则进行；要从集体教学现场转向幼儿日常游戏现场，要从研究教学内容转向幼儿游戏中发生的学习，要从研究教师的教学策略转向研究如何为幼儿游戏提供适宜的空间、环境、材料等。这对幼儿园的园本培训工作提出了新的要求和挑战，我园从开园起就尝试对幼儿游戏进行研究，把教研的现场改为幼儿的游戏现场，但由于观摩教师过多，影响到幼儿的正常游戏及交往等，往往看不到幼儿真实的表现。于是幼儿游戏教研又进行一次次的微改革：开放更多班级的游戏、分散观摩教师人数、关注教师的观察、观察方式和观察目标教师自定、给予教师更多的自主空间、分组进行深入研讨、确定本学期游戏教研的主持人等，以期待转变长期以来以"教师为中心"的惯性思维和注重知识传授的倾向，从根本上转变理念，从而改变行为，去幼儿园教育"小学化"倾向，提升幼儿园的保教质量。

（一）基于儿童视角的幼儿园游戏课程的价值

在幼儿园的游戏活动中，幼儿所进行的游戏往往是教师主导的，包括游戏目标的设定、游戏材料的选择以及游戏环境的创设等各个环节，教师都做了最大限度的规定，幼儿的游戏话语权完全被忽视。教师根据其制订的促进幼儿发展的目标及需要设定游戏的内容、选择游戏的材料、创设游戏的环境，以期在游戏中促进幼儿各方面能力的发展。在由教师设定好的游戏中，幼儿被当作无自我发展能力的被发展者，处在这样的游戏中，幼儿也丧失了自我发展的机会，长此以往，便会失去自我发展的能力。在当前幼儿园的实践中，教师设定的游戏仍随处可见，教师们在自行设定的游戏中按部就班地发展幼儿的能力，却忽视了幼儿自主发展能力的需要。

《纲要》规定"以游戏为基本活动""寓教育于生活、游戏之中"；"幼儿园的空间、设施、活动材料和常规要求等应有利于引发、支持幼儿的游戏和各种探索活动"。《纲要》中的这些规定提升了游戏在幼儿园中的地位，并且在一定程度上指明了教师在游戏活动中的地位——引导者和支持者（引导、支持幼儿的游戏和各种探索活动）。但对于幼儿在游戏中的主体性地位并未进行详细说明与规定。《指南》中规定："幼儿的学习是以直接经验为基础，在游戏和日常生活中进行的。"

（二）基于儿童视角设计幼儿园游戏课程策略

1. 注重幼儿的主体地位、发挥幼儿在游戏课程中的主体性

教师应该认识到，在设计游戏课程时，应该注重幼儿的主体地位。幼儿园教师若是一味地从教师自身的角度进行幼儿园游戏课程设计，会使得设计出来的游戏课程掺杂的东西更加不利于幼儿的发展，因为教师在设计游戏课程时会考虑到各个方面，如对幼儿的影响作用等，这样会使得幼儿园游戏课程失去其本身的重要价值，进一步影响幼儿园游戏课程对于幼儿的重要影响作用。因此幼儿园教师在设计幼儿园游戏课程时，应该基于幼儿的视角进行设计，这样才可以帮助幼儿更好地发展，也可以使自身视角得以开阔。

2. 给予幼儿良好的环境，让幼儿更好地进行游戏

幼儿园教师在设计游戏课程时，应该给予幼儿良好的游戏环境。这样才可以让幼儿在良好的环境下更放松地进行游戏，从而感受到游戏的独特魅力，并让游戏课程对幼儿的影响意义发挥到最大。幼儿园教师在设计游戏课程时，应该注重前后衔接环节，让幼儿在符合逻辑的游戏情境中进行游戏，这样会让幼儿在游戏中参与度更高。例如，教师在教幼儿团结时，可以设计蚂蚁运食的游戏。让五个小朋友组成一组，按纵队蹲下，让后面的小朋友抱住前面小朋友的头，排首的小朋友拿一个海洋球，将海洋球运到终点，哪一组第一个将球运到终点，哪一组就是获胜者。这样的小游戏可以使教师设计的课程更加完善，并且也会让幼儿在游戏课程中感受到合作的重要意义，进一步懂得在日后的人际交往中要与其他的小朋友进行合作。

我国越来越重视幼儿园教育，教育研究者们在大量的实践探究中发现，在幼儿园中，游戏是幼儿的基本活动形式，在幼儿园中，科学合理的游戏会对幼儿的身心发展产生极其重要的影响。

四、以园所特色课程文化为基准

在幼儿园留白教育课程开发中，建立园所特色课程文化是非常重要的一环。园所特色课程文化是幼儿园在长期办学过程中逐渐形成的独特的课程理念、课程目标和课程实施方式，是幼儿园办学思想和办学特色的重要体现。

（一）留白课程体系建构应以园所特色课程文化为基准

在课程开发过程中，应该以园所特色课程文化为基准，以确保幼儿园课程开发的独特性和可持续性。

首先，园所特色课程文化的形成是幼儿园办学思想和办学特色的重要体现。幼儿园在长期办学过程中，不断探索和创新，形成了自己的办园理念和办园特色。这些理念和特色在幼儿园的课程建设中得到了充分的体现，形成了园所特色课程文化。因此，在幼儿园课程开发中，应该充分挖掘和总结园所特色课程文化，将其作为课程开发的重要基准之一，以确保幼儿园课程建设的独特性和可持续性。

其次，园所特色课程文化为幼儿园课程开发提供了方向和指导。幼儿园的课程建设应该紧密围绕园所特色课程文化展开，保持幼儿园课程建设的方向正确和实施有序。在幼儿园课程建设中，应该根据园所特色课程文化所确定的理念、目标和实施方式，进行具体的课程开发和实施。同时，应该根据园所特色课程文化所强调的独特性和创新性，不断探索新的课程内容和实施方式，保持幼儿园课程建设的时代性和创新性。

最后，以园所特色课程文化为基准的幼儿园课程建设可以形成幼儿园的特色品牌。幼儿园在课程建设中，围绕园所特色课程文化，可以形成具有独特性和创新性的品牌形象和品牌特色。这些品牌特色可以吸引更多的家长和孩子，提高幼儿园的知名度和美誉度。同时，这些品牌特色也可以促进幼儿园的可持续发展，使其在激烈的竞争中脱颖而出，成为具有一定影响力的幼儿园。

幼儿园课程开发应以园所特色课程文化为基准。园所特色课程文化是幼儿园办学思想和办学特色的重要体现，为幼儿园的课程开发提供了方向和指导。以园所特色课程文化为基准的幼儿园课程建设可以形成幼儿园的特色品牌，提高幼儿园的知名度和美誉度。在实践中，应该充分挖掘和总结园所特色课程文化，将其作为幼儿园课程开发的重要基准之一，探索新的课程内容和实施方式，保持幼儿园课程建设的时代性和创新性，促进幼儿园的可持续发展。

（二）课程开发中融入特色园所文化

幼儿园是培养幼儿良好思维能力和启迪幼儿创新思维的重要场所，因此在幼儿园教学的过程中，教师要根据幼儿的接受能力和学习特点来创设特色文化课程，让幼儿感受到学习的乐趣并积极地参与，同时与教师进行良好的互动，实现幼儿认知、情感、能力等多方面的发展。

1. 认知民族文化，提升幼儿文化认同

民族文化是进行幼儿园特色文化课程开发的重要资源，因此教师在进行幼儿园教学的过程中，可以加入一些民族特色的文化，提升幼儿对于民族文化的学习兴趣，激发幼儿的爱国之情。在进行课程讲解之前先对民族文化进行有效的筛选，通过设置节日主题来进行梳理，让幼儿在领略民族文化的多彩绚丽的同时，引导幼儿进行民族文化体验，提升幼儿对于我国民族文化的自豪感和文化认同感，实现幼儿综合素养的有效提升。

例如，开展海岛特色区域的游戏体验，将海岛的资源引入课程当中。教师提供不同种类形状的贝壳，幼儿可以自由地创作工艺品、肌理画等；发掘渔文化，将渔业中适宜的内容融入游戏，如设计渔帽、设计渔船、设计渔夫服、编织渔网等，既有效继承与发扬了非物质文化遗产，又提高了幼儿的动手操作能力和想象力，使幼儿萌发对湛江、对海岛的向往之情。

2. 营造教育氛围，为幼儿创造学习环境

众所周知，环境对人的思想有很大的影响，幼儿正处于思想萌芽时期，相较于成年人，周围环境对幼儿的影响更大。要真正让幼儿感受到学习的快乐，就必须要让幼儿形成一种学习特色课程的思维方式，而创造一个良好的教育氛围就是关键。幼儿教师要营造以特色课程为主题的情境，使幼儿在充满创意、趣味、互动的氛围中，获得有关的知识，促进身心和谐、健康、全面发展。

例如，"垃圾分类"主题教育。我园通过多种形式开展垃圾分类宣传教育活动：小班级通过情景剧和亲子舞蹈的形式理解并展示了如何在生活中进行垃圾分类；通过"播播堂"的形式，向全园师幼和家长宣传了垃圾分类对生活的重要意义；通过游戏的形式，幼儿巩固了垃圾分类的知识，并养成了垃圾分类的好习惯。

3. 利用生活资源，促进园本特色课程结合

生活便是教育，在幼儿园课程开发过程中，教育工作者要全面分析幼儿园的认知特点。对于幼儿阶段的儿童来说，通过亲自体验的方式获得经验，以参与操作的方法丰富见识，能够帮助儿童拓展个人见识，提升生活技能。在促进幼儿园课程游戏化与园本化的教育发展过程中，应当着眼于儿童生活习惯的获取和形成。利用游戏活动提升幼儿的生活自理能力与解决生活问题的能力。

在教学过程中，儿童的好奇心较强，对生活中遇到的事物充满了解欲。例如，有的班级的幼儿十分喜爱金鱼，当在阅读绘本中看到金鱼图片时十分兴奋。教师就可以针对这样的学习需求，买几条金鱼放在活动区域内。用真实的金鱼弥补幼儿对金鱼认知的不足。让他们除了在电视上、图片中看到金鱼外，能够观察真正的金鱼。教师引导幼儿仔细地观察金鱼的外形，了解金鱼的生活习性，主动给小金鱼投食换水。通过这样的亲身体验，他们能够更深入且全面地了解金鱼这种动物，还会通过观察，主动模仿小金鱼的形态，了解动物世界的奥秘，提升其本身的感知意识。利用生活化的资源促进课程游戏与园本特色课程的结合，给儿童提供了参与实践活动，感受生活魅力的机会。

幼儿特色课堂的发展和实施受到了社会的普遍重视，许多幼儿园都意识到了开展特色课程的重要性。在教学改革背景下，特色化的教学模式更符合当前幼儿的教育需要，能够有效地促进幼儿的全面发展。因此，幼儿教师应该给予高度重视，探究出有效的教学策略，高效建设特色化课程，提高幼儿的核心素养，帮助幼儿综合成长。

五、以教师专业成长为推进

为了提高学前教育的发展质量，国家对幼儿教师的专业素养也不断提出新的要求。2010年颁布的《国家中长期教育改革与发展规划纲要（2010—2020）》中指出："严格教师资质，提升教师素质，努力造就一支师德高尚、业务精湛、结构合理、充满活力的高素质专业化教师队伍。"在国家、社会的大力支持下，高水平、高素质的幼儿教师队伍对于学前教育质量的提升是至关重要的，也是我国当前学前教育发展的迫切需要。

自《幼儿园教师专业标准（试行）》颁布以来，湛江市第三幼儿园结合本园工作实际，从专业理念与师德、专业知识、专业能力三个维度来提升幼儿教师的专业素养。在教师教育的改革浪潮中，青年教师作为教师群体的重要组成部分，其专业素养的成长直接影响到师资队伍的整体水平和稳定性。青年教师精力充沛、思维活跃、业务能力强，但经验不足。青年教师既给幼儿园注入了新鲜血液，带来了生机和活力，同时也给幼儿园的园本培训带来了很大的挑战。

（一）理论探索

1. 形成了青年教师专业理念与师德提升的路径模式

（1）提升青年教师专业理念与师德。一方面帮助青年教师建立自我发展意识，增强职业认同感与幸福感，另一方面促进青年教师自我反思，深化对专业理念的认识。

（2）构建幼儿园青年教师专业理念与师德的外在长效机制。一是提高准入门槛，增强青年教师从教的专业性；二是重视对幼儿园青年教师的在职培训；三是强化公平公正的奖惩机制。我园建立青年教师的管理制度，通过工会关怀、园长关心谈话等形式，给青年教师创造一个和谐、融洽的工作氛围，让他们带着轻松愉快的心情参加教师素养的培训，走进幼儿园这一大集体。

2. 形成了青年教师专业知识提升的路径模式

（1）自主学习实践，提升青年教师专业知识。青年教师年龄段比较集中，在幼儿园工作中有更多的共同话题，不管是工作适应还是教学的实际问题，都更容易引起讨论和共鸣。打破纵向结构是针对之前单一的青年教师与经验型教师进行师徒结对，跟班学习提升的现状，现尝试利用信息技术平台，建立学习共同体。通过微信群、各种学习的App，鼓励青年教师分享、上传自己收集的教育信息和教育资料，实现教育资源的共享，促进专业素养的提升。

（2）以赛促进，提升青年教师专业知识。我园多次组织青年教师参与省级、市级、园内的说课比赛、教学活动评比、钢琴考核、教案比赛、师德征文比赛、观察记录比赛、知识竞赛、希沃课件制作比赛、技能大赛等赛事。通过各种教育教学能力比赛，各青年教师能够更加清楚地看到自己的优势和短板，以便其辩证地看待自身的能力水平，总结经验，反思行为，改善不足，反馈实践，形成一个良性的教学水平提升的循环圈。

3. 形成了青年教师专业能力提升的路径模式

（1）健全幼儿园教师专业能力发展的内部支持体系。通过实践积累，健全了我园教师专业能力发展的内部支持体系，一是推进园本研修，建立"生活同盟"工作坊；二是提高教育信息技术应用水平，建立希沃白板课程培训体制；三是筑牢教育创新意识，建立帮扶支教教育活动体系；四是借力教育教学比赛平台，建立教师评价机制。

（2）打破纵向结构，建立学习共同体。科研训练是青年教师实践能力提升的有效方法，在参与和组织开展课题研究的过程中，青年教师更能清晰地意识到自身所掌握的知识、所具有的技能水平和实践需求间的差异，进而不断优化与健全知识架构，不断提升整体素养。通过项目研究的申报和实施，可以实现提升青年教师科研水平的目的，提升课题研究的质量和效率。

学习共同体，是青年教师以实践为基础开展教研学习活动的组织，目标是通过实践来解决教研教学问题，帮助青年教师进行高层次的思维和推理，培养其教育观念，提升其教研能力。"科研兴园"是幼儿园始终不变的发展战略，能发挥我园青年教师学历层次高、专业理论扎实、研究能力较强等突出优势。幼儿园以学习共同体的形式，带领教师开展由浅至深的项目研究，真正实现"以研促教""以研促园所发展"的目标。幼儿园组建了项目科研团队，以学科带头人为项目的负责人，带领青年教师根据教学实际情况，按照"项目设计—制订计划—研究协作—制作作品—汇报演示—总结评价"这六个步骤来开展项目研究。我园组织青年教师成立项目科研小组，由课题组成员指导其进行项目设计、制订计划、研究协作等，通过切身参与到项目科研的实践中，帮助青年教师提升科研能力。

4. 形成可借鉴的青年教师专业素养提升创新模式

（1）关注个体发展需要，培养个性鲜明的青年教师。现有的青年教师专业成长活动往往是从管理层面出发，在此过程中，不可避免地会忽视青年教师的真实需求。青年教师的个体特征和现实需要千差万别，与现有"大锅饭"式的培训模式相比，我园尽可能地就青年教师的"个性"开展培训活动和教研活动，以学前教育五大领域为分界，让青年教师建立领域小组，在自己擅长的领域中进行深造，发挥专长，提升专业素养。

（2）创新结对形式，采取"双向师徒制""横向结对"的互助学习模式。传统的经验型教师与新手教师师徒结对的形式已经不能满足青年教师专业发展的需求，为此，我园打破这种传统的结对模式，不仅鼓励新老教师结对跟班学习，还通过交流、讨论、讲座、建立年级组和教研组、集体备课、合作教研、同事互助指导等形式，同时赋权于青年教师，让他们自主建设属于自己的"教师学习团体"。我园鼓励青年教师根据自己的教学实践，自由组合，创设项目研修小组，提供机会，让青年教师共同探讨学习，共享信息资源，建立学习共同体。此外，各个项目研修小组在开展研修实践活动的过程中，将本组搜集到的所有资料形成资料库，并上传至QQ群或百度网盘，各组之间交换信息，实现资源共享。

（3）立足园本教研，发挥头脑风暴的积极影响。青年教师在参与我园"三小研修"的教研活动时，能融入科研共同体，能互相学习，使科研思想交流碰撞，达到自身达不到的效果；能加强与同行之间的交流合作，借助更多的科研平台来提升自己的教育科研和创新能力。

（二）实践探索

1. 形成青年教师专业素养提升的园本途径

（1）开展教研与业务培训，有针对性地提升青年教师的专业素养。对于青年教师，我们开展以表现力、技能技巧、个人素养、团结合作等为内容的全方位测试，深入了解每一名教师的基础状况，在培训中给予分层、分难度培训。结合听课制、回课制、完成作业的形式，分阶段对青年教师进行测评与培训，掌握青年教师学习情况与专业成长速度，适时适当调整整体培训内容和进度。根据《幼儿园教师专业标准（试行）》，结合本园工作实际，在专业理念与师德、专业知识、专业能力三个维度重视幼儿教师的专业素养提升。在专业理念与师德方面，我园曾邀请市教育局陈远冰书记来园为青年教师作师德讲座，邀请熙雅女子学堂开展青年教师礼仪规范培训；在专业知识方面，我园针对青年教师开展《纲要》《指南》《指引》系列培训及考核，敦促他们掌握幼教文件精神，更新教育理念，促进《指南》《指引》的贯彻落实，还邀请人民医院儿科的陈草明医生来进行"急救知识""如何预防手足口"安全知识专题培训，开展学习幼儿安全知识，学会排除幼儿一日生活环节的安全隐患等；在专业能力素养方面，针对青年教师的基本专业能力与个人特色计划，给出针对性的跟踪指导。

（2）开展业务比赛，搭建青年教师专业素养提升的平台。园内教研与业务比赛是青年教师拿出看家本领的擂台大比拼。园内比赛是一个水平较高的竞技平台，无论失败还是成功，参赛的青年教师都会有所收获。因为比赛的成功会给青年教师带来很大的自信，比赛的失败也会让青年教师看到自己的差距和不足。所以，园内教研与业务比赛是提高教学质量的一种方式，这样的切磋交流不仅有利于提升青年教师的专业素养，也能利用标杆作用带动整个教师队伍素质的提高。

（3）开展园外培训，提升青年教师专业素养。青年教师精力充沛、思维活跃，接受消化新事物的能力也很强。所以，幼儿园应给予青年教师外出观摩、培训的机会，让青年教师在园外也能得到更多的学习机会。组织青年教师外出观摩、培训，让他们把园外机构在教育教学及教研工作上好的地方记录下来，回到幼儿园能内化成自身的专业素养及教学行动，并以园内展示的形式把这些园外学习到的技能技巧带到园内，让全园模仿与学习。近三年来，我园组织青年教师外出参加各类培训共118人次。

（4）搭台子，压担子，全方位助力青年教师成长。大胆起用优秀青年教师，让她们补充班主任、教研组长等岗位，建平台，走出去，让她们承担各项任务，促使青年教师在实践中成长。在湛江市名园帮扶教研同盟活动中，青年教师多次在湛江市名园帮扶教研同盟活动中展示一日生活环节活动的组织。例如，2018年11月20日展示"进餐及接待环节的组织"；2019年5月26日展示"大班离园环节活动"。在帮扶支教活动中，青年教师挑重担，2019年3月27日，青年教师高旋向长歧镇中心幼儿园园长、老师展示区域活动的组织；2019年6月20日，市三幼青年教师刘艳红、高旋、许燕妃、林球玉等共16人到长歧镇中心幼儿园开展教研交流活动，邱育霖老师上音乐集体教学观摩课，青年教师观摩指导长歧镇中心幼儿园教师开展区域活动；2019年10月30日，市三幼组织13位青年教师到长歧镇中心幼儿园展示户外活动的组织。2018年11月5日—6日，青年教师何炜靖、詹东玲向湛江市幼儿师范专科学校举办的园长任职资格培训班雷州市学员就省级课题进行经验介绍。2019年12月1日，许燕妃在"湛江市教育信息化教学应用创新实践共同体"成立大会上讲授解读项目校并主持专题培训。2020年5月，市三幼积极响应市教育局的号召，组建"钉钉直播教研培训群"，梁玎璟主任带领青年教师高旋、何炜靖、陈婷向湛江市教师分别做了"科学做好幼小衔接"四场培训直播，观看教师有2000多人；罗春丽主任带领三幼青年教师詹东玲、刘艳红、张雯诗向全市幼儿教师开展"如何开展三小研修"专题直播，共开展了5场，观看老师有586人。

2. 形成课堂观察档案资料集

对于青年教师实践性知识不足的问题，最好的解决办法就是开展课堂观察。这里的课堂观察是指对教师教学行为、幼儿学习行为、课堂文化等的尝试观察，而不是简单地听、评课。换言之，青年教师在对同伴进行课堂观察时，不仅要观察其是怎样做的，更要思考这样做的原因。此外，青年教师在进行课堂观察后，还要善于总结反思，并将总结的经验性知识运用于自己的课堂，将其内化为自己的实践性知识。课题组成员以及其他教师共同撰写课堂观察记录表，通过分析幼儿参与活动时的兴趣、态度和认知能力的发展，以及教师的教学行为和课堂文化，针对存在问题，给出相应的教育建议。撰写的课堂观察记录表有118份，并以此形成课堂观察档案资料集。

我园青年教师在收到观察对象为自己的量表后，可以综合观察人的评价与建议有针对性地提升自己组织课堂的能力。在开展课堂观察活动的契机下，青年教师把握学习提升的机会，深入探讨如何进行课堂观察，从哪些维度展开课堂观察，从单一地关注教师过渡到观察幼儿、观察活动。青年教师已充分意识到活动中的目标、游戏环境、观察对象等信息都会对教师的观察和幼儿游戏产生影响，因此，教师在开展课堂观察之前，必须了解此次活动的背景，包括学情、教材分析等。此外，青年教师能够敏锐地捕捉到活动中教师、幼儿的行为，并运用观察记录表进行记录。

3. 形成一系列结构严谨、可操作性强的活动设计

在课题的引领下，课题组成员及其他教师对青年教师组织的教学活动进行了细致专业的观察。在课堂观察的驱动下，每位青年教师都参与到磨课和教学研讨当中，并对自己的活动设计反复进行修改完善，撰写了活动设计27篇，均获得幼儿园优秀活动设计奖，并收录在《湛江市第三幼儿园优秀活动设计》中。

4. 创生全新的希沃课件资源库

为紧跟时代步伐，增强青年教师希沃课件设计、制作及应用水平，助推教育教学质量的提升，青年教师在参加希沃白板操作培训活动的过程中表现尤为突出，对软件的技术运用灵活，还能在自主操作练习的环节中指导不熟练的教师操作使用，一共收集了青年教师制作的原创希沃课件68个，最后制作出一批可以投入教学实践中使用的、原创的希沃课件资源，实现课程的创生。

5. 收获了一支素质高、能力强的青年教师队伍

以课题为发展契机，我园在开展研究前对全园20位青年教师进行全面调研，确立青年教师教学能力发展的整体目标。针对青年教师的实际需求，为其提供相应的培训学习内容，增加教研能力培训、项目研修学习培训、希沃白板课件制作培训等培训项目，激发了青年教师参与学习的兴趣，提高了青年教师自主发展的意识，更深层次地提升了青年教师教科研理论水平与实践技能。近三年，我园青年教师也取得了优异的成绩，促进了青年教师快速成长。青年教师詹东玲被赤坎区教育局任命为办公室副主任，刘艳红成长为幼儿园教研组组长，何武贤成长为后勤组组长，张婧怡等8位青年教师已担任班主任。高旋、许燕妃被评为"新时代1111广东省中小学幼儿园科创和STEM教育课程教材构建与实施"教改实验教师，刘艳红被评为"赤坎区教育系统优秀班主任"。2018年8月—2021年8月，我园青年教师参加省级比赛获奖6人次、市级比赛获奖9人次、区级比赛获奖20人次。其中，2018年7月，课题成员洪华清、陈婷、陈卫琼、李彤与青年教师詹东玲、刘艳红的《〈指南〉背景下幼儿园数学课程生活化、游戏化的实践研究》成果获第四届湛江市基础教育教学成果一等奖；2018年，青年教师高旋获"首届湛江市中小学青年教师教学能力大赛决赛幼儿教育组一等奖"；2019年9月青年教师刘艳红获"第二届赤坎区中小学青年教师教学能力大赛荣获学前教育组一等奖"。2019年—2021年，青年教师的活动案例、师德征文等参加各级评比获得奖项24项，如，青年教师高旋的论文《基于

STEM理论的幼儿园科创活动设计探析》参加2019年广东省中小学科创和STEM教育教改实验成果展示交流与教学研讨活动，获2019年优秀论文一等奖；青年教师刘艳红的教案《看我们大班的孩子——〈3—6岁儿童学习与发展指南〉家长版解读》荣获湛江市赤坎区教育局2019—2020学年度中小学、幼儿园家长学校教案评比一等奖等。

6. 以点带面，形成良好辐射

由青年教师挑大梁、担重任，我园多次接待幼儿园骨干教师培训班学员来园跟岗学习；到徐闻、雷州、吴川等地进行集体教学展示、大型户外区域活动等支教帮扶活动；撰写美篇、公众号新闻，向外推广我园开展的相关活动；组织园内教师开展园本项目研修；参与"生活同盟"教研活动，并分别在广西柳州三江、湛江市幼教年会等平台上展示"三小研修"；通过开展讲座、宣传栏、沙龙等多渠道分享课题经验，推广课题成果。同时向其他幼儿园分享我园优秀的青年教师专业素养提升策略，以点带面对其他幼儿园形成辐射作用。

第二节　留白课程体系

留白课程体系包括生活课程、游戏课程，环境课程，以及综合实践课程等。

一、生活课程

立足于园本，从日常生活、美食文化、风景文化及人文文化等维度着手，挖掘富有教育意义的生活内容，纳入课程范畴，给予教师与幼儿更广阔开放的教育空间，让教育的"留白"赋予幼儿童年更多创造的可能性。

（一）幼儿园课程与生活的关系

幼儿的生活世界不仅包含具体生活的环境和条件，同时也包括自然世界和其生存的社会世界。想让幼儿在幼儿园的生活中获得更加完善和统一的体验，教师应该更加关注幼儿参与生活时的过程，给予幼儿充分的自我发展机会和空间，切不可让幼儿按照教师的想法成长，应让幼儿在生活世界中得到自身的体验和想法，从而真正拥有属于自己的独特眼光，并在后期的生活中拥有更多创造性的体验。因此，幼儿在幼儿园中的生活体验并不是让他们按照成人世界的方式进行简单的模仿，而是为幼儿创设一个专业的生长环境，并让他们以自己的方式不断成长和进步。

因此，幼儿既是创造者，同时也是生活世界中活动的主导者，教师应该在此过程中，尽可能为幼儿创造更多的生活场景，从而让幼儿拥有更多不同类型的体验，并在这些不同的体验中拥有不同的感悟和观点，包括职业的体验以及审美的体验，甚至是道德的体验，教师都可以为幼儿创设相应的场景和学习的模式，最终让幼儿在体验的过程中形成属于自己的生活模式和自我价值感。幼儿也能真正感受到幼儿园是属于自己的亲密的生活环境，并愿意更多地参与其中，从而获得更加愉悦的生活体验。因此，教师应该尽可能为幼儿提供更多地场景和体验，从而帮助幼儿在不同的场景中获得更加丰富的生活体验和生存能力。

（二）当前幼儿园课程内容选择中存在的主要问题

因为素质教育的推行，幼儿园的教育也随着中小学的教育发生了巨大的变化，教师受到传统教育的影响，将社会需求放在第一位，从而严重影响幼儿时期孩子自身的心理需求。幼儿园会不断地扩大生源，为了让自己的经济效益得到更大的提升，但从长远的幼儿教育来看，这样的方式很难对幼儿进行有针对性的教育，从而让幼儿基于自身，拥有更加个性化的发展。因此，针对《纲要》所指出的内容，应该让教师改变自己的教学观念，明白幼儿园教育是人们终身学习的基础，应该关注幼儿一生可持续的发展和进步。如果教师只关注幼儿在某个时间段的进步和发展，很难让幼儿在后期形成足够的前进动力。

例如，过于关注幼儿在幼儿园中背会了多少个单词，掌握了多少首古诗，这样是无法激发幼儿对学习的自我认同感和持续学习的意愿的。教师应该更加关注幼儿语言兴趣和能力的提升。幼儿应通过幼儿园的学习，掌握更多的生活技能，提高学习的能力，这样可以帮助他们在后期形成正确的学习习惯，并以童年的基础作为自己后期潜力激发的重要推手，真正达到素质教育的目的。

（三）贴近幼儿生活的幼儿园课程解读《纲要》

幼儿园的生活必须关注幼儿的具体实际生活需求，保障幼儿在幼儿园中能够拥有更加美好和快乐的回忆，这样的回忆会伴随一生，对于幼儿未来的发展和提升奠定了非常重要的基础。幼儿园的课程已经不再是过去传统的中文化科目的系统学习，而是更多地植入人类群体生活的体验，让幼儿明白未来进入社会之后，应拥有什么样的生活水准和生活经验，幼儿才能在日常生活中有效扎根，奠定坚实的基础。

根据《纲要》的要求，幼儿园应对幼儿进行语言、艺术、科学、社会和健康等不同领域的教学，从而让幼儿在不同的领域中都能拥有一定的自我认知和感悟。并且，全方位的教学能够帮助幼儿形成正确的认知体系，而这些知识也会相互影响，让幼儿产生更加优质的学习体验，在某些问题的研究中，不同领域之间的知识还会进行互融，幼儿也能在这样的过程中获得解决问题时精神上的满足，这种积极正向的情绪体验，可以保障幼儿的心理健康，并让幼儿在后期的学习和生活中也能拥有更优质的体验。让幼儿真正在学习和生活的过程中掌握更多的知识，而非被动灌输的内容，也就是说，幼儿园必须为幼儿创造一个类似于真实的生活环境，不论是家庭还是邻里，抑或是操场等不同的环境，都应该让幼儿在这样的场景中获得不一样的体验，学习生存的技能。

激发幼儿的学习和生活兴趣是最为基本的原则，从生活化的场景设置，到幼儿自身兴趣的确定，教师必须考虑幼儿自身的学习能力和生活能力，从而具有远见地为幼儿进行课堂教学，让幼儿在游戏和生活的过程中，真正掌握更多的技能和知识，为后期的自我提升提供更优的动力。因此，应尽可能深入幼儿的日常生活之中，在幼儿园中设置相应的生活场景，让幼儿在熟悉的氛围中学习和提升，这才是当下素质教育背景下幼儿园改革的方向。

（四）幼儿园课程的生活化回归

1. 幼儿园课程回归生活的意义

首先，回归生活的幼儿园课程设计符合幼儿身心发展的特点。幼儿的身体正处在不断发展与完善之中，身体各大系统不断趋于协调，各大器官不断趋于成熟。随着语言能力的出现和不断发展，幼儿的知识得到飞速增长，记忆力不断增强，思维不断向深层次发展，情感不断丰富和完善，意志力逐渐发展和完善。回归生活的幼儿园课程设计符合这些身心发展的要求，即尊重和联系幼儿的实际，遵循幼儿身心发展的规律，提升幼儿的生命品质。总的来说，就是把教育和幼儿的生命和生活紧紧地联系在一起，使幼儿与知识之间形成"一种紧密相关的、和谐的生态关系"。

其次，回归生活的幼儿园课程设计有利于促进幼儿的全面发展。《指南》指出，幼儿的全面发展包括幼儿在五大领域里的全面发展，即包括健康领域的发展、社会领域的发展、语言领域的发展、科学领域的发展、艺术领域的发展。回归生活的幼儿园课程设计重视幼儿与自然环境的接触，鼓励幼儿对自然环境的探索。将幼儿体能、体格和体质发展及科学探究与观察纳入课程目标与课程内容。通过参加活动，如野外踏青、春游或郊游、野外观察、放风筝比赛等活动，促进幼儿在健康领域和科学领域的发展。回归生活的幼儿园课程设计注重幼儿正确处理自己与他人、与社会的关系，将幼儿人际关系与交往纳入课程目标与课程内容，通过举办"亲子运动会""超人爸爸""亲子远足""大班级义卖活动"等，促进幼儿在社会领域的发展。

最后，回归生活的幼儿园课程设计能使幼儿幸福成长。陶行知说："我们必须唤醒国人明白幼年的生活是最重要的生活，幼年教育是最重要的教育。"幼儿的幸福成长离不开父母的关怀，离不开老师的引导，离不开适宜的环境，更离不开丰富多彩的生活内容。回归生活的幼儿园课程设计注重幼儿在五大领域的全面发展，符合幼儿身心发展的特点，能够根据不同时期幼儿的不同需求，因时因地生成新的课程。以幼儿为主体，以教师为引导，提供贴近生活而又丰富多彩的课程内容，最大限度地满足幼儿的操作性需求、游戏性需求、体验性需求。让幼儿在快乐中掌握运动技能，在玩耍中掌握动作技巧，随时随地参加体育活动，锻炼身体。让幼儿在交往中感受亲情，在角色扮演中体味人情冷暖，在互动中感受智慧。

2. 幼儿园课程回归生活的途径

第一，让课程目标回归生活。幼儿园课程目标必须切实可行，即幼儿教师制订的课程目标不能过高，超过幼儿可以领悟或达到的水平，使幼儿产生挫败感。同样，制订的课程目标也不能过低，致使幼儿觉得教学活动无须参与体验即可理解与掌握，使幼儿产生乏味感。课程目标应紧密联系现实生活，因为"人的现实生活世界是人生存之所和生活的家园，任何有价值的知识都要通过儿童自身不断建构而主动获得"。每一个幼儿都是一个有血有肉、实实在在生活在现实社会中的人。课程目标要想回归生活，必须让每一个现实生活中的生命个体去操作、去游戏、去探索、去感知、去体验。让幼儿在生活中经历，在生活中锻炼。

第二，让课程内容回归生活。课程内容既要关注幼儿的现实生活，又要关注幼儿的可能生活。因为回归生活并不等于局限和停留于现实生活，而应该通过现实生活与可能生活的联结，实现幼儿生活能力与生活信念的提升，进而实现其生命质量的提升和优化。要让课程内容回归生活，就要做到课程内容源于生活，大到天地万物，小到草木虫鱼。课程内容的选取不能脱离幼儿的视线与经验。虚无缥缈的事物就如同镜中花，水中月，可观赏，却不可触摸，这样的课程内容注定不丰满、不实在。

第三，让课程组织与实施回归生活。课程组织与实施体现了课程目标的方向，课程组织与实施也反映了课程目标的完成程度。课程组织与实施还是课程内容付诸实践的行动表现。课程组织与实施的好坏，考验着幼儿教师的素养，也关系着幼儿的生命质量能否得到提升。要让课程组织与实施回归生活，首先要明确课程内容与实施手段之间的逻辑关系。不同的课程内容所采用的实施手段是千差万别的。

第四，创设回归生活的环境。环境创设与幼儿操作、游戏与体验息息相关。良好的环境创设能使幼儿耳濡目染，在潜移默化中得到丰富的生命体验，从而不断完善个体的生活经验。要创设回归生活的环境，在幼儿园环境的布置上要灵活机动，应能将课程内容与幼儿的兴趣点有效地结合起来。环境布置应以幼儿为主体，充分调动幼儿参与、操作与游戏的热情。

第五，提高教师的素质。幼儿教师在幼儿园课程目标的制订中，在课程内容的选择中，在课程的组织与实施中，都起着举足轻重的作用。要让幼儿园课程设计真正回归生活，幼儿教师要全面提高各方面的能力。如观察幼儿行为表现而做出判断分析的能力，根据幼儿身心发展水平而合理制订课程目标的能力，根据幼儿年龄阶段特点而果断选取课程内容的能力，根据幼儿兴趣特点和幼儿园实际情况而采用有效手段组织与实施课程的能力，根据已有经验和课程活动效果而进行总结与反思的能力，借鉴国内外先进课程设计与幼儿园课程设计科学研究的能力等。同时，幼儿教师应当善于从幼儿的生活中找到适合幼儿发展的课程内容。因此，在选择课程内容时，教师应当注意内容的生活性、适宜性、趣味性及过程性。

总之，回归生活的幼儿园课程设计遵循了教育本身的规律，也遵循了幼儿身心发展的规律。它体现的是一种充满尊重与爱护、包容与理解、参与与游戏、操作与体验、审美与创新的课程价值追求。这种注重生命质量提升、回归自然现实生活的课程设计理念，能更好地促使幼儿体验生活、快乐成长。

（五）生活化课程案例

月主题：生活在湛江	
月主题说明	湛江是个美丽的海滨城市，这里的民间文化不仅吸引着来自五湖四海的人，而且也深深地吸引着孩子们。在湛江，总有无数的名胜古迹与美景让人流连忘返，有挖掘不尽的人文趣事、数不尽的特色美食让人久久难忘。 本月主题"生活在湛江"，幼儿和家人将走访湛江的各个地方，通过探寻老街历史，了解独有的建筑文化；通过各类民俗、美食、文化艺术等形式，体验这座城市的和谐与兼容并包，用自己的方式描绘、记录、整理属于自己的湛江印象。
月课程目标	1.引导幼儿通过回忆，用具体的人、事、物来概括和描述自己对湛江的印象。 2.借由小组学习，鼓励幼儿利用查阅资料、走访等方式感受和了解湛江有趣的地方，记录见闻和趣事。 3.分享学习成果，帮助幼儿形成对湛江更生动、系统的认识。 4.在家人的指导与陪伴下，幼儿运用各种方式了解自己的故乡，感受故乡的风土人情，培养对故乡的热爱之情。

课程网络图

续 表

第九周	
周主题说明	完成对湛江的探索后，幼儿开启了寻根之旅。每个人都有自己的故乡，故乡作为我们内心深处最温馨的所在，带着文化的传承，深深地影响着我们的现在以及将来。 本周，课程会从分享"有一个地方，叫故乡"开始。随后，一位湛江本地教师会和幼儿分享湛江的一些地域特色。家长会指导幼儿认识自己的故乡，并且分享故乡的特色。最后在"我们来自五湖四海"和"故乡美"的活动中结束本周的学习。
周课程目标	1. 引导幼儿在地图上找到故乡的位置，与家长一起通过查阅资料等方式深入了解自己的故乡。 2. 鼓励幼儿在众人面前表达，能够用清晰的语言向他人介绍故乡的两三个特色。 3. 唤起幼儿对故乡的记忆，体验文化传承的力量。
活动名称	有一个地方，叫故乡。
活动形式	集体活动。
活动目标（重点、难点）	1. 能够借助地图、地球仪等工具找到故乡的具体位置。 2. 能够有重点地讲述自己对于故乡的记忆。 3. 产生想要深入了解故乡的愿望。
活动准备	1. 经验准备：家长帮助孩子了解自己的故乡，在地图上找找自己的故乡在哪里。 2. 物质准备：①收集故乡的照片；②中国和湛江的地图。
活动过程	1. 导入。 教师提问：什么是故乡？ 2. 分享环节。 幼儿分享自己对故乡的理解。 教师录像、拍照记录。 3. 讨论提纲。 你的故乡在哪里？ 湛江是你的故乡吗？ 想到故乡，你会联想到什么？ 4. 操作环节。 在地图上找到自己故乡的位置，用自制的名签标记出来。 5. 分享环节。 分享在地图上寻找故乡的发现。

续 表

活动 过程	6. 小结。 教师从故乡的定义、故乡与湛江之间的关系、对故乡最深的印象三方面，帮助幼儿归纳梳理对故乡的初步认识。 7. 延伸学习。 家长帮助幼儿加深对故乡风土人情等的了解，选择1—3种能够代表故乡的物品，为下个活动《我们来自五湖四海》做准备。
活动 名称	我们来自五湖四海。
活动 形式	集体活动。
活动目 标（重 点、难 点）	1. 知道自己的故乡在哪里，了解并收集和故乡相关的物品（重点）。 2. 通过思维导图、图片、实物等形式，比较清晰、完整地向同伴介绍家乡的一两个特别之处（难点）。 3. 感受故乡的风土人情，培养对故乡的热爱之情。
活动 准备	1. 经验准备：幼儿在家长指导下，了解自己故乡的名称、地域特色和相关的物品。 2. 物质准备：幼儿带来的能够代表故乡的物品。
活动 过程	1. 谈话导入，引出话题。 教师出示地图，重点介绍湛江的五湖四海。 师：故乡是我们出生和成长的地方，你知道自己的故乡在哪里吗？ 师：你觉得你的故乡是一个怎样的地方？ 2. 幼儿分享，获得新知。 师：你们的故乡都是充满故事的地方，现在请你们来分享一下故乡的一些特色。 邀请幼儿拿着自己准备好的和故乡相关的物品，分享自己故乡的特色、风土人情等；思维导图小结：五湖四海的地方特色。 3. 绘画故乡，巩固新知。 师：从你们的分享中，我可以感受到你们的故乡都是特别美丽的地方。请你说说让你印象最深刻的事物。 幼儿思考并回答。 师：好的。那我们现在来制作一张故乡的名片，把你印象最深刻、最喜欢的故乡的事物画下来吧。 幼儿绘制故乡的名片。 教师巡回指导，并拍照记录。 4. 小结回顾，提升经验。 教师将幼儿绘制的故乡名片分地区装订成册。 5. 延伸学习，迁移生活。 教师将幼儿带来的故乡的物品进行展览，支持幼儿的持续性学习。

续 表

活动名称	故乡美。
活动形式	畅游活动。
活动目标（重点、难点）	1. 愿意尝试不同地方的民间艺术。 2. 会用表情、动作、语言等方式表达自己对民间艺术的理解。 3. 热爱自己故乡的文化，会为自己的故乡文化感到骄傲。
活动准备	1. 经验准备：幼儿已了解湛江各市、县、区的地域特色及风俗文化。 2. 物质准备：六个操作区域、雷剧视频、各种小吃的制作原材料、纸、画笔、彩泥。
活动过程	1. 导入。 教师提问：今天畅游的主题是"故乡美"，如果请你用"谁都夸我家乡好，我的家乡有……有……有……"的句式介绍你的家乡，你会怎么介绍呢？ 2. 介绍环节。 教师介绍本次畅游活动的内容和场地安排。 介绍完后，幼儿可对有疑问的地方进行提问。 3. 游戏环节。 幼儿自由组队，体验不同地方的艺术。 生活区：制作腌菜、腌青瓜、晒萝卜、青草膏（自制流程图，准备粗盐、萝卜、青瓜、簸箕）。 美工区：雷州石狗（泥工）、画八景、绘制故乡名片。 阅读区：五湖四海分享图、湛江概况、主题里的高频字。 益智区：湛江八景拼图、亿童操作材料。 建构区：湛江的建筑——寸金桥公园（建构技巧指引上墙）。 表演区：欣赏雷剧、雷剧体验（活动前介绍几个简单的动作）。 4. 小结。 幼儿分享在畅游活动中的收获和感受。 5. 延伸学习。 将五湖四海的地域特色图片、实物进行展览，生活区体验不同美食的制作，供幼儿再次体验。
第十周	
周主题说明	名字是每个人的专属符号，但名字不仅是符号，还蕴含着家庭对子女的期望与传承。 本周，以名字作为课程的出发点。幼儿会通过"百家姓""姓氏的故事""我的名字有故事""名字可以改变吗"以及畅游"同姓一家亲"的活动，了解姓名的文化，发现自己名字背后的含义。幼儿进一步与自我对话，与家庭联结。

续表

周课程 目标	1. 鼓励幼儿用流畅清晰的语言向他人讲述自己名字的故事。 2. 引导幼儿了解姓氏的来源,感受姓氏作为维系血缘的隐性纽带的传承性。 3. 鼓励幼儿运用绘画等多样的形式表达对家庭关系的理解。 4. 帮助幼儿重新认识自己的家庭,感受姓名中蕴含的家长的爱与姓氏文化的传承。
活动 名称	百家姓。
活动 形式	小组活动。
活动目标(重点、难点)	1. 知道姓名是由姓氏和名字两部分组成的。 2. 能够通过观察、对比的方式发现班级幼儿姓名的相同与不同之处。 3. 感受姓氏文化的传承,对自己姓氏的来源产生深入探究的兴趣。
活动 准备	物质准备:家长帮助孩子制作名签。
活动 过程	1. 导入。 出示全班幼儿的名签。 教师提问:这是全班小朋友的名签,请仔细观察,你有怎样的发现? 2. 讨论提纲。 为什么有的名字中会出现一样的字。 名字中哪个位置的字是最容易重复的?它被称为什么?你家中哪些人和你有一样的姓?为什么? 3. 游戏环节。 全班幼儿分为两组进行"我知道的姓氏"的比赛,两组轮流作答,答对积一分,如果能够回答出复姓,可得两分,以两分钟为限。 4. 小结。 教师从姓名的构成、有趣的形式两方面进行小结,并鼓励幼儿提出更多对姓氏的疑问。 5. 延伸学习。 教师可以将百家姓编成儿歌,让幼儿了解更多的姓氏。 请幼儿了解自己姓氏的来源,了解历史上和自己同姓的名人都有谁,为明天的活动做准备。
活动 名称	姓氏的故事。
活动 形式	小组活动。

活动目标（重点、难点）	1. 了解姓氏的来源，尝试对本班幼儿的姓氏进行简单的分类（重点）。 2. 在家长的指导下，能够用绘画的形式呈现家庭中成员之间的关系，并用完整的语言分享关系图（难点）。 3. 感受姓氏作为中国人维系血缘的隐性纽带的传承性。
活动准备	1. 经验准备：幼儿知道自己的姓氏和名字，知道和自己同姓的名人、伟人。 2. 物质准备：族谱、家庭树（家长指导幼儿绘画）。
活动过程	1. 导入。 教师提问：小朋友们已经和爸爸妈妈一起了解了你们姓名中姓的来源，有谁愿意和大家分享？ 2. 讨论提纲。 你知道历史上有哪些了不起的人和你同姓吗？ 当知道你和这些了不起的人同姓的时候，你有怎样的感受？ 3. 展示环节。 教师出示族谱，从来历、作用等方面分享关于族谱的故事。 族谱的来历：族谱，又叫家谱、宗谱，因为古代的人会生很多的孩子，为了辨别亲疏关系、长幼关系和避免近亲通婚等而制订。 作用：家谱是一个家族的历史记载，通过家谱，我们能够比较真实地了解当时的历史面貌、时代精神、社会风尚，了解在那个历史背景下人们的生产、生活情况，让每个人都能知道自己的祖宗、根源在哪里。 4. 分享环节。 小组分享已提前完成的家庭树。 邀请个别幼儿在全班分享家庭树。 5. 小结。 教师将幼儿绘制完成的家庭树进行集体展示，以支持幼儿的持续学习。 6. 延伸学习。 家长向幼儿讲述名字背后的故事以及名字的含义，为下次活动做准备。
活动名称	我的名字有故事。
活动形式	集体活动。
活动目标（重点、难点）	1. 能够大胆讲述自己姓名的由来和故事，做到语言流畅，清晰完整。 2. 感受名字背后蕴含着的家长对自己的爱意和期望。 3. 学会欣赏自己的名字，建立起积极的自我印象。
活动准备	物质准备：家长帮助孩子完成名字海报。

续 表

活动 过程	1. 导入。 出示几张有关幼儿名字的海报，请幼儿猜一猜是谁的名字。 老师提问：你们是怎么猜出来的？ 2. 分享环节。 幼儿自由组队，向他人讲述自己名字的故事，教师巡视教室、倾听与记录。 3. 讨论提纲。 你在小组分享中听到了哪些有趣的分享。 当你了解自己和他人名字背后的故事的时候，你有怎样的感想？ 4. 游戏环节。 幼儿轮流用"大家好，我叫×××"的句式自我介绍，其他幼儿给予回应"×××， 你好！"结束本次活动。 5. 小结。 教师与幼儿一同对名字背后的含义进行梳理，体会名字承载的家长的期盼与 爱意。 6. 延伸学习。 将幼儿绘制的"名字的故事"海报进行展示，幼儿可以继续分享和了解每个小朋 友的名字和故事。
活动 名称	名字可以改变吗？
活动 形式	小组活动。
活动目 标（重 点、难 点）	1. 会书写自己的名字，并尝试用丰富的线条和图形装饰自己的名片（重点）。 2. 乐于表达自己的看法，能够围绕一个主题与他人进行讨论（难点）。 3. 学会思考名字存在的意义，辩证地看待名字蕴含的文化意义和社会意义。
活动 准备	1. 经验准备：幼儿已经会写自己的名字。 2. 物质准备：白纸、黑笔、蜡笔。
活动 过程	1. 导入。 师：这周关于姓名的学习，你有什么收获？ 2. 讨论提纲。 为什么每个人都要有一个属于自己的名字？ 你喜欢自己的名字吗？为什么？ 名字可以改变吗？ 如果你有了孩子，你想给他取一个怎样的名字？ 3. 操作环节。 教师请幼儿绘制自己的名片。幼儿通过绘画的形式让自己的名字变得更加美丽。

续 表

活动 过程	4. 展示环节。 幼儿分享和展示自己的名片。 5. 延伸学习。 幼儿回家询问家长关于自己名字的故事，以促进家人之间的了解。
活动 名称	同姓一家亲。
活动 形式	畅游活动。
活动目标（重 点、难 点）	1. 愿意尝试不同地方的民间艺术。 2. 会用表情、动作、语言等方式表达自己对民间艺术的理解。 3. 感受姓氏背后的文化传承和血缘带来的联结感。
活动 准备	1. 经验准备：幼儿已了解自己姓名的由来。 2. 物质准备：幼儿名字的名牌、名字卡、姓氏填涂、姓名对对碰操作材料。
活动 过程	1. 导入。 教师提问：在幼儿园里，你遇到过和自己同姓的人吗？当遇到与自己同姓的人，你有怎样的感受？ 2. 介绍环节。 教师介绍本次畅游活动的内容和场地安排。 介绍完后，幼儿可对有疑问的地方进行提问。 3. 游戏环节。 美工区：姓氏填涂。 阅读区：名字对对碰操作材料。 4. 小结。 幼儿分享在畅游活动中的收获和感受。 5. 延伸学习。 将名字卡片、家庭树等进行展示，以支持幼儿的持续性学习。

二、游戏课程

在立足于幼儿生活经验和年龄特点的前提下，开展与主题相关的教学活动，将游戏贯穿其中，以自主游戏为主，使幼儿在愉快轻松的学习氛围中收获有益经验，实现教学活动游戏化。

（一）基于游戏化情境创设特色课程

为了切实提升幼儿园教育效能，教师应该以"课程游戏化"理念为驱动，将幼儿教育课程转换为对应的游戏活动，并使之与幼儿园园本特色建设深度融合，让幼儿浸润在游戏的快乐中获得发展，健康成长，感受幼儿园的浓郁文化氛围，在和谐、欢悦、幸福、健康的园本环境感染下成就自我、释放自我。但是，由于"课程游戏化"理念的内涵十分丰富、外延特别宽泛，且对于教师的课程整合能力、游戏设计能力有着更高要求。因此，教师在借助课程游戏化实现幼儿园园本特色建设的过程中，应该以幼儿实际为基础，根据不同幼儿的年龄、身心、智力特性，科学构建游戏生态、高效整合游戏资源、科学设计游戏活动，在确保课程游戏化作用得以切实发挥的基础上，推动幼儿园园本特色建设，促进幼儿园教育内涵发展。使课程游戏化更好地服务于幼儿成长发展，更好地作用于幼儿园教育效能提升。

1. 创设游戏化情境，为幼儿园园本特色建设铺设道路

为了切实提升幼儿园游戏化课程的趣味性、感染力、实效性，充分满足幼儿的好奇心、求知欲、发展性，使得不同幼儿在形象、生动、灵活、精彩的游戏化课程作用下产生求知的兴趣和探究的热情。教师在幼儿园园本特色课程建设中，应该将具体的教学知识、有趣的课程资源转换为更加丰富多彩的游戏活动，让幼儿在听故事、做游戏中实现对其思想和情感的陶冶。一方面，在园本特色课程开发时，教师可以通过讲故事的方式，将与具体课程内容相关的教育故事与幼儿进行分享，让幼儿在故事情节、内容的感染和影响下萌生迫切意愿，渐渐产生浓厚的学习兴趣，全身心投入对应特色课程驱动下的教育活动之中。另一方面，在园本特色课程评估时，教师可以采用角色扮演、即兴表演、情境展示等带有游戏性色彩的活动设计，就特色课程内容予以拓展和重构，让幼儿在浓郁的教学氛围内学习知识、提升能力、发展自我。

在园本特色课程应用中，教师可以彻底摆脱课堂、教室束缚，带领幼儿走出教室，进入户外场景，引导幼儿悉心体会、感知不同特色课程知识的美好，并利用游戏的方式让幼儿将自己看到的事物、产生的想法进行交流和互动，让幼儿在其乐融融的游戏活动中切实提升认知能力。例如，教师可以借助《乌鸦喝水》的故事，设计以"创新—尝试—探索"为主题的游戏活动，让幼儿在分享故事、探索对策、互动协作中培养其勇于尝试、坚持不懈、不言放弃、战胜困难的意志品质。

2. 整合游戏化资源，为幼儿园园本特色建设提供助力

针对不同幼儿的认知特性与发展需要，教师在园本特色课程建设时，应该加强对各类教育资源的整合、开掘、探寻，并促使其充分融合至课程游戏化的方方面面。但是，需要注意的是，不同的园本特色课程资源整合，对于课程游戏化作用的发挥，则有着更为多元而丰富的影响。因此，教师在进行幼儿园园本特色课程素材整合时，必须以辅助性游戏区域、游戏道具、游戏需要等为驱动，对具有针对性、特色性、有效性的诸多特色课程素材加强借助与应用，让幼儿在游戏中开掘自身潜能，丰富知识积淀。

一方面，在游戏化特色课程资源选用时，教师必须根据教育内容、幼儿实际对其进行科学评估、合理预判，以确保不同特色课程资源可以切实发挥其作用和价值，对游戏活动的开展和课程知识教育提供帮助。另一方面，在游戏化教育场景布局时，应该加强对具体特色课程的借助，并充分凸显出益智性、趣味性、游戏性，让幼儿在更加符合自己认知实际的游戏化教育场景内积极参与、互动交流，全面提升其综合素养。同时，针对幼儿在特色课程辅助下的游戏参与中的差异性表现、个性化需要，教师应该给予不同关注，并在特色课程素材整合时凸显出差异性、针对性，让幼儿均可获得更好的发展。例如，教师对生活化资源进行整合，如美术活动"家乡名片"、语言活动"我的家"、健康活动"咬人的电"等，都是以生活场景为主线的园本特色游戏。

3. 设计游戏化活动，为幼儿园园本特色建设搭建平台

由于生活经验的不足、知识储备的匮乏，幼儿在参与游戏化园本特色活动时往往会表现出诸多差异性。基于此，在不同园本特色课程游戏化教育指导中，教师应该加强对游戏化教学路径的拓展与扩充。一方面，多组织开展具有实践性、趣味性的游戏化特色课程教育活动，让幼儿在亲子互动、自我展示、协作探究等活动中全面提高其对于特色课程知识内容的理解和应用能力；另一方面，多借助网络、多媒体、自媒体等平台，组织开展游戏化特色课程教育活动，让特色课程由幼儿园进入更加广阔的区域，使幼儿在更加丰富、多元的游戏体验中学习知识，提升能力。

同时，为了确保特色课程在游戏化教学中发挥切实作用，教师更应该加强对生活资源、多元案例、简易知识的融入，进而切实拓宽幼儿认知视野，切实丰富幼儿情感，使特色课程与游戏化教学相得益彰，互促并进。例如，教师可以借助数学活动"按规律排序"，带领孩子们走进动物狂欢会，去帮助小动物们按规律排队，在小动物的叫声中寻找声音的规律，在狂欢会的舞蹈中创编动作规律，在图案、声音和动作等元素的刺激下发现规律、找寻规律，体验到课程游戏化园本特色教学活动的快乐。

总之，在课程游戏化驱动下，教师践行幼儿园园本特色建设时，应该积极探寻适合不同幼儿认知发展需要的游戏类型、游戏资源、游戏路径，使课程游戏化深度渗透至幼儿园园本特色建设的方方面面。让幼儿在符合自身认知需要的视域内学习知识，感知快乐，探寻美好，并竭力凸显课程游戏的趣味性、丰富性、多元性，在课程游戏化与园本特色建设之间搭建桥梁、铺设道路，为促使幼儿园教育效能提升提供多元助力。

（二）游戏化幼儿数学课程开发实践——基于课题研究角度

"珍视游戏和生活的独特价值"是《3—6岁儿童学习与发展指南》强调的基本理念。幼儿园数学课程生活化、游戏化正是立足于我国幼教发展现状，顺应《指南》的教育理念而形成的幼儿园数学课程改革趋势。以《指南》精神为依据，以数学课程为切入点，通过探讨数学教育活动如何生活化、游戏化；如何在一日生活和游戏活动中渗透数学教育等问题，在不断地实践与反思中，探索出幼儿园数学课程生活化、游戏化的实施途径以及相关策略，形成数学教育生活化策略集、数学游戏材料集、数学教育论文集等相关成果，促进数学课程生活化、游戏化的有效实施。

下面基于课题研究角度，从课题的提出环节对游戏化幼儿数学课程开发进行详细介绍与分析。

一、基于幼儿园数学课程改革的趋势

近年来，"教育回归幼儿生活""寓教育于生活和游戏之中"的理念越来越受重视，许多专家学者、幼教工作者相继投入幼儿园课程生活化、游戏化的研究中。这种理念在《指南》中进一步得到了体现，数学认知子领域的第一个目标就是"引导幼儿初步感知生活中数学的有用和有趣"，在目标下的各年龄阶段典型表现与教育建议中，要求"引导幼儿感知和体会生活中的数"，鼓励幼儿"结合生活""利用生活"来"发现、尝试解决日常生活中需要用到数学的问题"。《指南》在"数学认知"这一子领域中多次提及"生活"和"游戏"，并且建议寓数学于生活和游戏中。因此，用生活化和游戏化的方式对幼儿进行数学教育对于培养幼儿的数学兴趣、发展幼儿的数学思维和数学认知能力有着重要的价值和意义。

二、基于幼儿园数学教育"小学化"现象

幼儿的年龄特点和数学教育的特点决定了它既需要教师系统地、有目的地精心设计和组织活动以引导、启发幼儿，同时也决定了要在幼儿一日生活和游戏中渗透数学教育以提升其数学经验。但是近年来越来越多的幼儿园开始出现了数学教育"小学化"倾向，如教学目标严重超纲、教育内容脱离幼儿的实际生活、教学方式单一等，在这样的教学形式下，教学气氛沉闷，教学过程枯燥，幼儿只能死记硬背、搞题海战术，一味做练习。那么如何避免数学教育"小学化"倾向？《指南》的出台为广大的教师提供了方向和建议。因此，在《指南》精神的引领下，结合生活和游戏进行数学教育，探讨数学教育生活化、游戏化是非常必要的。

三、基于本园数学教学面临的实际问题

目前一些教师存在缺乏利用生活和游戏渗透数学教育的意识和能力，无法关注幼儿的兴趣和需求。因此，本园自2012年起，开始探索数学教育生活化，教研组定期组织教师进行研讨与实践，数学教育生活化取得初步成效，并于2015年2月申报省级《指南》实验园课题，2015年7月通过审批立项，由此开始全面实施数学课程生活化、游戏化，并着重探讨以下问题：

1. 数学教育活动如何生活化、游戏化？
2. 如何在一日生活中渗透数学教育？
3. 如何在游戏活动中渗透数学教育？

（三）课题研究的理论依据

1. 建构主义理论

建构主义的学习观认为，学习是个体以先前的知识为基础，以自己的方式，主动建构心理表征的过程。建构主义师生观认为教师是幼儿主动学习的促进者、指导者、合作者，幼儿从已有的经验出发，通过对知识的处理和内化吸收，生成新的知识，成为积极主动的知识建构者。

建构主义的学习观和师生观为数学课程生活化、游戏化的开展提供了理

论基础。建构主义者认为，学习的本质是幼儿积极主动建构的过程，强调幼儿在学习中的自主性和能动性，强调幼儿在活动中主动发现问题的能力，这与数学教育生活化、游戏化的观念是一致的，反对教师直接灌输知识给幼儿，主张幼儿在已有的知识经验和生活经验的基础上，通过主动参与、积极体验，在与教师和同伴的互动中，主动建构数学知识。同时，建构主义的师生观对在生活和游戏中实施数学教育研究也有一定的启发，教师在教学活动中的角色是引导者，任务是引导幼儿积极主动地探究、学习，引导幼儿自主发现和探索生活和游戏中的数学。

2. 情境认知与学习理论

情境认知与学习理论认为，学习者和环境是同一个学习系统中的两个要素，强调个体的知识需在一定的情境下产生。情境认知与学习理论的知识观认为，知识具有情境性，认为知识不是静态的知识结构，而是在真实的情境中产生的，也只有在情境中运用，知识才能被理解和发展，具有个体与情境联系的属性。情境认知与学习理论的学习观认为，学习是植根于情境之中的，认为没有真实环境做背景的学习是毫无意义的，学习者与环境相互作用的过程便是学习者的知识和能力产生的过程。幼儿园的生活都是真实的场景，幼儿在这些场景中的所思、所想、所做都是真实的，情境认知与学习理论强调知识的情境性，强调个体在真实情景中与环境的互动，这为本研究在生活和游戏中创设数学情境，将数学经验渗透于环境创设中，让幼儿与真实环境互动，为幼儿在环境中潜移默化地学习数学提供了理论依据。

3. 陶行知的"生活教育"理论

陶行知先生受杜威生活教育思想的影响，从中国的现实国情出发，对杜威的理论进行了调整和改进，提出了"生活即教育""社会即学校""教学做合一"的教育思想体系。"生活即教育"主张教育和生活是同一过程，教育含于生活中，教育必须与生活结合才能发生作用，即从幼儿的生活和做的经验中积累数学经验。"生活教育"理论与数学教育融合的最终目的，就是给幼儿生活以数学教育，用幼儿的生活来进行数学教育，并通过数学使幼儿学会更好地生活。

幼儿园的入园活动、盥洗活动、进餐活动、喝水活动、如厕活动、户外活动、午睡活动、离园活动统称为生活活动。一般情况下，幼儿在园一天的时间总和约为10个小时。其中集体教学活动约占1个小时，8个生活活动约占9个小时，也就是说，8个生活活动在幼儿园一日生活中约占90%的时间，生活活动时间长、频率高，充分显示它们对于幼儿成长的重要性，同时也呼唤着教育行为的产生和相伴。因此利用生活活动进行随机渗透教育是非常必要的。充分挖掘生活活动中的数学教育，通过创设环境，提供生活化的材料，引导幼儿在生活中学习数学、运用数学，正是践行了"生活即教育"的理念，因此陶行知的"生活教育"理论为数学课程生活化的实施提供了理论支持。

4. 皮亚杰关于认知发展的游戏理论

皮亚杰认为，游戏不是一种独立意义的活动，而是认知水平的表现形式，游戏是随着认知的发展而发展的。他根据儿童的智力发展水平，把游戏划分为相继发展的3个阶段，即实践性游戏、象征性游戏、规则性游戏，并阐明了游戏的情感发展价值。从皮亚杰的游戏理论中可知，游戏与认知活动是协调的而不是对立的，游戏与学习是相辅相成的而不是排斥的。在学习中获得的知识和技能（适应），在游戏中得到练习和巩固（同化），前者改变了认知结构，后者使改变的认知结构得以巩固，为新的学习奠定基础。因此在教学活动中，应尽可能将教学活动游戏化，将教学和游戏这两种互为补充的形式整合起来，以游戏精神贯穿幼儿一日生活，让幼儿"在玩中学"，主动积极地参与活动并体验愉快的情绪。

（四）相关概念界定

1. 幼儿园数学课程

幼儿园数学课程是指幼儿在与周围的人、事、物以及环境的互动中，在成人的引导下或者自发习得数、量、形、空间形式等知识与技能，发展数学认知、形成数学素养的过程。

2. 幼儿数学课程生活化

可以理解为两层含义：一是"从生活中来"，即幼儿园数学教育内容、操作材料等来自生活，与幼儿的实际生活紧密联系；二是"到生活中去"，即让幼儿在生活中感受数学、学习数学、运用数学。

3. 幼儿数学课程游戏化

即幼儿园数学教育以游戏为基本途径，它具有两层含义：一是幼儿数学教学游戏化。二是幼儿在游戏活动中感受数学、学习数学、运用数学。

（五）解决问题的措施

1. 挖掘数学课程生活化、游戏化的实施途径

通过文献分析发现，以往关于数学课程生活化、游戏化的实施途径只限于集体数学教学活动，如数学活动目标、内容生活化、组织方式游戏化等。本研究在此基础上，以"一日生活皆课程的理念"为指导，丰富并延伸了数学课程生活化、游戏化的实施途径，挖掘出七大实施途径。通过七大途径的多层次学习，使幼儿在分析、比较、观察、判断、操作、游戏的过程中，获得相应的数学能力，锻炼和提高数学逻辑思维能力。下图为数学课程生活化、游戏化实施途径示意。

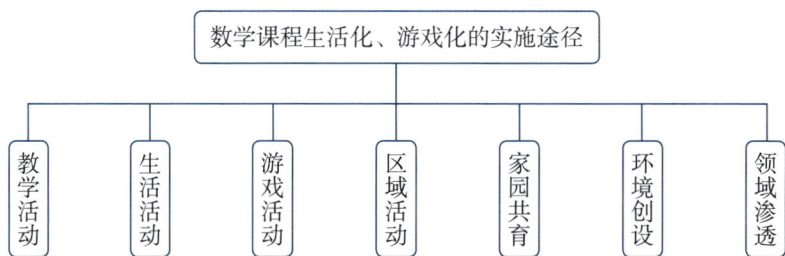

```
          ┌──────────────────────────────────┐
          │ 数学课程生活化、游戏化的实施途径 │
          └──────────────────────────────────┘
  ┌────┬────┬────┬────┬────┬────┬────┐
┌──┴─┐┌─┴──┐┌┴───┐┌┴───┐┌┴───┐┌┴───┐┌┴───┐
│教学││生活││游戏││区域││家园││环境││领域│
│活动││活动││活动││活动││共育││创设││渗透│
└────┘└────┘└────┘└────┘└────┘└────┘└────┘
```

在研究过程中，我们根据数学教育目标与内容，以及幼儿的兴趣特点，把七大途径整合在数学主题活动当中，即从幼儿最感兴趣的"吃"入手，将逻辑关系、数与量、空间与形体等作为数学关键经验，通过教学活动、生活活动、游戏活动、区域活动、家园共育、环境创设、领域渗透七大主要途径来实施，生成"餐桌上的数学"主题活动，开展了"餐桌上的数学——分类与统计""餐桌上的数学——数与量""餐桌上的数学——形体与空间"三大数学主题活动，以期探索数学教育生活化、游戏化的相关策略。下文以"餐桌上的数学——数与量"为例，具体阐述主题活动是如何开展的。

案例：《餐桌上的数学——数与量》主题活动方案。

一、主题背景

正确感知10以内的数量是中班幼儿数学认知的内容。本活动倡导在生活和游戏中帮助幼儿感知数学、学习数学、运用数学。因此，我设计了"餐桌上的数学——数与量"主题活动,让幼儿在富有生活气息、具有趣味性的活动中感知理解10以内的数量,并能从生活和游戏中感受实物的数量关系以及体验到数学的重要性和趣味性。

二、主题目标

1. 正确感知10以内的数量,并会用数字表示。

2. 将数学教育在一日生活和游戏中有机渗透。

3. 增进教师与家长的交流,让家长更有效地指导孩子对生活中的数进行感知,进一步推进家园共育的发展。

三、主题网络

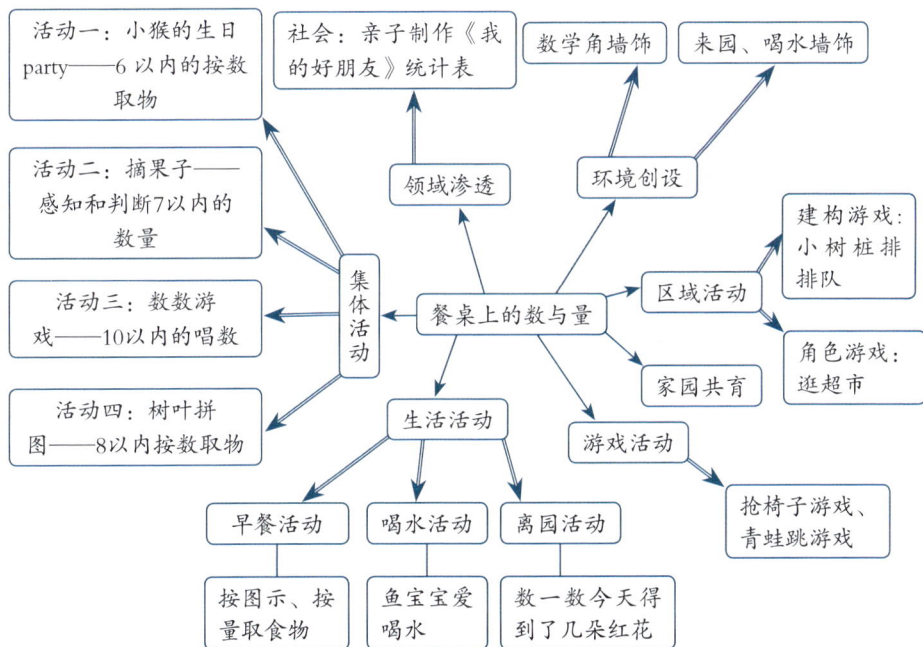

四、主题准备

集体活动	详见教案。
区域活动	建构区:小木桩、娃娃家、超市。
环境创设	大卡纸、夹子、旧光盘。

续 表

家园共育	提前发通知告知家长各星期的教学内容和目标，并温馨提示。
生活活动	见一日生活环节。
游戏活动	动物头饰、圈圈。
领域渗透	社会：亲子制作《我的好朋友》统计表。

五、主题内容

（一）生活活动

1. 喝水环节：利用"宝宝爱喝水"墙饰引导幼儿统计6以内的数。

2. 进餐环节：用图示呈现食物的种类与数量，让幼儿按图示取餐；请幼儿分发勺子，一人一勺。

3. 如厕环节：1—10报数，轮批去，每批10个人。

（二）环境创设

1. 喝水表

年　月　日　星期　天气					
姓名 杯数	朱××	…	…	…	…	合计
6					
5					
4					
3					
2					
1					

（三）区域活动

1. 建构区

《小树桩排排队》，用小树桩按1—2—3—4—5—6—7—8—9的数量排队摆列。

2. 角色区

《逛超市》，幼儿根据所拿到的卡片上圆圈数量的多少，到超市进行凭卡换物的游戏活动，有几个圆圈即可换取几件物品。

（四）游戏活动

抢椅子游戏、青蛙跳游戏。

（五）家园共育

半日观摩活动；教具制作；录制家庭数学教育小视频。

（六）领域渗透

社会领域："我的好朋友"合计卡。

姓名：　　　　　　班级：		
好朋友的名字	女孩	男孩
合计		

（七）教学活动（以"树叶拼图——8以内按数取物"为例）

中班数学活动设计：树叶拼图
——8以内按数取物

【活动目标】

知识与技能：感知8以内的数，学习根据数字拿取相同数量的实物。

过程与方法：通过操作体验法等，在师幼互动过程中感知与理解圆点、手势和数字8的对应。

情感态度与价值观：在情景化、游戏化的氛围中感受数学的趣味性并迁移到实际生活中。

【活动准备】

经验准备：幼儿能点数8以内的物品，并说出总数。

物质准备：①教具：空梨树、苹果树挂图；贴片雪梨、苹果数个；操作卡。②学具：操作卡（数字树干卡与绿叶贴纸），1—8的数字卡与圆点卡片若干套。

【活动过程】

1. 游戏导入

"小手小手拍拍，小手小手拍拍，我把小手藏起来，猜猜这是几？"教师边念儿歌边把手藏起来，接着出示若干根手指（1—10），请幼儿根据教师所伸出的手指说出其总量。

2. 活动新授

（1）创设情境：小马哥的果园丰收了，雪梨树和苹果树都结出许多果子来。（在黑板上出示雪梨树和苹果树挂图，每棵树都有8个水果。）

（2）教师提问：雪梨树结出几个雪梨？苹果树结出几个苹果？请你数一数。（教师在旁引导幼儿手口一致地按顺序点数。）

（3）幼儿操作：请幼儿帮助小马哥"摘水果"。规定：一个篮子只能装一个水果。（教师在旁引导幼儿在操作中一一对应。）

（4）情境设问：小马哥家里来了小动物客人，依次出现：小猫、小狗、小羊、小鸡、小鸭、小猪、猴子和老牛。每次出现客人时，请幼儿数一数客人数量，并给每个客人准备一个水果。（1个客人吃1个水果……8个客人要吃8个水果。）

3. 拓展迁移

（1）请幼儿帮助小马哥"种果树"。在幼儿的帮助下，"数字果树"会长出对应数量的"树叶"。

（2）分组操作：幼儿拿到贴有不同数字（1—8）的"数字果树"，然后数出一样数量的树叶贴上去。最后在"数字果树"旁放上对应的圆点卡片，并用手势告诉教师，你贴的是数字几的果树。

4. 活动结束

（1）游戏：身体动作对对碰。请幼儿按照教师的指令做动作（8以内次数的动作）：请你拍5下手；请你原地向上跳6次；请你拍7下腿；请你点8下头。

（2）师幼回顾总结。

六、主题反思

围绕"餐桌上的数学——数与量"这一主题，我们开展了《小猴的生日Party》《数数游戏》《摘果子》《树叶拼图》以及相应的数学区角等一系列数学活动，使幼儿正确感知10以内的数，并会用数字、手势、圆点卡片来表示。

第一，幼儿教学目标基本达成。这一主题活动让幼儿在富有生活气息的具有趣味性的活动中感知理解10以内的数量这一概念，能从生活和游戏中感受实物的数量关系并体验到数学的重要性和趣味性。

第二，增进教师与家长的交流，让家长更有效地指导孩子对生活中的数进行感知，进一步推进家园共育的发展。活动过程中充分发挥家长的主观能动性，让家长在了解主题活动目标、内容、方法的基础上，积极参与到主题活动中来。家长通过与幼儿一起数数、点数物体、分取实物，在教师的指导下和幼儿一起掌握一一对应和按数取物的方法，丰富了幼儿的数学经验。

第三，主题活动中的领域渗透环节开展得不够充分。希望下次和班里教师多沟通多设计，争取多方面渗透数学感知。

2. 开发生活活动渗透数学教育的实施策略

幼儿的一日生活蕴含着丰富的数学知识。本研究通过在生活活动中渗透数学教育的方式进行数学教育生活化的实践研究。本课题组经过研讨，选择比较容易渗透数学教育的活动，即重点从入园活动、进餐活动、喝水活动、离园活动四大活动入手，探索数学教育生活化的策略。

本研究运用不同的策略将数学教育渗透在生活活动中。策略实施有两种方式，一是包括策略名称、适用范围、策略推荐人、策略目标、策略内容、实施效果、策略反思等七大方面；二是从策略名称、适用范围、策略推荐人、操作说明、风险与对策、实践案例、策略反思等七大方面开展。下文主要选取中班具有代表性的入园活动、喝水活动、进餐活动、离园活动的案例，阐述如何通过在生活活动中渗透数学教育来进行数学教育生活化、游戏化的实践探索。

以下是中班渗透数学教育策略案例。

中班入园活动渗透数学教育的策略

【策略名称】

今天我来了。

【适用范围】

中班入园活动。

【策略推荐人】

刘老师。

【策略目标】

1. 感知序数与基数的不同，理解我是"第几名"和"有几名"小朋友。

2. 学会按男孩女孩分类计数，并初步学习统计男孩和女孩一共来了多少名。

3. 认识星期一至星期五，感知天气阴、晴、雨、雪的不同。

4. 逐渐养成按时来园、不迟到的好习惯。

【策略内容】

设置"今天我来了"的记录板，第一栏的内容是：星期、天气、总人数。第二栏的内容是：女孩来园顺序表格，从1到16。第三栏是男孩来园顺序表格，从1到18。教师为每位幼儿准备好相片，幼儿来园时把自己的相片插在相应数字上面，通过看数字和点数的方法知道自己是第几名，来了几名小朋友。上课之前，教师按男孩女孩分类计数，并统计总人数。每天来园第一名的幼儿负责更换星期和天气。

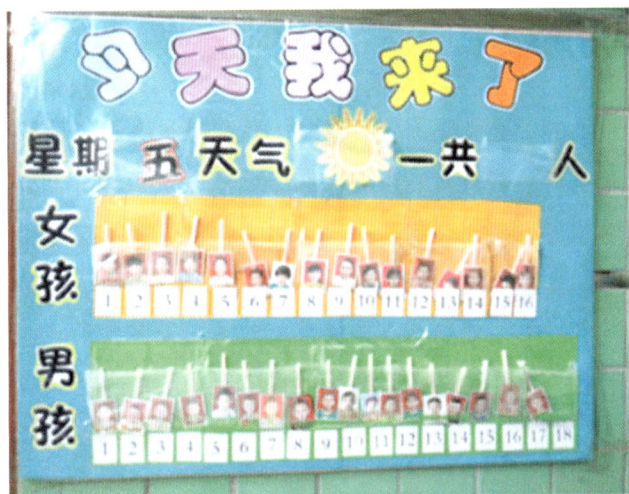

【实施效果】

1. 幼儿通过看自己相片对应的数字，很快就能说出自己是第几名。在每天的自由操作中，逐渐认识、巩固10以内的序数，甚至是20以内的序数。同时通过提问，"如果你是第五名，那么一共来了几个男孩子？"引导幼儿思考、理解"第几名"和"有几名"的不同，即理解序数是表示次序——"第几"，基数是表示个数或者多少——"几名"。

2. 幼儿一开始是通过点数来统计男孩、女孩分别来了几个。经过一段时间的发现学习，知道目测统计，即看最后一张照片下面的数字就知道来了几名小朋友。

3. 通过每天更换星期与天气图片，幼儿不知不觉认识了星期一至星期五，知道今天是星期一，明天是星期二，后天是星期三，同时在潜移默化中也学习了"昨天、今天"等时间概念。

4. 幼儿对天气越来越关注，每次更换天气图片都要看天空，看看有没有太阳，有时候还会讨论到底是晴天还是阴天，该贴哪张图片。每当这个时候幼儿便会商量解决问题或者求教老师。

5. 每天都有幼儿抢着更换星期与天气图片，于是共同商定规则：每天来园第一名的幼儿负责更换星期和天气。中班幼儿的责任感、任务意识越来越强，喜欢表现，喜欢被表扬，因此幼儿为了赢得教师的喜爱和同伴的关注，每天坚持早早来园。

【策略反思】

在入园活动中，实施"今天我来了"的策略。记录板的版面有点儿小，内容不够全面和丰富。如果重新设计的话，内容应该包含日期、星期、天气、男孩人数、女孩人数、总人数、缺勤人数。记录方式相对简单。只是把照片插在相应数字上面，对于中班的孩子来说不够有挑战性。可以结合中班所学图形设计不同的标记，表示不同的来园时间，比如按时来园的是椭圆形，迟到的是半圆形，请假的是梯形。可以在入园记录板的旁边再贴一张"入园出勤统计"表，内容包括幼儿名字、星期、不同的入园时间标记，统计每名幼儿一周的来园天数、全勤的幼儿等。

中班喝水活动渗透数学教育的策略

【策略名称】

今天你喝了几杯水？

【适用范围】

中班喝水活动。

【策略推荐人】

李老师。

【策略目标】

1. 能够手口一致地点数8以内的吸管，并说出总数。

2. 在点数的基础上初步学会统计每天喝了几杯水。

3. 能逐渐养成主动喝水、爱喝水的好习惯。

【策略内容】

设计形象生动的喝水记录板，幼儿每喝一杯水，可将一根吸管放在贴有自己名字的牛奶盒里，以此统计自己一天喝水的杯数。离园前，回顾（数数、统计）自己一天喝了几杯水，每天喝水超过5杯（含5杯）的小朋友，奖励一朵小红花。

给每位幼儿准备8根吸管，吸管上贴有幼儿的名字，目的是防止幼儿把别人的吸管放进自己的牛奶盒子里，以使统计数据更真实。

【实施效果】

自从开展"今天你喝了几杯水？"这一活动，幼儿的喝水兴趣有了很大的提高，一到喝水环节就很兴奋地排队喝水、放吸管。

每天离园前的"数吸管"环节成为小朋友最爱的活动，因为会有许多小朋友得到奖励。"我们数数吸管，看彤彤喝了几杯水？""1，2，3，4，5，6"……经过一段时间的操作练习，小朋友能够快速手口一致地点数8以内的吸管，并说出总数，在每天离园前点数吸管的基础上逐渐学会统计每天喝了几杯水，还学会了比较多少。"我喝了6杯水，你喝了5杯水，我比你多喝一杯……"

除了"数吸管"，还要"收吸管"，即要用橡皮筋把吸管扎好。有扎头发经验的女孩子说："像扎头发那样扎吸管就可以了。"从一开始的不会扎，慢慢学习，到现在可以熟悉灵活地收好吸管，孩子们小手肌肉的协调性和灵活性也得到了发展。每次收吸管，都会听见，"老师，明明的吸管放错了（因为吸管贴有名字）""小蔡才喝了2杯水，肯定忘了插吸管""然然喝了7杯水，这么多……"在收吸管的过程中，孩子们学会了互相检查，进一步巩固点数和统计的经验。

【策略反思】

在喝水活动中，实施了"今天你喝了几杯水？"策略。自从实施该策略以来，幼儿的喝水情况比之前好了，但也存在不少问题。有的小朋友明明只喝了一杯水，却插两根吸管；也有的小朋友喝了水却忘记插吸管，"牛奶盒"里经常空空的；还有的小朋友只接一点儿水，咕噜喝完就来插吸管。

针对第一种情况，一是采取说理教育，告诉幼儿要诚实；二是请每天喝水最多的小朋友当小组长，提醒小朋友喝一杯水插一根吸管。针对第二种情况，要及时提醒。针对第三种情况，一是老师要监督到位。此外还需老师多动脑筋，想办法激励幼儿保持对喝水的兴趣，除了表扬，还可以奖励小红花等。幼儿的行为需要老师慢慢引导，任何习惯的养成都需要持之以恒，要让幼儿的喝水行为内化成自主自觉的习惯，老师还需要不厌其烦地引导、指导、监督。

中班进餐活动渗透数学教育的策略

【策略名称】

我最棒。

【适用范围】

中班进餐活动。

【策略推荐人】

刘老师。

【操作说明】

1. 在教室墙壁上布置"我最棒"的红花榜。教师准备蓝色、橙色小兔子图片，每只兔子都贴上小朋友的名字，蓝兔是男孩子的，橙兔是女孩子的。按蓝兔、橙兔、蓝兔、橙兔的规律，一排六只，分六排粘贴在墙上。

2. 进餐结束后，幼儿来老师处领红花，粘贴在自己的兔子上。幼儿须告知老师"我是第几名？我（贴有幼儿名字的兔子）在第几行第几列？"只有回答正确才能领红花。

【风险与对策】

风险	对策
幼儿不知道自己是第几个吃完饭	准备1—33的号码牌，幼儿吃完饭后根据顺序贴上号码，第一名贴数字1，以此类推
幼儿不知道自己是第几行第几列	教师事先告知，从上到下依次是第1行至第6行，从左到右依次是第1列至第6列，并且贴上1至6的数字
每次进餐结束后都奖励红花，老师工作量增多	1. 请幼儿当老师小助理，轮流负责 2. 规定只有某一餐才有奖励

【实践案例】

幼儿进餐兴趣不高，进餐速度慢，一直是困扰我们老师的问题。怎样可以让幼儿既有进餐的动力，可以快乐、快速吃完饭，又可以从中学习到数学知识呢？于是我设计了"我最棒"的红花榜，鼓励幼儿快乐又相对快速地进餐。

通过有规律地排列兔子，把ABAB的规律渗透在墙饰上，幼儿在每天的观察和贴红花的过程中熟悉、巩固，进而不知不觉掌握ABAB的规律特点。

通过经常询问"你是第几名吃完饭？你在第几行第几列？"幼儿能感知33以内的序数，并能较好地掌握10以内的序数。

通过变换从上到下、从下到上来数第几行，从左到右、从右到左数第几列，引导幼儿尝试从不同方位辨认序数，正确表示物体在序列中的位置。

幼儿进餐的兴趣逐渐浓厚，在不知不觉中也学习了相关数学知识。现在每次吃饭前，小朋友都会问："老师，今天可以领奖吗？"如果我回答"可以"，小朋友就会欢呼"耶"，然后再加上一句，"今天我要拿第一名"。"我也要，我也要……""好啊，都想得第一名，那你们就要加油啦！"

【策略反思】

在进餐活动中，实施了"我最棒"的策略，主要渗透的是按规律排列和正确感知物体在序列中的位置，并能用数学语言表达出来。一开始，幼儿对行和列的概念不清晰，因此在这先设计一节"小兔寻宝"数学集体活动，引导幼儿理解这两个概念，然后在每次餐后活动中都引导幼儿说出自己的红花是在第几行第几列，经过一个星期的渗透学习，大部分幼儿能正确说出红花所在位置。

中班离园活动渗透数学教育的策略

【策略名称】

今天谁来接我？

【适用范围】

中班离园活动。

【策略推荐人】

何老师。

【操作说明】

根据班上接送幼儿的情况，设计以下表格。幼儿姓名一栏利用子母贴，幼儿离园时将自己名字贴在上面。人数统计于第二天进行。主要涉及分类、比较、统计等数学内容。

今天谁来接我？		
接送人	幼儿姓名	人数
爸爸		
妈妈		
爷爷		
奶奶		

续　表

今天谁来接我？		
接送人	幼儿姓名	人数
外公		
外婆		
其他（叔叔、婶婶、姨妈、姑姑、保姆等）		

【风险与对策】

风险	对策
离园时幼儿忘记贴名字	幼儿相互提醒、教师提醒
第二天忘记统计人数	每天固定5—10分钟来分享

【实践案例】

离园活动是幼儿一日生活的最后一个环节，如何充分挖掘离园环节中的数学教育，让幼儿轻松、有序、愉快地离园呢？经过观察和思考，我设计了"今天谁来接我？"的表格，幼儿通过将自己的名字对应贴在接送人员的后面，然后进行点数统计，可以清楚看出每个幼儿是由谁接的，不同接送人接的幼儿各有几名，比一比，谁来接的最多，谁来接的最少？有没有一样多的？爸爸接的幼儿与妈妈接的幼儿，谁多？谁少？多几名？少几名？

通过每天的交流分享，幼儿不仅巩固了点数、比较多少和分类统计的经验，还促进了幼儿观察、分析、推理能力的发展。幼儿除了关注自己是谁来接的，还开始慢慢观察其他幼儿是谁来接的，这样既锻炼了幼儿的观察能力也增进了幼儿之间的了解，有利于幼儿形成良好的社会交往关系。教师除了引导幼儿观察比较自己和同伴是谁来接的之外，还引导幼儿思考分析为什么。为什么我们班爸爸妈妈来接的最多？爷爷奶奶来接的比较多？其他人来接的最少？

此外，我还引导幼儿进行推理和猜测：猜猜下午谁来接？有的幼儿说，早上是妈妈送来的，下午是爷爷来接，有时候妈妈下班早了也会来接，所以说不定。有的幼儿说早上是奶奶送的，下午也是奶奶接。有时候，有的小朋友猜对了会很开心，有的小朋友却很失落。当问到，你最希望谁来接？回答最多的是爸爸和妈妈。

我们班的淏淏小朋友，因为爸妈工作很忙，几乎每天都是保姆接送，看得出淏淏希望妈妈每天都来接他。有一次，我问淏淏："今天谁来接你啊？""阿姨喽。"淏淏漫不经心地回答。"老师今天送你一个惊喜，想要吗？""什么惊喜？"淏淏问。"下午放学的时候你就知道啦。"我偷笑着。我提前打电话和淏淏妈妈沟通，我把原因告诉她，如果有时间，希望她今天能来接淏淏回家。淏淏妈妈答应了。下午放学时，当淏淏看到是妈妈来接的时候，扑着向妈妈跑去，那种兴奋与惊喜溢于言表。我看到淏淏妈妈眼中闪烁着泪花。事后，淏淏妈妈跟我说，以后尽量多来接孩子，多抽时间陪孩子。

"今天谁来接我？"这一教育策略不仅巩固了幼儿点数、比较多少和分类统计的知识，促进幼儿观察、分析、推理能力的发展，还促使幼儿萌发了关心他人、关爱家人的情感，为幼儿在园的一日生活画上了一个完美的句号。

【策略反思】

在离园活动中，实施了"今天谁来接我？"的策略，幼儿将自己的名字对应贴在接送人员的后面，然后进行点数统计，可以清楚看出每个幼儿是由谁接的，不同接送人接的幼儿各有几个。通过每天的交流分享，幼儿不仅巩固了点数、比较多少和分类统计的经验，还促进了幼儿观察、分析、推理能力的发展。出现的问题是，幼儿经常忘记将自己名字贴在表格上，因此需要专门预留时间让幼儿进行操作。

3. 开发游戏活动渗透数学教育的实施策略

游戏是幼儿喜爱的活动，在游戏中，幼儿积极性高，主动性强，动作、思维都处于积极的状态。将数学教育渗透其中，使抽象的数学知识与具体的游戏情境结合起来，可以把数学教育的内容具体化、形象化，使幼儿易于接受。以下将通过在游戏活动中渗透数学教育的方式对数学教育游戏化的实践进行研究。本园在二楼和三楼开设了公共的角色游戏区，而区域游戏是个别化学习、小组学习的最好方式，也是我园一直在探索的课程。以下将根据本园实际，主要探讨在角色游戏、区域游戏中渗透数学教育的策略。

（1）科学安排一日生活，保证幼儿的游戏时间。游戏时间是开展游戏活动的保证。游戏时间的长短会影响幼儿游戏的质量。在较长的游戏时段（约30分钟），幼儿才有时间逐渐发展出社会和认知层次较高的游戏形式。因此，为了保证幼儿自主游戏的时间，根据幼儿的年龄特点和发展需求，我们要求每天的创造性游戏时间为小班30—40分钟、中班40—50分钟、大班50—60分钟。幼儿只有拥有充足的游戏时间和机会，才能深入了解材料的特性和玩法、才能充分发挥想象力和创造力，尽情享受游戏带来的愉快和喜悦。

（2）在角色游戏中融入幼儿数学教育的策略。①创设与数学有关的各种角色游戏。如"蛋糕店"可认识各种形状、颜色、味道的蛋糕，还可以将蛋糕平分、等分；"牛牛餐厅"可学习按号入座，一一对应摆放餐具；"超市"可分类摆放物品，进行钱币的换算等。②为幼儿准备各种与数学有关的角色游戏材料。如在"超市"，提供超市购物清单、物品价格清单，幼儿尝试按数取物或进行10以内的加减法计算。③创设隐性的游戏环境。如在"数学绘本馆"中，每个书架都贴上数字标记，每本书也贴上数字，幼儿可以对号取放书本；在"银行"中，张贴不同面值的钱币；在"邮局"中，张贴快递路线图等。

（3）在区域游戏中融入数学教育的策略。①根据数学教育目标投放数学区域材料。如小班"5以内的按数取物"，投放大量让幼儿进行匹配的材料，如把糖果装进贴有数字的袋子；中班"认识梯形"，可投放不同大小的梯形、三角形、长方形等，让幼儿在拼搭房子的过程中辨别、巩固对梯形的认识；大班"10以内的组成分解"，可创设"小兔有10个萝卜，把萝卜分为两份，可以怎样分？"的问题情境，投放数量充足的萝卜图片，让幼儿进行操作。②提取其他区域游戏中的数学目标。如益智区的拼图游戏中，发展幼儿数物匹配以及运用数解决问题的能力；在建构游戏中，认识不同形状的积木，并能分类；在美术活动中，理解纸张整体与部分的关系。③充分利用生活废旧物品，有意识地制作隐含数学元素的区域材料。如将扑克牌的数字与中间的花色剪开、打乱，让幼儿将数字与花色重新对应；将不同颜色的雪糕棍进行有规律的排列。

（4）设计与制作数学游戏材料。结合幼儿年龄特点以及身心发展规律，按照《指南》数学教育目标要求，制作相应的数学游戏材料，帮助幼儿在游戏中通过直接感知、亲身体验和实际操作进行数学学习，提高幼儿数学认知能力，加强幼儿的逻辑思维能力，让每一位幼儿在与材料、环境的互动中获得不同水平的发展。每一种游戏材料都包括游戏名称、游戏目标、适用年龄、游戏准备、游戏玩法。

以小班数学游戏材料为例。

游戏名称：送雪糕棒回家

【游戏目标】

1. 学会正确点数雪糕棒、鸡蛋槽上的点，且能辨认5以内的数。

2. 能够将雪糕棒送回对应点数的鸡蛋槽中。

【适用年龄】

小班。

【游戏准备】

标注点与数字的鸡蛋槽；标注点与数字的雪糕棒。

【游戏玩法】

幼儿先点数鸡蛋槽上的点，然后再选取相应的、标注了数字的雪糕棒插进槽中；或幼儿先辨认鸡蛋槽上的数字，然后再选取标注了相应点数的雪糕棒插进槽中。

4. 设计生活化、游戏化的数学教育活动

通过磨课、观课、议课，开展集体数学教研活动，设计生活化、游戏化的数学教育活动。设计活动时，要求做到以下五个方面：

第一，数学教育目标生活化。数学来源于生活，应用于生活。数学教育的目标在于引导幼儿用能理解的数学观点和方法去发现和解决生活中的实际问题。

第二，数学教育内容生活化。强调从幼儿的生活经验和认知水平出发，选择幼儿能理解、感兴趣并贴近其生活实际的数学教育内容。

第三，数学操作材料生活化。强调更多地使用生活中的真实物品，如当地的自然资源、生活中处处可见的安全的废旧材料等，使用幼儿身边熟悉的物品，会激起幼儿参与活动的积极性，在活动中主动地探索，同时能让幼儿体会到"数学就在身边"。

第四，数学情境生活化、游戏化。根据数学教育目标、内容，幼儿的年龄特点和生活经验，利用生活中常见的情境，创设一个个形象而真实的生活、游戏情境，让幼儿在情境中与人、事、物相互作用，感知抽象的数学知识。

第五，利用数学游戏组织教学。教师在选择与设计数学游戏时，不仅要根据内容选择游戏方式，还应考虑到游戏与教学之间的内在联系，它们的结合是否有趣味和合理。有趣的游戏才能激发幼儿参与活动的愿望和操作乐趣，教学目的是蕴藏在游戏中的，让幼儿在活动中发现、感受、获得或运用到相关的数学知识。

以大班数学活动为例，展现数学活动生活化和游戏化。

大班数学活动设计：找邻居

【设计意图】

大班幼儿的逻辑思维已初步萌发，他们对10以内的数字已有一定程度的认知，但是对于"相邻数"的认知还甚少。本次活动通过从具体到抽象、从游戏到生活，可以锻炼幼儿的比较能力和思维的灵活性，学习与同伴友好交往、合作游戏的方法，激发幼儿对数学的兴趣。通过游戏化教学，结合生活中的邻居关系，把相邻数的概念渗透其中，尽量让抽象的数的概念在具体的事物中让幼儿理解，帮助幼儿在游戏活动中快乐地学习、体验、理解，从而提高幼儿学习相邻数的兴趣。

【活动目标】

1. 掌握10以内的相邻数，能说出10以内各数的相邻数。

2. 初步感知10以内相邻数之间的多1和少1的关系，并运用于实际生活中。

3. 乐意参加数学游戏，在游戏活动中开动脑筋，感受集体游戏的乐趣。

【活动准备】

（一）物质准备

1. 教具：PPT课件；音乐《别看我只是一只羊》。

2. 学具：操作材料一份；托盘若干；数字卡1—10若干。

（二）经验准备

幼儿已认识10以内的数字。

【活动重难点】

1. 重点：感知并理解相邻数的概念，能说出10以内的相邻数。

2. 难点：理解相邻数之间的多1和少1关系。

【活动过程】

（一）创设情境，引起幼儿学习兴趣

教师播放课件，创设小动物搬家的情境，引导幼儿回顾10以内数字的经验，激发幼儿学习兴趣。

师：森林王国里的动物们今天住进了新家！我们一起来参观一下吧！

关键提问：这里一共有几间房子？一共有几个小动物要搬新家？

（二）活跃思维，引导幼儿感知相邻数

1. 小动物找邻居

教师播放课件，创设小动物找邻居的情境，帮助幼儿理解"邻居"的含义。

师：小动物们住进了新家，高兴极了！可是它们还不认识自己的邻居是谁呢？你愿意帮它们找一找吗？

关键提问：小动物们有几个邻居？分别住在哪里？

小结：原来邻居就是紧紧挨着住的人，就是住在他们前面和后面的小动物。

2. 我的"邻居"是谁

引导幼儿找一找坐在自己旁边的小朋友是谁，帮助幼儿进一步理解"相邻"的含义。

师：小朋友，请你找一找，坐在你旁边的是谁？

3. 看一看，说一说

教师播放课件，引导幼儿观察小动物房间的门牌号，引出相邻数多1和少1的关系，进而引出相邻数的概念。

师：请你看一看，小兔的门牌号是多少？2的旁边是谁？1比2多还是少？少多少？3比2多还是少？多多少？

关键提问：1比2少多少？3比2多多少？

小结：相邻数就是前后两个邻近的两个数，一个比它多1，一个比它少1，前后这两个数就是它的相邻数。

4. 看谁说得又快又对

教师播放课件，出示个别数字，请幼儿说出它的相邻数是什么。

师：请小朋友说一说，这些数的相邻数是什么？看谁最会开动脑筋，说得又快又对。

关键提问：为什么5的相邻数是4和6？为什么7不是5的相邻数？

小结：相邻数就是前后邻近的两个数，一个比它多1，一个比它少1，前后这两个数就是它的相邻数。

（三）快乐游戏，鼓励幼儿自主探索

1. 操作：密码开门

发放操作材料《密码开门》，请幼儿帮助小动物用相邻数的密码打开房门。

师：小动物们住进了新家，高兴极了！它们相约一起去玩耍，但是它们要用相邻数的密码才能打开房门，请你们帮帮小动物，好吗？

小结：请和坐在你旁边的小朋友互相检查一下，这样摆对了吗？摆对了小动物才能打开房门哦！

2. 游戏：智救小羊

幼儿扮演小羊，并将数字卡1—10随机贴在胸口上，教师播放音乐《别看我只是一只羊》，待音乐停时，配班教师扮演大灰狼去捉小羊，被捉到的小羊要请它的邻居（相邻数）来搭救。

师：小动物们一起玩游戏，开心极了，它们邀请你们一起来玩游戏，好吗？请你扮演小羊，贴上数字，音乐响起时，你们就出来跟好朋友玩，音乐停止时，要赶快回到位置坐好，不然就要被大灰狼抓到了！被抓到的小羊要请他的相邻数来搭救。

小结：今天我们学习了相邻数，并用这个本领帮助小动物打开了房门，还把被抓走的小动物救了回来，真不错！相邻数是什么呢？（请幼儿回答。）

（四）迁移经验，启发幼儿回归生活

师：在生活中，你观察过家中的门牌号码吗？你家的门牌号码跟邻居家的号码有什么规律？启发幼儿联想生活中的相邻数，如：门牌号、座位号、车厢号、钟表、键盘、电梯等。

小结：相邻数的本领真大呢！你在生活中哪些地方见到过"相邻数"（门牌号、座位号、车厢号、电脑键盘、电梯按钮、钟表等），请你回家找一找，下次跟老师、小朋友分享，好吗？

5.重视师资培训，"请进来"与"走出去"相结合

为了保证课题研究的科学性与方向性，我们采取"请进来指导，走出去观摩"的方式进行师资培训。我们聘请华南师范大学郑福明副教授、岭南师范学院林泳海教授、徐宝良副教授组成专家领导咨询小组，监督、指导课题的研究进程。课题开展以来，我们邀请专家教授来园指导次数多达8次，如郑福明副教授来园举行"生活活动中的幼儿数学教育：基于《指南》的思考"专题讲座；林泳海教授来园举行"幼儿数学认知的主要内容"专题培训，通过组织讲座、观摩活动等方式培训指导教师，教师的教学理念得到很大的提升。

为了强化对教师的培训，我园多次派课题组教师参加各级各类学习，共培训50余人次。如，2015年11月26日—12月2日，罗春丽、莫晓霞等14位老师到南京参加幼儿园科学（数学）课堂教学与教育策略高级研修观摩活动；2015年12月6日—11日，刘艳红、陈婷等15位老师到英德机关幼儿园和顺德德胜幼儿园进行数学课题交流活动；2017年6月13日—17日，詹东玲、何炜靖等14位老师到深圳进行一日生活活动以及区域活动的组织开展和跟岗活动等。通过积极"走出去"学习，教师进一步吸收先进的教育理念与教育方法，借鉴优秀的做法并运用到自身的教学实践当中，促进数学课程生活化、游戏化的顺利开展。

此外，为了加强课题研究进度的管理，我们对课题组成员进行合理分工，并开展园本教研活动。通过每学期两次大教研组教研活动，每月一次小教研组教研活动，围绕数学课程生活化、游戏化实施过程中遇到的问题，如数学教育生活化的策略如何开发及优化、数学游戏材料如何选材与制作等，探讨其解决对策，一步一步地进行深入研究，并定期开展课题研究成果的汇报活动与专家指导活动。在不断的实践与反思中，教师越来越明确数学课程生活化、游戏化的实施途径与相关策略，并有效落实在幼儿的一日生活和游戏中。

以上方法确保课题按计划有序开展，有效推动了数学课程生活化、游戏化的实施。

三、环境课程

在"留白"理念下，我园生成"让幼儿园的每个角落都充满孩子的色彩和故事"的环境课程。通过倾听与支持，让幼儿用自己的方式创设可看、可探、可说的环境，让幼儿成为环境的小主人，在环境文化中散发"儿童味"，彰显"生活味"，充满"故事味"。

（一）环境创设与课程建构

幼儿处在一个对映像记忆很深的年龄段，幼儿园环境也要根据幼儿大脑发育的特点进行布置，以使幼儿的大脑得到最大化开发。而幼儿教育又是环境影响的过程，所以我们要把课程融入环境创设中，让幼儿在不知不觉中吸收学习，使幼儿教育如春雨滋润大地一样，润物无声。

1. 幼儿园环境创设策略

因幼儿年龄和接受方法的特殊性，我们需要把对幼儿的启发和学习融入日常环境中，所以幼儿园环境布置对幼儿的影响有着特殊的意义。

（1）挂图环创相融与日常礼仪。日常礼仪是培养幼儿礼貌待物、交际待人的基本素质，而我们除了在日常活动中强调外，更要让幼儿时时看到日常礼仪的重要性。所以我们在环创时可以做一些挂图，挂在教室，让幼儿看到就想起日常礼仪。具体布置如下：第一步，将废弃的纸箱裁成20厘米宽、60厘米长的长方形，将四角修成圆形，然后用同色麻绳穿起来，下面打上结。每一个挂图大概挂4个这种纸片。第二步，用不同颜色的卡纸，写上比如：早上进园要说："早上好！"离园要和老师说："再见！""爱吃蔬菜不挑食！"等，同时配上图片。第三步，找个醒目又方便幼儿看到的地方挂起来。这一步可以让幼儿参与进来，老师和幼儿一起挂起来，幼儿会更重视这个小小的标语挂图。日常礼仪的挂图还可以根据传统节日、二十四节气或时事热点进行更新。

（2）感官触摸墙与发散思维相融合。五感培养对幼儿思维拓展有着不同的意义，它可以让幼儿通过不同的方法对同一物体从不同角度进行观察，从而从多维度认识事物。五感培养可以让幼儿更立体、更全面地体会一件事，认识一个物体，不仅对幼儿将来的写作有帮助，还可以让幼儿学会换位思考，体谅别人。五感分别指：视觉、听觉、嗅觉、味觉和触觉。可以设在教室的外墙，根据五感进行分类布置，也可以分季节或根据需求做。比如：春天可以设视觉墙，用不同的颜色，将不同的植物贴在墙上，这些材料可以是老师带孩子去户外活动时采集，不同颜色的树叶、不同颜色的花都可以，同时也可以和嗅觉墙相结合，这样孩子会特别感兴趣。材料可以随季节更替而更换，这样会让孩子对季节更替有一个立体的感受。

（3）读书角与阅读能力相融合。大阅读时代已经来临，而阅读习惯要从小培养，阅读对幼儿大脑开发、丰富词汇，以及提高幼儿表达能力都有着不可估量的作用。读书角的设置可以给幼儿一个沉浸在自己世界的机会和环境。书要按年龄分类，小班、中班、大班幼儿读的书可以做一个分类，每周每个阶段选一个幼儿做图书管理员，负责图书分类和整理。当然，不同年龄段的幼儿之间也可以相互借阅，比如阅读量大的小班幼儿可以借阅中班、大班的图书。也可以定时选大班的小朋友做老师，给小班小朋友讲故事。读书角适合分班，也适合混龄班级。

2. 幼儿园课程建设策略

幼儿园课程要适合幼儿年龄发展的需求，幼儿园的孩子各方面发展都还不完善，需要我们在日常教学中做专门训练，幼儿园游乐设施选择要与我们的课程相协调，也可以利用原有的建筑特征，把课程和园中环境相融合。

（1）大运动课程。幼儿阶段是幼儿平衡性、协调性和灵活性发展的关键时期，而这些正是促进幼儿神经和大脑发育的重要因素。大运动又叫粗大肌肉运动，大运动课程不仅可以有效地训练幼儿协调平衡能力，提高幼儿的体能，还可以提高幼儿的交际合作能力。可准备平衡木，也可以利用园中的楼梯进行大运动训练，如单脚跳、双脚交替上楼梯等。

（2）精细动作课程。精细动作是指手和手指的动作，抓、捏都是精细动作，精细动作原本是对自闭儿童进行康复干预的训练。精细动作在幼儿园中的应用可以有效地对幼儿手部动作进行有针对性的训练，让幼儿手部动作更精确，也能让幼儿的基本生活技能得到很大提高。比如：穿扣眼、系鞋带、捡豆子等。精细动作可以设置专门的区域，摆放几双新鞋子、一些扣子等供幼儿尝试、训练。

（3）交际能力课程。幼儿园是幼儿离开家庭后的第一个小社会，也是幼儿开始独立和家人以外的陌生人打交道的第一步。社交能力的培养不仅可以教会幼儿如何正确和人打交道，对他们长大成人后的社会交际也有很大影响。乐于分享是幼儿社交能力的重要体现，很多幼儿独占欲很强，不愿意分享，这种特性是幼儿时期的正常现象，老师要通过引导告诉幼儿分享的意义。可以设置专门的图书分享区域，所有幼儿从家里带的书都放在这个区域，大家可以共享，但是读书时要经过主人的同意，这样不但可以教会幼儿分享，还可以融入礼貌用语。

因为幼儿园孩子的年龄小、认知能力有限、接受能力也有限。所以对幼儿园环境和课程有不同的要求，幼儿园的环境不仅要体现教育引导性，符合幼儿的审美要求，更要结合幼儿的心理需要进行布置。好的幼儿园课程不但要符合幼儿本年龄段的发展需要，更要有幼儿大脑、体能发展的延续性、前瞻性。幼儿教育是教育进程中最基础的一个阶段，不但承担了幼儿基本生活技能的训练，还要为幼儿进入更高阶段的生活学习打基础，所以幼儿园的环境创设、课程设置都对我们提出了更高的要求。

以下为中班班本游戏课程案例。

班本游戏课程：水管引流记

一、游戏内容

（一）游戏背景

时间：2022年4月—6月。

地点：沙水区。

班级：中一班（38人）。

场地：幼儿园的沙水区由亲水池和沙池组成，本次游戏主要发生在沙池。沙池的前方和左侧有小水沟围绕着，左侧有一个收纳篮，里面放有PVC管和剖面管。右侧摆放着各种各样的玩沙水的工具，有小铲子、水桶、工程车、碗、勺、各种模具等。沙池的后方有一辆水车辘辘辘辘转动着。水车下方摆放了一些砖块，旁边还有一个水龙头。沙池里有两辆儿童挖掘机，中间吊着一个大筛子。

（二）游戏1：水管游戏初体验

【教师观察】

又到了孩子们最爱玩的沙水区啦！小朋友们开心地选择自己喜欢的玩具，有的选择小铲子、水桶；有的选择模具、碗；有的放好施工标志，坐上挖掘机开始挖沙，大家玩得不亦乐乎。收纳篮里新增的水管引起了一些小朋友的注意，他们搬来PVC管和剖面管摆弄了起来。

俊俊和鸿鸿搬来了一些剖面管和PVC管，他们按一根PVC管、一根剖面管的规律连接起来。鸿鸿发现水管连接处漏水了，便对老师说："老师，漏水啦。"老师反问："那怎样才能让它不漏水呢？"鸿鸿回答："压下去。"于是鸿鸿动手把PVC管压在剖面管上面，每处连接口都压一压，确保不漏水。俊俊一开水龙头，水就顺利沿着水管流出来，但还是有一些水从缝隙中漏出来了。于是俊俊用砖块抬高第一、二根管的连接处，顺手用水桶抬高第二、三根连接处。但由于砖块和水桶没固定好，水管连接处又倒了。俊俊和樊樊又尝试用奶粉罐固定水管，一开始还挺稳的，后来发现还是容易倒。即使失败多次，他们仍然在不断尝试、调整，由于方法不奏效，一直到游戏结束，他们遇到的问题都没有解决。

【观察分析】

在游戏中，幼儿发现水管漏水和容易倒的问题，能积极开动脑筋，想出用手压紧水管连接口的办法，还想到了利用砖块、水桶、奶粉罐来抬高水管，让水管有一个从高到低的坡度，这样水就能从高处往低处流。《指南》科学领域指出："幼儿的科学学习是在探究具体事物和解决实际问题中，尝试发现事物间的异同和联系的过程。"虽然幼儿经过尝试，没能解决问题，但是他们善于思考、勤于动手、不怕困难、坚持探究的学习品质值得肯定和鼓励。那么作为教师的我们，可以提供哪些支持来帮助幼儿找到更好的解决方法呢？

【活动1：搭建稳固的水管支架】

1. 对话生发

在游戏回顾环节中，教师通过播放照片和视频，抛出问题启发幼儿思考，引导幼儿自主寻找解决问题的方法。

问题1：为什么水管会漏水？怎样才能让水管不漏水？

涵涵：水管连接的地方没贴紧。

俊俊：水管掉下来，水就漏出来了。

小宇：后面那根水管要放在前面那根水管的下面。

鸿鸿：用手压下去，压紧就可以了。

问题2：为什么水管会倒？怎样才能把水管架得更稳固？

樊樊：因为管子不稳。

桐桐：因为奶粉罐很轻，水管一放上去，奶粉罐就倒了，水管就掉下来了。

诚诚：只有一块砖支撑水管，碰一下就倒了。

钧钧：要多用几块才能固定住水管。

2. 小组活动：科学小实验——会流动的水

为了让幼儿感知支架稳定的重要性，知道只有支架搭得稳，水管才能放得稳，不容易掉。我们开展科学小实验"会流动的水"，提供了纸杯、乐高积木、木积木等材料，引导幼儿用不同材料、不同方法搭建支架，看看哪种方法、哪种材料搭出来的支架更加稳固。

经过实验，小朋友一致认为纸杯太轻，不适合当支架；单层垒高的积木不稳；双层交叉垒高的积木最稳固。同理，如果用砖块支撑水管，一块砖容易倒。单层垒高的砖块不稳，只有双层垒高的砖块和水管的接触面最大，所以最稳固。我并没有直接告诉幼儿实验中蕴含的道理，而是期望他们能把在实验中获得的经验迁移到游戏中去。

3. 亲子推进

为了让每个孩子都有机会去实验和探究，到底利用什么材料制作什么样的支架才最稳固？我们借助家长的力量，对每个幼儿进行针对性指导，让幼儿有充分的探索和发现。

【教师思考】

为了支持幼儿的探索，我们与幼儿一起交流回顾游戏过程，共同发现问题、分析问题、寻找解决问题的方法。为了丰富幼儿的科学认知，我们开展了科学小实验，引导幼儿在实验操作中感受水从高处往低处流的现象，并期待幼儿能将感知经验迁移到游戏中。同时，我们借助家长的力量，对每个幼儿进行针对性指导，让幼儿进一步探索与发现。

（三）游戏2：水管稳稳地，不漏水啦！

【教师观察】

第二天，小朋友们又来到沙池。涵涵和惠惠搬来了两根剖面管，第一根架在阶梯上，第二根放在第一根剖面管下面。晗晗搬来了一根PVC管，与第二根连接在一起。涵涵用手压了压连接处，边按压边说："这里要压紧一点儿。"惠惠、桐桐、晗晗每人拿一把小铲子在挖洞，涵涵拿来一个粉色的水桶放进洞里，准备接住流出来的水。接着他们用小铲子把沙子铲到桶边，用沙子把桶固定住。

水龙头的那一边，琪琪和诚诚搬来了许多砖块，按从高到矮的顺序垒好。诚诚指着已经垒好的砖块对琪琪说："这里还需要多一块，这里还需要多两块。"边说边调整砖块的数量和高度，砖块按5块、4块、3块、2块、1块的数量摆好，形成了一个阶梯状的排列。诚诚和琪琪两人合力把剖面管放在上面。诚诚拉过水龙头下的小水管，拿来一块砖压在小水管上面，小水管固定住了，水顺利流进了桶里。

"成功啦！"兴奋的叫喊声从挖洞的小朋友中传来。"成功啦，不漏水啦！"诚诚兴奋地说。晗晗在一旁看着，开心地跑过来对我说："我也用了诚诚这种方法。""那现在还漏水吗？"我问。"不漏了。"晗晗回答。"恭喜你们成功啦！"我回应到。

【捕捉生长点】

涵涵：篮子里还有很多水管，我们拿多一点儿，来摆长一点儿。

诚诚：那里人太多了，我们摆这一边。（靠近亲水池）

惠惠：水管又不会转弯。

涵涵：这样摆啊。（横着摆）边说边做手势。

于是小伙伴们有的拿水管，有的拿砖块，决定让水管"拐个弯"。

【观察分析】

幼儿搭建的水管管道格外令人惊喜，游戏中他们有分工、有合作，有关键人物的指挥，也有每个参与者的努力。在搭建游戏过程中，幼儿一直非常投入，即使一开始水管会倒、会漏水，他们也毫不气馁，一遍一遍尝试和调整。他们吸取了上一批小伙伴的游戏经验，并将获得的科学认知运用在实际操作中，如用手压紧水管连接处，将砖块垒高成阶梯状，在不懈的努力中，充分体验了探索的乐趣和成功的喜悦。

幼儿利用教师的"鹰架"，与同伴分工合作、积极探索，终于解决了之前的水管漏水和水管不稳固的问题。以往的游戏，幼儿都是把水管摆得直直的，这一次，他们有了新想法。

【活动2：会拐弯的水管】

1. 对话生发

（1）你们怎样解决水管漏水和固定的问题？

诚诚：我把砖块按从高到矮摆好，然后放剖面管在上面。但是它有时候也会掉，我又放了一块砖，压住水管，它就不动了。

晗晗：我们用砖块把第二根水管抬高了，这样水就不会漏出来。

涵涵：我用手压水管。后面水流进洞里，就干了。我就用桶子把水装起来，还用沙子埋起来，这样水就不会干了。

（2）你们是怎样让水管拐弯的？成功了吗？

涵涵：我们想把水管摆到水池那边去，但是没有成功。

桐桐：没有，水管不能转弯。

惠惠：沙池太多小朋友了，我们都没地方摆。

琪琪：我们一开始是这样摆（竖着摆），然后这样摆（横着摆），差不多成功了。

2. 集体活动：生活中的水管

活动目标：①认识生活中各种各样的水管，了解不同水管的不同用途，知道水管连接器可以让水管拐弯。②通过观察图片、视频，发现生活中的水管管道有各种各样的铺设造型。

活动准备：各类水管照片、各种造型的水管、水管连接器、大班哥哥姐姐的水管设计图、成果图。

活动过程：①出示各种图片，引导幼儿一一了解。②出示哥哥姐姐玩水管的照片，激发幼儿探索的兴趣。③请门卫张叔叔为幼儿介绍水管连接器的用法。

3. 幼儿园之旅：寻找幼儿园的水管

为了让幼儿近距离观察触摸水管，进一步了解水管的各种造型，老师带领幼儿从一楼开始寻找水管，看看水管藏在哪里，开启了"找水管"的幼儿园之旅。

4.拍照和图书制作

在寻找水管的旅途中,幼儿用手机将发现的水管拍下来。并将照片挑选出来,制作成照片书。

照片书	幼儿选择拍摄的内容	拍摄的地点	照片
封面	排水管	门卫室墙边	
P1	地上的弯头和水管	陶泥坊	
P2	消防管和排水管	一楼小二班门口	

照片书	幼儿选择拍摄的内容	拍摄的地点	照片
P3	消防管	楼梯口	
P4	消防管	三楼大厅	
P5	棚架	微耕园	
P6	有水龙头的水管	微耕园	

续 表

照片书	幼儿选择拍摄的内容	拍摄的地点	照片
P7	桌子脚	微耕园	

【教师思考】

游戏后的回顾为幼儿提供分享成功经验的机会，让其他幼儿也从中学习到解决问题的方法。教师适时的提问和多方位的支持有助于推动游戏往更高的水平纵深发展。幼儿在集体活动"生活中的水管"中，认识了让水管拐弯的"秘密武器"，了解了水管管道的各种铺设造型；在寻找水管的幼儿园之旅中，相信幼儿也获得了更多关于水管造型的感性经验。有了这些经验的助力，期待幼儿将水管玩出更多的花样。

（四）游戏3：水管造型变身游戏

【教师观察】

第一次变身：诚诚、放放、涵涵、琪琪、晗晗几位小朋友再次来到沙池，他们搬来了剖面管，先竖着放，接着横着放，再竖着放，摆出了类似字母"h"的造型。诚诚、放放、涵涵用砖块垫高横着的剖面管，让剖面管形成右边高、左边低的状态，水顺利流向下一根管子。

第二次变身：再次尝试，诚诚先竖着放第一根剖面管，接着把第二根剖面管横着放，形成了"T"字形。然后拿砖块垫着，不断调整管子，尝试将第二根剖面管放在同一水平面上，这样水就可以从两边流出来。接着，诚诚又在左右两端各摆了一根剖面管，形成了一个"铲子"造型，水从两个方向流了出来。在诚诚忙碌的同时，其他小伙伴忙着挖水沟。从水管里流出的水被沙子吸干了，涵涵拿来一根剖面管，放在出水口接水。弯曲的水沟越挖越长，剖面管也连接得越来越长，"弯"也拐得越来越多。

【捕捉生长点】

在一旁观看的俊俊也想加入他们的游戏，他拿来水管连接器，想把水管连接在一起。

俊俊：你们这两根水管都没连接在一起，用这个（水管连接器）。

琪琪：这个不好用，我刚刚想把水管插进去，都插不进去。

晗晗：我觉得不用也很好玩。

诚诚：太重了，不用也可以啊。

俊俊拿来几根水管和水管连接器，自己在旁边摆弄了起来。

【观察分析】

有了生活经验的启发，幼儿不再把水管摆得直直的，而是开始尝试让水管拐弯。从"h"形，到"T"形，再到"铲子"形，到最后"七拐八弯"。幼儿通过调整剖面管的方向，让水管的造型有了变化。但是由于连接器和水管连接不方便，大部分幼儿仍然不感兴趣，只有个别幼儿关注水管连接器。

【活动3：水管造型变身的秘密】

1. 生成活动：有用的水管连接器

活动目标：①认识水管连接器，知道常见水管连接器的名称。②了解水管连接器的用途，根据需要选择不同的水管连接器，从而使水流向不同的方向。

活动准备：希沃课件、水管连接器若干。

活动过程：介绍水管连接器，并提出问题（如果让水向左或者向右边流，应该选择哪种接头？选择哪种接头可以让水同时流向左边和右边？）幼儿通过操作、实验，了解水管接头连接器是改变水流方向的关键。

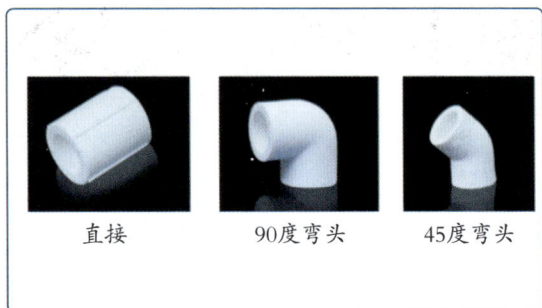

直接　　　　　90度弯头　　　　　45度弯头

2. 互动推进——儿童会议

你们还能摆出更多的水管造型吗？既然现有的水管连接器不好用，我们能换一种材料玩水管引流游戏吗？

奕奕：可以摆像消防管那样的十字形。

希希：人字形。

蓉蓉：口字形。

果果：弯弯曲曲的造型。

放放：我们可以去体育器械大超市那里找材料。

瑜瑜：那里有黄色的管子。

涵涵：对，之前我们用来连接万能工匠的那种管子。

3. 幼儿园之旅：寻找新材料

根据幼儿的讨论结果，我们带着幼儿开启了"寻找材料"的幼儿园之旅。当来到一楼的体育器械大超市，幼儿发现了令人惊喜的"宝贝"——黄色的管子和各种水管连接器！之前是没有连接器的，是为了丰富幼儿的游戏材料新购买的一批水管连接器。幼儿迫不及待地试了试，一下子就连接好了。诚诚兴奋地说："我们可以用这个玩。"

【教师思考】

中班幼儿的任务意识比较强，自从小朋友意识到水管造型单一的问题后，他们开始带着目的去游戏，尝试铺设跟之前不一样的造型。为了提高幼儿的分工合作能力，我们通过举手投票的方式让幼儿选出"你最想按谁的计划铺设水管？"选出谁的计划谁就是总指挥，总指挥负责指导大家按计划完成任务，并做好任务分工和协调。在总指挥的指导下，这两次的游戏有了新变化，水管造型逐渐多样化。为了推动游戏的进程，教师通过生成活动、儿童会议、幼儿园之旅等方式为幼儿提供支持，旨在激发幼儿的想象力和创造性，让他们积极主动去寻找新材料，丰富游戏的玩法。

（五）游戏4：花样水管引流游戏

小朋友发现了新材料——黄色管子和水管连接器之后，迫不及待想玩一玩。他们从体育器械大超市把这两筐材料推到沙池旁，然后三三两两合作，利用水管接头连接好黄色管子。90度弯头、三通接头、四通接头、六通接头……因为有了这些接头，管子在幼儿手中连接成了各种各样的造型，有"T"字形、直角形、十字形等，各种造型随意切换。他们一边组装一边惊叹，太好玩了！组装好后，俊俊、惠惠、晗晗、钧钧他们把管子搬到沙池里开始做实验：水到底会从哪里流出来？惠惠一开水龙头，水从管子的前面、后面、左边、右边流了出来，水流的方向有四个！哇，这个更好玩！其他小朋友见状，纷纷表示要试试自己组装管子。新材料带来的新玩法不断在创新，好玩的水管游戏在小朋友的欢笑声中继续着……

二、游戏感悟与反思

（一）活动的特点

本次游戏活动是幼儿自主自发生成的。幼儿利用水管搭建管道，把水引流到洞里。在搭建的过程中发现水管漏水和水管容易倒的问题，自发利用各种材料来解决问题，后来又围绕新问题"如何让水管拐弯"来继续探索，反映了他们"发现材料—探索材料—运用材料—创意玩材料"的学习过程。

（二）对幼儿学习发展的价值

通过持续性观察，我发现水管引流游戏非常受孩子们喜欢。作为中班孩子，他们在游戏过程中有着良好的学习品质，能够保持专注，乐于去探索、挑战有难度的事物，还能不断地进行调整、改进，想办法去解决遇到的问题，且专注性持久。

幼儿能按照自己的想法与材料互动，他们的语言表达、空间方位、人际交往、探究能力等都有了很大的提升。更重要的是，幼儿在游戏中提升了观察、比较和自我创造的能力。此外，幼儿能将已有经验进行迁移，如将数学中的间隔排序规律运用到水管的连接中，通过目测和点数，调整砖块的数量，让砖块按从高到低的顺序摆好，让水管形成坡度，以便水顺利流进水桶。

（三）教师行为的反思

"孩子想玩什么、怎么玩、和谁玩、用什么玩"都是孩子说了算。教师并没有直接介入孩子们的游戏，而是作为一个观察者的身份，在一旁记录幼儿游戏的过程，静静地陪伴也是一种无声的支持，即告诉幼儿：你们很重要，老师很欣赏你们。同时将问题带到了游戏后的分享活动，在分享时，借助游戏现场视频，通过提问启发幼儿积极思考如何解决问题。

《指南》中指出："支持幼儿与同伴合作探究与分享交流，引导他们在交流中尝试整理、概括自己探究的结果，体验合作探究和发现的乐趣。"从幼儿的回答中，我们可以看出幼儿积极主动、乐于探究的学习品质，虽然他们说的方法不一定可行，但思考和试错的过程比直接知道正确答案更加珍贵。因此，我们要以开放的心态，鼓励幼儿在下一次的游戏中大胆尝试、验证自己的想法。

本次自主游戏生成课程采用马赛克方法收集幼儿对于游戏的想法和意见，其中运用了儿童会议、图书制作、拍照、幼儿园之旅等方法，游戏过程中，我们遵循"幼儿在前，老师在后"的理念，提供适宜的支架，通过科学小实验丰富幼儿的科学认知，并期待幼儿在自主探究中不断建构、迁移经验。适宜的材料可以激发游戏新的增长点，就如孩子们找到新的黄色管子和水管连接器后，创意玩出了各种造型，将水引流向各个方向。

（四）下一步发展的机会和可能性

在最后一次游戏中，幼儿发现了新材料，变换了新玩法。黄色管子比较细也比较轻，水管连接器也刚好合适，所以幼儿玩起来的体验感非常好。在游戏的过程中，水从前后左右的管子流了出来，有小朋友提出了疑惑"为什么水不能从上面的管子流出来？"这是一个值得探究的好问题，下学期我们班将以此问题为切入点，继续和孩子们一起探索、一起发现生活和游戏中的奥妙。

三、游戏课程框架

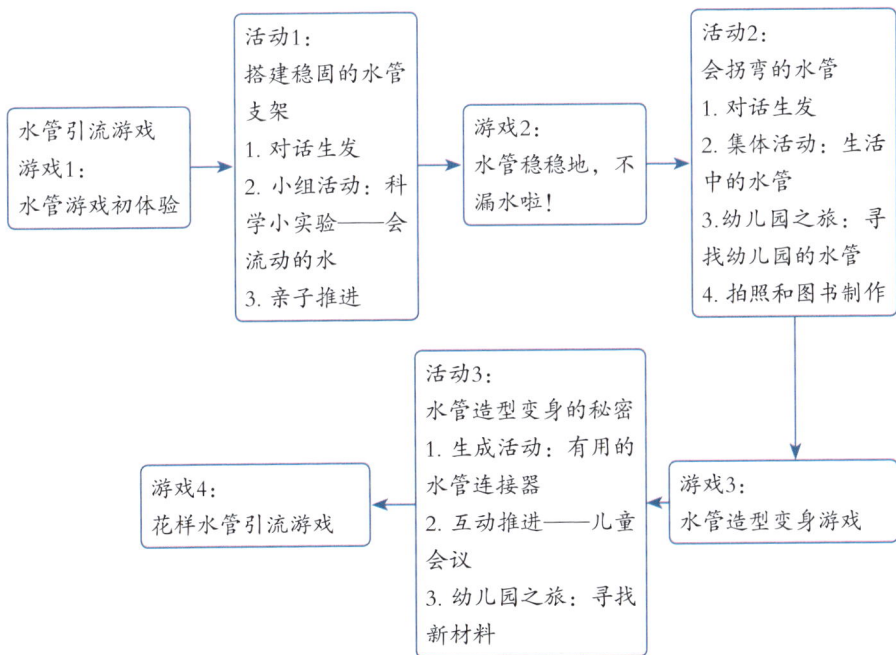

```
水管引流游戏          活动1：                          活动2：
游戏1：               搭建稳固的水管        游戏2：        会拐弯的水管
水管游戏初体验  →     支架          →      水管稳稳地，不  →  1. 对话生发
                     1. 对话生发           漏水啦！       2. 集体活动：生活
                     2. 小组活动：科                     中的水管
                     学小实验——会                      3.幼儿园之旅：寻
                     流动的水                           找幼儿园的水管
                     3. 亲子推进                         4. 拍照和图书制作

                     活动3：
                     水管造型变身的秘密
       游戏4：        1. 生成活动：有用的    游戏3：
       花样水管引流游戏 ←  水管连接器      ←  水管造型变身游戏
                     2. 互动推进——儿童
                     会议
                     3. 幼儿园之旅：寻找
                     新材料
```

（二）幼儿园环境课程建构策略

建构幼儿园环境课程可以采用以下策略。

1. 让幼儿参与环境创设

让幼儿参与环境创设，可以让幼儿感受到自己是环境的主人，进而更积极地与环境互动。老师可以鼓励幼儿用自己的作品去装饰教室，例如让幼儿用画笔、手工、植物等装饰墙面、窗台等。此外，让幼儿参与环境创设还能帮助幼儿提高动手能力、创造力以及环保意识。

2. 创设丰富的教育环境

创设丰富的教育环境可以有效促进幼儿的发展。在创设教育环境时，可以根据幼儿的年龄段、兴趣、发展情况等特点，为幼儿提供丰富多彩的教育环境和活动。例如，可以为幼儿设置阅读角、积木区、绘画区等，让幼儿自由选择活动内容和地点，从而激发幼儿的学习兴趣和创造力。

3. 利用环境进行教育

利用环境进行教育可以让幼儿在真实情境中学习和成长。例如，在春天来临的时候，可以带幼儿去公园感受春天的气息，让幼儿观察植物、动物和天气等方面的变化，从而培养幼儿的观察力、思维能力和语言表达能力。

4. 创设良好的心理环境

创设良好的心理环境可以让幼儿在轻松、安全、自由的环境中学习和成长。老师可以通过亲切的语言、温暖的微笑、耐心的倾听等方式为幼儿营造一个温馨的教育环境。此外，老师还可以为幼儿设置一些常规制度，让幼儿在有序的环境中形成良好的行为习惯。

5. 多元化的教育环境

多元化的教育环境可以让幼儿接触到不同的文化、语言和经验，从而拓展幼儿的视野和思维方式。例如，可以带幼儿去不同的场馆、参与不同的社区活动、与不同背景的人交流等，从而让幼儿接触到丰富多彩的教育资源，积累社会经验。

总之，建构幼儿园环境课程需要注重幼儿的参与和启发教育，创设丰富的教育环境和良好的心理环境，利用环境进行教育，以此激发幼儿的学习兴趣和创造力，促进幼儿的全面发展。

以下是班级环境及评比活动方案、评分表和环境缩影。

2022 学年湛江市第三幼儿园
班级环境观摩及评比活动方案

一、评比意图

本学年教研工作围绕"留白"教育理念，重点开展环境创设在教育中的留白系列教研，计划通过班级环境观摩及评比活动，倡导回归儿童立场的幼儿园环境创设。以《指南》五大领域目标为基础，融合区域材料、主题墙等环创，旨在打造可看、可探、可说、可听的"四可"环境，充分利用材料操作促进幼儿个性化发展，注重个体差异让幼儿获得不同程度的能力提升。

班级环境观摩及评比活动，以小组为评比单位，将采用小组教研—集体观摩—交流分享三步走形式，融合评比活动，提供交流机会和平台，教师通过互相观摩学习，提升教师创设教学环境和制作教学用具的能力，理解科学创设适宜的"有故事的环境"对幼儿综合能力发展的重要性。

二、评比主题： 儿童立场下的班级环境创设（有故事的环境）

三、评比时间： 2022年10月—11月

四、参与人员： 小中大班级全体教师

五、评比准备

1. 前期经验准备：以级组为单位，学习及研讨评比方案，针对本级组班级环境创设提出整改建议。

2. 纸质材料准备：观摩活动评分表格、奖状、评比时间安排表。

六、评比目标

1. 通过观摩活动体现教师的教育理念，创设基于儿童立场的班级环境。

2. 加强环境课程的构建，加强"四可"标准在园本课程中的应用。

七、评比内容

（一）评比重点

1. "留白"教育理念的体现，依据《指南》领域教育目标，有目的地为幼儿创设有故事的环境（班级主题墙、区域环境创设、符合本班幼儿年龄特点的材料投放）。

2. 幼儿与环境、材料的互动性；材料充足，符合《指南》目标，幼儿能自由、自主地选择自己喜欢的区域进行活动，并能专注地操作材料，与同区域的幼儿进行自由的交谈，对材料感兴趣。

3. 环境的美观性：整体色调和谐，标志风格统一，符合幼儿视线高度，区域计划墙及操作墙位置设置合理，操作空间无阻挡物，方便幼儿取放。区域指引图清晰，能体现不同年龄段特点：小班以图为主，中班以图文为主，大班以幼儿自制为主。

（二）"有故事的环境"评比标准

1. 可看（看见学习的过程）：主题鲜明，区域中能展示幼儿参与活动的过程性图片或记录，如科学区"水的流动"、语言区"象形文字"等，有能体现幼儿探究活动过程的照片及简单的文字说明。

2. 可探（可以探究的环境）：区域划分合理，能提供丰富多样的区域材料，如半成品、成品、自制材料等，供幼儿自由选择操作，投放最近学习目标或课程操作材料，激发幼儿主动探索的兴趣。

3. 可说（逻辑清晰，幼儿能从时间、地点、人物、情节等方面讲述自己的故事）：活动中能听见幼儿参与活动的交谈、表述，幼儿理解教师的提问并主动回答，有自己的见解和看法，愿意与大家分享自己的发现，语言流畅，音量适中。

4. 可听（创设宽松的倾听环境）：课室中充满了和谐的声音，教师利用区域前（后）谈话活动、阅读区、过渡环节等一日活动时间，为幼儿创造互相交流的机会，提升幼儿倾听能力。

（三）评分形式和标准

评分者	评分比例	备注
教师	60%	13个班级
行政管理人员	40%	13个班级

说明：分教师组与行政管理人员组，分别统计后，按照教师组60%，行政管理人员组40%的比例进行相加，汇总后的平均分为总分。

附件一：小班级环创观摩活动评分表

2022学年湛江市第三幼儿园"有故事的环境"班级环创观摩活动评分表（教师组）

内容	评分标准	分值	得分
创设理念（20分）	能较好地体现"留白"教育理念，依据《指南》领域教育目标，有目的地为幼儿创设有故事的环境（班级主题墙、区域环境创设、符合本班幼儿年龄特点的材料投放）	20	
可看性环境（20分）	整体色调和谐，标志风格统一，符合幼儿视线高度，区域计划墙及操作墙位置设置合理，操作空间无阻挡物，方便幼儿取放	5	
	区域指引图清晰，能体现不同年龄段特点：小班以图为主，中班以图文为主，大班以幼儿自制为主	5	
	幼儿参与痕迹明显，区域中能展示幼儿参与活动的图片，主题鲜明，有体现幼儿探究活动过程的照片及简单的文字说明，幼儿表征丰富	10	
可探性环境（20分）	材料充足，符合《指南》目标，幼儿能自由、自主地选择自己喜欢的区域进行活动，并能专注地操作材料，与同区域的幼儿进行自由的交谈，对材料感兴趣	10	
	投放材料适宜、丰富、安全，有提供便于操作的工具、记录表等材料支持幼儿的探索。有适当的留白空间，满足幼儿进行过程性探索与记录	5	
	区域划分合理，能提供丰富多样的区域材料，如半成品、成品、自制材料等，供幼儿自由选择操作，投放最近学习目标或课程操作材料，激发幼儿主动探索的兴趣	5	
可说性环境（20分）	幼儿参与活动时主动与同伴进行交谈，逻辑清晰，对操作的材料感兴趣	10	
	能理解教师的提问并主动回答，有自己的见解和看法。愿意与大家分享自己的发现，能从时间、地点、人物、情节等方面讲述自己的故事，幼儿语言流畅，音量适中	10	
可听性环境（20分）	能为幼儿创设宽松的倾听环境，课室中充满了和谐的声音，幼儿有良好的倾听习惯，能安静倾听故事和别人说话	10	
	有目的地提供适宜的视听材料，如有可听功能的工具、录音机、蓝牙音响等	5	
	教师利用区域前（后）谈话活动、阅读区、过渡环节等一日活动时间，为幼儿创造互相交流的机会，提升幼儿倾听能力	5	
总分合计		100	

注意事项：1.本着公平公正、实事求是的态度进行评分。2.评分表以班级为单位发放，每次观摩活动由正副班共同填写打分。3.教研活动时段请教师们安排好本班人手分配工作，确保班级活动安全有序进行。

（教师）评委签名：　　　　　　　　　　　　　　　观摩日期：

参考说明	
观摩项目	内容
主题环境	着眼于丰富幼儿的知识，增长能力，努力营造出具有造型美、色彩美、艺术美和富有童趣的氛围来感染幼儿。注重幼儿的参与性，动态地展示幼儿参与主题教育的过程，让幼儿与环境"对话"
区域环境	布局便于幼儿活动，材料的提供便于幼儿操作取放，让幼儿在一个相对自由的空间里有机会和条件按照自己的意愿和兴趣通过具体的操作、体验去获得经验，发展认知能力，获得探索创造的无限空间
自然角	放置的动物和植物便于幼儿轮流照顾、观察，掌握有关动植物的知识。结合课程，有班级特色，归类摆放有层次感，动植物生长良好，小班以观察为主，中大班要融入实验和记录，发挥教育作用
家长园地	以宣传班级教育教学活动和家园互动为主要内容，要有艺术性，符合班级特点，能根据教学计划随时进行调整。同时有利于家长了解幼儿学习和生活情况，为家园共育提供平台
走廊过道	设计主题鲜明，分块设计不同内容的板块，体现班级特色，有安全感、亲切感、归属感
盥洗室环境	盥洗室环境创设要考虑卫生和整洁，墙面上布置符合年龄特点的卫生行为习惯的教育图片及规则，能让幼儿去观察、感受、自查身体状况和行为习惯
睡室环境	午睡室的布局、色彩适宜，要易于稳定幼儿情绪，为幼儿营造一个便于入睡的良好环境
悬挂吊饰	符合班级幼儿年龄特点，并且要安全美观，有趣味性和一定的教育意义

四、综合实践活动课程

让幼儿成为三幼小主人，通过各种特色活动，培养幼儿合作交流、乐于探索、主动创造等良好品质，如"晨检小助手""光荣小旗手""护绿小使者""亲水节""合唱团""三幼播播堂""我为湛江代言""亲子运动会"等。

（一）综合实践活动课程建构意义

幼儿园综合实践活动课程开发是一种以幼儿园为基础，以教师为主体，家长、社区人士、教育专家等共同参与的，以幼儿的身心发展规律、兴趣、需要为出发点，以"五育"为基本内容，通过设计丰富多彩的主题活动和小组活动，使幼儿园教育更加适合每个幼儿的健康成长的教育实践。

幼儿园综合实践课程开发的价值在于以下几个方面。

1. 促进幼儿综合素质的发展

幼儿园综合实践活动课程开发是一种以"五育"为基本内容的教育实践，包括德育、智育、体育、美育和劳动教育。这种教育实践旨在促进幼儿的综合素质发展，为他们未来的学习和生活打下坚实的基础。

2. 培养幼儿的兴趣和特长

幼儿园综合实践活动课程的开发是通过设计丰富多彩的主题活动和小组活动，使幼儿能够更好地发挥自己的兴趣和特长。这样可以帮助他们更好地认识自己，更好地发掘自己的潜能，为他们未来的发展提供更多的选择。

3. 加强家园合作和社区参与

幼儿园综合实践活动课程开发强调家长、社区人士、教育专家等共同参与，通过家长会、社区活动等形式，加强家园合作和社区参与。这样可以更好地整合各种教育资源，为幼儿提供更优质的教育服务。

4. 提高幼儿园教育的实效性

幼儿园综合实践活动课程的开发是通过实践活动使幼儿园教育更加贴近幼儿的生活和实践，从而更好地培养幼儿的创新精神和实践能力。这样可以提高幼儿园教育的实效性，使幼儿园教育更好地服务于幼儿的全面发展。

幼儿园综合实践活动课程开发是一种重要的教育实践，具有促进幼儿综合素质的发展、培养幼儿的兴趣和特长、加强家园合作和社区参与以及提高幼儿园教育的实效性等价值。因此，应该加强幼儿园综合实践活动课程开发的力度，使这种教育实践更好地服务于幼儿的健康成长。

（二）幼儿综合实践活动开展策略

1. 适度整合乡土资源

乡土资源是指幼儿所在地区附近的自然资源、人文资源等。在幼儿园综合实践活动中，可以通过适度整合乡土资源，使实践活动更加具有特色和实效。例如，可以利用当地的自然环境、文化遗产等资源设计相关的实践活动，让幼儿通过实践了解自己所在地区的历史和文化。

2. 以幼儿为中心

幼儿园综合实践活动要以幼儿为中心，即实践活动的设计和实施要以幼儿的身心发展规律和兴趣、需要为出发点。综合实践活动的目标是促进幼儿的全面发展，因此要注重幼儿在实践活动中的主体地位，为他们提供更多的自主探究和实践的机会。

3. 多元化的活动方式

幼儿园综合实践活动可以通过多元化的活动方式进行，例如调查、观察、实验、展示等。这些活动方式可以激发幼儿的兴趣和创造力，让他们在实践中掌握知识和技能。

4. 合作性学习

幼儿园综合实践活动可以通过合作性学习的方式进行。合作性学习是指让幼儿通过与同伴、教师和其他相关人员进行合作，共同探究实践问题，共同完成实践活动任务。这种学习方式可以培养幼儿的合作意识和能力，让他们在合作中互相学习、共同进步。

5. 灵活的教学方式

幼儿园综合实践活动需要采用灵活的教学方式，即根据实践活动的特点和幼儿的实际情况，采用不同的教学方式进行实践活动教学。例如，可以通过游戏、故事、音乐等方式进行实践活动教学，让幼儿在愉快的氛围中学习知识和技能。

6. 建立家园合作机制

幼儿园综合实践活动需要建立家园合作机制，即加强与家长的沟通和合作，共同促进幼儿的全面发展。可以通过家长会、社区活动等形式，加强家园合作和社区参与，让幼儿在实践中更好地发挥自己的兴趣和特长，同时也可以加强幼儿园教育的实效性。

以上是开展幼儿园综合实践活动的策略，这些策略的实施可以提高实践活动的教学效果，促进幼儿的全面发展。

（三）幼儿综合实践活动开展探索——基于劳动教育角度

幼儿对外界事物的认知最初是零，需要身边长者的谆谆教导帮助他们打开新世界的大门。除了智力教育锻炼，不能缺少的就是劳动教育。在劳动教育中让幼儿体会成长的快乐与艰辛，通过亲身体验，幼儿才会真切感受到收获的快乐，也能对所学知识有更深刻的理解。劳动教育从幼儿抓起，能够更好地配合智力教育。

劳动教育是家庭教育与学校教育中必要的环节。是教育实践中非常重要的实践体验环节。是贴近现实生活的生存技能和发展技能。幼儿的学习任务不繁重，有很多时间可以参与劳动教育，但观照现今许多家庭和幼儿园，对幼儿的智力教育占满了幼儿的学习时间，在学校学习书本知识，回家学习补习班的知识，周末放假还要学习音乐、美术等课程，幼儿很少有参与劳动教育的机会。注重幼儿的智力教育、培养幼儿兴趣方面的特长是不可或缺的，这是为孩子将来在社会发展中谋求更多的可能性。任何方式的教育都要经过长时间的培养才有效果，劳动教育需要家长、教师、幼儿三方面长时间的坚持，潜移默化让幼儿养成良好的生活习惯，进而促进幼儿的个人成长发展。劳动教育对幼儿身体健康成长、心理健康发展都大有裨益。适当的劳动教育是锻炼身体的一种体能训练方式，针对不爱运动的幼儿，家长和教师可以鼓励幼儿多劳动，挥洒勤奋的汗水，得到适当的回报后，幼儿就会很满足，心情开朗的同时，也进行了身体锻炼，一举两得。劳动教育在促进幼儿身体发育成长的过程中，也培养了幼儿开朗的性格，让幼儿从心底热爱劳动，愿意通过劳动让自己的生活一点点发生改变。幼儿看到自己通过劳动提高了生活质量，就会更有动力去学习、接受新事物，而不是让家长和教师每天跟在幼儿后面督促他们学习。对幼儿的劳动教育重在培养幼儿对劳动的兴趣，让幼儿每天起床就能自觉收拾自己的床铺、书包，自己吃饭，自己洗袜子等，为幼儿智力、体育、德育各方面的发展起到更好的辅助作用。

劳动教育适应现今教育观念。现今生活条件便利，父母也都比较宠溺幼儿，幼儿在家不用做任何家务，缺乏生活自理能力。父母教会了幼儿通过好好学习实现人生价值，也要教会幼儿通过好好劳动照顾好自己的日常起居。从小培养幼儿的劳动能力，帮助幼儿树立坚定的劳动观念，他们将来才会有所作为。教育观念的革新，对学校和家长的要求提高，在教育幼儿方面需要注意很多。生活条件便利的同时，对人也提出了更高的要求，劳动教育不仅要从小抓起，家长和教师也要学习劳动教育的内容，以身作则，为幼儿树立更好的榜样，培养幼儿"自己的事情自己做"的独立自主意识，也有助于在学习上培养幼儿养成独立自主学习的意识。

1. 通过重视劳动教育激发幼儿对劳动的兴趣

在幼儿园，教师要将劳动教育融入综合实践活动中，让幼儿先了解劳动是人维持自我生存和自我发展的唯一手段。对幼儿课程的安排以动画视频、音频等比较形象生动的展现方式为主，配合一些教具，教师亲自示范，让幼儿上讲台体验。劳动教育实践课程安排可以体现在午餐、午休上，午餐时教师在旁有序指导，让幼儿排队自己拿饭盒打饭，安静吃饭并清洗碗筷，然后放回消毒柜；午休时让幼儿自己叠被子、收拾床铺，不太会的教师上前协助。从这些小动作出发，让幼儿先学会照顾好自己的午餐、午休，再与班级同学交流劳动实践课程心得，互相学习更为便利的方法。课间休息时想要喝水，也要学会自己去拿杯子接水喝，零食的包装也要学会自己拆，这都是些基础动作，放在此处特别提出是因为有些幼儿连这些基本动作都要教师代劳，教师有照顾幼儿的责任，但不能纵容幼儿，什么要求都答应。

教师与幼儿沟通时，说话的语气不宜过重，要温柔亲和，对不听话的幼儿也要温柔地规劝，让幼儿意识到自己的错误并改正。在家的劳动教育基础内容就比较多，家长可根据幼儿的动手能力从基本入手，慢慢教会幼儿进行最简单的劳动，与幼儿约法三章，每天坚持动手做，等到幼儿熟练后，父母再适当增加难度。劳动教育是一个循序渐进的过程，需要家长和教师有足够的耐心等待幼儿做出改变，适当的奖励机制和鼓励话语可以激发幼儿的动力，难的是坚持到养成习惯。

2. 通过重视劳动教育培养幼儿生活学习的独立自主性

有教育界的专家曾指出："生存教育的根本在于培养独立性。"幼儿的独立自主性是需要培养的，不是随着年龄的增长自身慢慢就会有这种能力。独立自主的生活说起来容易，做起来难，从幼儿抓起已是必然之举。要让幼儿由"我该做"变成"我想做"，效果是截然不同的。在幼儿园，可利用手工课程举办一些有特色的活动，例如，种植一株植物，带回家养，与家长共同照料，定期拍照发送至班级群内，互相交流经验心得。照料植物的过程是让幼儿明白养护生命的不易，需要用心照料，否则就不能存活。幼儿园与家长的黏性是高过中小学的，幼儿的沟通能力、理解能力都不足以让教师完全顺利地与幼儿沟通，幼儿的任何情况都需要与监护人沟通。教师对幼儿的家庭情况要做到百分百熟悉，家长也要与教师保持高度联系。在这么紧密的联系下，幼儿园需要与家长共同商量出培养幼儿劳动力发展的良策，在学校与家里都做好劳动教育，这对幼儿的智力发展尤为重要。

要重视劳动教育，教师与家长注重沟通，为幼儿分配参与劳动实践的时间，培养幼儿的劳动习惯。这是劳动教育的终极目的。幼儿的习惯是比较容易通过引导养成的，在年幼时就树立一些积极向上的观念，树立正确的劳动价值观，将决定幼儿在之后的劳动教育中的行为。适当的劳动教育对幼儿的个人发展而言是有利而无害的，也会引发家长和教师新的思考。

以下是综合实践活动课程案例。

国粹传承人小小中药师
——湛江市第三幼儿园小三班走进湛江中药学校职业启蒙之旅

【活动意图】

近年来，各种流感的肆意蔓延已对幼儿的身体健康带来严重威胁。没有健康，一切将无从谈起。《3—6岁儿童学习与发展指南》在健康领域的身体状况目标1中表示："为幼儿提供营养丰富、健康的饮食。"幼儿期是身体发育的最佳时期，在日常生活中，让幼儿形成健康的体魄，是其健康成长的基础。本次走进湛江中药学校进行亲子体验活动，旨在让幼儿感知中药学的文化魅力，了解几种幼儿常用药的药用价值，养成健康生活的观念和意识；让家长掌握简单的幼儿健康护理常识和方法，提高健康保健的能力，感受中华优秀传统文化的博大精深，进而为家庭成员的健康保驾护航。

【活动目标】

1.通过参观博物馆，初步感知各种药材的外形、名称及其药用价值。

2. 通过微型讲座、沉浸式体验活动，掌握简单的幼儿健康护理方法。

3. 感受中华优秀传统文化的精髓，培养健康的意识，养成良好的卫生保健习惯。

【活动主题】

国粹传承人小小中药师。

【活动时间】

2023年4月17日—21日。

【活动地点】

湛江市第三幼儿园小三班活动室、湛江中药学校。

【活动对象】

湛江市第三幼儿园小三班全体教师、幼儿、家长（约70人）（分批次参与）。

【活动内容】

活动一：神奇的中草药

1. 活动目标

初步了解中草药的发展历程和渊源；认识几种常见的中草药，包括外形、名称及药用价值。

2. 活动准备

PPT课件、视频、4种药材、希沃操作课件。

3. 活动过程

出示PPT课件，引出主题。幼儿通过观察图片，了解主题的内容是中药材，激发认知的兴趣。

播放视频，初步了解中药材的发展史。

再次播放PPT课件，深入了解4种药材的外形、名称及药用价值：陈皮——治疗咳嗽、化痰；山楂——健胃消食；菊花——疏风散热、清肝明目；胖大海——治疗喉咙痛。

游戏提升：幼儿通过操作希沃课件，进一步辨别4种中药材。

沉浸式体验：幼儿分组观察4种药材，通过闻、看、品等多感官途径，体验中药材的功效。

4. 活动时间

2023年4月17日。

5. 活动地点

小三班活动室。

活动二：文明参观小达人

1. 活动目标

知悉活动的时间、内容和前期准备，并按要求做好准备；知道参观时的要求，做个文明的参观者。

2. 活动准备

PPT课件、白纸、笔。

3. 活动过程

出示课件图片，让幼儿了解活动的地点、时间和内容。

进行相关社会、安全教育：紧跟家长、老师，不随意跟陌生人走，外出注意安全，上下车注意安全；文明参观，不大声喧哗，不随意触摸展品，排队参观和体验，不争抢。

思维导图回顾记录，并呈现在墙上（幼儿绘画，教师文字记录）。

4. 活动时间

2023年4月20日。

5. 活动地点

小三班活动室。

活动三：走进湛江中药学校

1. 活动目标

观察各种中药材，了解其名称、外形及药用价值；了解健康护理的常识，提升经验，文明参观。

2. 活动准备

（1）事项准备：湛江中药学校参观游学活动通知，咨询家长参与意向并接龙。

（2）物品准备：①横幅：国粹传承人小小中药师——湛江市第三幼儿园小三班走进湛江中药学校亲子体验之旅。②班牌、横幅、摄影设备、垃圾袋、纸巾、小蜜蜂（扩音器）（主班+副班）。③食品准备：幼儿自带饮用水。

④药品准备（生活老师）：风油精、创可贴、红药水、肠胃药、消毒棉球等。

⑤服装要求：家长、孩子穿班服（下雨天凉，可穿件长袖打底），准备更换的衣物，遮阳帽、雨伞等防晒、防雨用品。

3. 活动时间

2023年4月21日（星期五）15：30—17：00。

4. 活动地点

湛江中药学校。

5. 参与人员

教师、自愿报名参加活动的小三班幼儿和家长。

6. 出行方式

自驾车或拼车、电动车，各组长帮忙协调安排。

7. 活动内容及流程

时间	内容	负责人
15：30—15：50	家长到园接幼儿，自行前往	张雯诗 梁青青 柯嘉敏 肖淑娴
15：50—16：00	签署安全协议，各组长清点人数，拍合影	张雯诗 梁青青 柯嘉敏 肖淑娴 林朝美
16：00—16：30	参观中药博物馆	主办方负责人
16：30—17：00	中医护理健康微讲座、体验	主办方负责人
17：00—17：10	中药学校打卡成功，领取中药明信片	张雯诗 梁青青 柯嘉敏 肖淑娴 林朝美
17：10—17：20	场地清理，安全离开	家长和小朋友

8. 安全保障措施

（1）活动前：①教师：做好踩点工作，了解路线以及周边的设施是否存在安全隐患。②家长：召开家委会议，各小组组长组织排队、纪律等，家委要做好其他家长通知和签订安全协议等工作，让家长明确此次活动的具体安排、路线、规则。不随意带领幼儿离开队伍单独活动、排队有序。③幼儿：活动前加强对幼儿的安全教育，例如上下车安全、外出安全、不跟陌生人走等。

（2）活动中：①教师：每次集合时需要清点人数，确保幼儿安全（主班老师负责）；活动需全程携带常用药品，以备不时之需（生活老师负责）；教师时刻关注幼儿行动，注意幼儿安全（副班老师负责）。②家长：时刻关注幼儿行动，注意幼儿安全；家委负责组织好本班在活动中的各事项（集合、各组组长点名、合照等）。③幼儿：随身携带水、书包、防晒用品；进行参观时，不要大声喧哗，不动手触摸展品，文明参观；认真观察，聆听讲解，积极思考问题；坚持团队行动，遵守小组纪律；在参观过程中，注意紧跟队伍，按照讲解员的指示开展活动，不要擅自离队，如遇问题，第一时间报告老师。

（3）活动结束：家长与幼儿到家后，请及时在班群接龙。

9. 温馨提示

（1）自愿报名参加活动，参与活动的家庭请选自驾（拼车）或自行选择交通工具到达湛江中药学校，自行在附近找地方停车。

（2）请小三班的家长与幼儿准时到湛江中药学校大门口集合和拍集体照。（具体集合点照片提前发给家长）

（3）幼儿穿班服出行，家长协助幼儿多备一套衣服以便更换，并准备汗巾、水壶、防晒帽。

（4）活动过程中，请大家注意保持环境卫生，不喧哗吵闹，不乱触摸展示架、展示台和展品，自觉遵守公共场所的规定。

（5）请自驾车家长按车位的标示有序地把车辆停放好，提醒停放车辆安全。

（6）请家长照顾幼儿的安全，如因故提前离开，需告知老师、家委组长才能离开。

活动四：中药香囊DIY

1. 活动目标

知道香囊的作用，并尝试配制香囊；感知药材对生活的作用，养成健康的
生活理念。

2. 活动准备

药材实物、香囊袋子、香囊药材原料。

3. 活动过程

出示各种药材实物，介绍其名称及功效；分组制作香囊；幼儿分享。

4. 活动时间

2023年4月23日。

5. 活动地点

小三班活动室。

活动五：中药体验活动课程环创展示

1. 活动目标

梳理活动过程，巩固经验；提升幼儿的高阶思维，推动幼儿对中药活动的
思考。

2. 活动准备

蓝色卡纸2张（拼接）、前期完成的思维导图、幼儿四次活动的精彩照片、
4种药材、密封袋。

3. 活动过程

教师准备好材料，邀请生活区的幼儿协助完成粘贴制作，其他幼儿参与其
他区域活动。若在区域活动时间内无法完成，可在碎片时间邀请其他区的幼儿
共同制作。

4. 活动时间

2023年4月24日。

5. 活动地点

小三班活动室。

【活动记录】

第五章
留白教育引领幼儿成长

留白教育的根本目的在于引领幼儿成长，因此要引导幼儿学会认知、学会做事、学会共处、学会生存和追求幸福。

第一节　学会认知

学会认知是指幼儿通过获取信息，理解和解决情境问题的过程。认知是一种心理活动或过程，涉及对外界信息的获取、处理和理解。对于幼儿来说，学会认知是促进其全面发展的关键之一，因为它能够促进幼儿的思维能力、语言能力、社交能力和道德发展。

一、学会认知的价值

第一，促进幼儿思维能力发展。认知能力是人类智能发展的基本组成部分，是幼儿思维能力发展的基础和关键。通过学会认知，幼儿能够更好地理解和掌握新知识，从而提高其思维能力和解决问题的能力。

第二，促进幼儿语言发展。语言是人类交流和表达的重要工具，也是认知能力发展的重要基础。通过学会认知，幼儿能够更好地理解和运用语言，从而促进其语言能力的发展。

第三，促进幼儿社交能力发展。社交能力是人类发展的重要能力之一，也是认知能力的重要组成部分。通过学会认知，幼儿能够更好地理解和表达自己的情感和需求，从而更好地与他人交流和互动。

第四，促进幼儿道德发展。道德是人类社会发展的基础和重要价值观念之一，也是认知能力发展的重要组成部分。通过学会认知，幼儿能够更好地理解和掌握道德规范和价值观，从而促进其道德的发展。

总之，幼儿学会认知具有重要的内涵和价值，能够促进幼儿的思维能力、语言能力、社交能力和道德发展，为其全面发展打下坚实的基础。

二、幼儿认知的内容

幼儿学会认知涵盖了多个方面，包括：

一是数字和计数。幼儿需要学会认识数字，理解数字的概念，并掌握计数技能。这包括比较数字大小、数数、唱数等。

二是几何图形。幼儿需要学会认识基本的几何图形，如正方形、长方形、三角形、圆形等。通过手工制作和探索，幼儿可以更好地理解图形的性质和特点。

三是时间与空间。幼儿需要学会理解和掌握时间、空间的概念。这包括认识日期、时间、季节、方向等。

四是逻辑思维。学会认知有助于幼儿发展逻辑思维。通过解决实际问题，如排序、分类、推理等，幼儿可以逐步掌握逻辑思考的能力。

五是语言文字。学会认知有助于幼儿发展语言文字能力。幼儿需要学会认识字母、单词、句子等，并理解它们之间的关系和意义。

六是社交互动。学会认知有助于幼儿发展社交互动能力。幼儿需要学会理解他人的意图、情感和需求，并能够有效地与他人交流和互动。

七是道德观念。学会认知有助于幼儿发展道德观念。幼儿需要学会理解道德规范和价值观，并能够以此为指导，做出正确的决策和行为。

总之，幼儿学会认知是一个综合性的概念，它涵盖了多个方面，涉及对外界信息的获取、处理和理解。通过学会认知，幼儿可以更好地理解和适应周围环境，促进其全面发展。

三、基于认知培养幼儿良好行为习惯

随着现代社会的发展，大家庭已逐渐被小家庭所取代，而且大多数家庭中只有一个小孩，在以前的大家庭中，每个成员都扮演着教导或互动的角色，幼儿没有接受学前教育也能发展得很好，现今则不然了。良好的习惯可以使人终身受益，良好的习惯应该从幼儿期就开始培养。

（一）培养幼儿良好行为习惯的重要性

学前期是人生旅途的重要奠基时期，是幼儿形成良好行为习惯的关键期。幼儿在6岁前学习是进步最快、可塑性最强的。这一阶段的学前教育是幼儿一生发展的基础,要从身、心各方面给予他们良好的教育。目前我国的学前教育模式主要注重知识化、标准化、系统化的东西,使幼儿自主、独立、个性等各方面受到限制,这不是对幼儿的理想教育。这里我把认知行为教育分作性格教育和知识教育。一个人的性格在6岁前就应该基本形成,要使幼儿具有对今后的正当行为起主导作用的习惯和要求,幼儿在接受知识传授之前,应具备某些品质,而要想成功地具备这些重要品质,又需要很多知识。因此,科学合理地加强对幼儿的认知行为教育,是大有必要的。

（二）日常基本行为教育

有些素质和品质是一部分人希望具有的,某些简单的守则却是需要共同遵守的。对幼儿来说,第一步是要教会他们具备一定的自理能力和安全意识。

（三）性格行为培养

有研究表明,一个人的性格形成不是在青年时期,而是在他的幼儿时期。一个理想的性格应该包含几个基本要点,即自律、活力、勇气、敏感、理解力,这种性格的培养既需要老师的教导,也需要家长的配合。

第一,在群体生活里,自律是不可缺少的。

第二,活力可以增加快乐,同时也可以减少痛苦,还能让幼儿对外界事物产生兴趣。

第三,勇气能使人无所畏惧和控制畏惧。

第四,敏感是一种正常的情绪,从单纯的感官舒适如吃饱、穿暖过渡到得到别人赞许的喜悦。幼儿需要得到老师的赞许或认可。教师可以运用表扬激励他们学习,除了口头表扬以外,还可以用非言语行为表达对幼儿的关注、支持。敏感应发展为同情心。在幼儿园里,可以引导玩具多的幼儿把玩具分享给玩具少的幼儿,让幼儿懂得分享的快乐。多引导幼儿正面谈话,避免背后议论和悄悄话的流行,因为那些一般都是负面的消息。

第五,理解力帮助幼儿理解这个世界上的事物。

最后,在解决问题的同时,家长千万别忘了告诉或启发幼儿该"怎么做",认真对待幼儿的问题,保留幼儿的好奇心,激发幼儿的求知欲,要常常带着幼儿到外面走走,在大自然中引导他们学习、认识事物。

（四）学习行为教育

良好的学习习惯包括好奇、谦虚、执着、耐心、勤奋和精神集中等。思维的基础是好奇心，如果有好奇心和正确的智力教育作基础，上述习惯和品质就会很好地形成。

第一，强烈的、目标正确的好奇心。

第二，谦虚才能真正学到知识，盲目骄傲自大的人就像井底之蛙，视野狭窄，自以为是，严重阻碍了自己继续前进的步伐。

第三，执着、耐心和勤奋产生于良好的教育。

第四，精神集中是一种很宝贵的素养，不通过教育，很少有人能具备这种素养。

（五）教师和家长在教育中要正确定位

即使在幼儿期，教师也不应扮演家长的角色。教育是一项需要特殊技巧的工作，这种技巧虽然可以学会，但大多数父母没有这样的机会。幼儿越小，就越需要教育技巧。此外，由于家长在幼儿接受正规教育前与之接触频繁，幼儿会形成一些针对家长的习性和期望，而这些习性和期望对老师不太适合。而且家长可能对幼儿的成长期望过重，会因幼儿的聪明而喜出望外，也会因幼儿的愚笨而恼怒不已。这都使得家长无法完全扮演教师的角色。

教师是幼儿在学前教育当中重要的指向标，他们因为专业，所以会从各方面发现幼儿的特点、优势和不足，让幼儿身心协调发展，使幼儿体、智、情达到更高的层次。在这里，幼儿始终是以主体地位受到教师的积极引导，达到教师与幼儿教与学的完美结合。

总之，幼儿时期的教育主要侧重于幼儿良好行为习惯的养成，同时唤起幼儿强烈的好奇心和求知欲，使他们意识到自己处在一个有着神秘的色彩、乐趣无穷的世界之中，使他们获得快乐感和自豪感，从而强化其不断求知的欲望。这关系到幼儿一生的性格发展。可以说，学前教育在人类教育中发挥着巨大的作用。也唯有学前教育得到正常的发展，才能为幼儿未来一生的各级教育建立良好的基础。

第二节　学会做事

让幼儿学会做事是一种对幼儿进行早期教育的重要方式，它旨在通过系统地、渐进地教授幼儿完成任务、达成目标的方法和技巧，培养幼儿自主、自立、自律的意识和能力。

一、学会做事的要求

（一）自我管理

自我管理是幼儿学会做事的基础，它包括让幼儿理解完成任务需要付出努力、克服困难、坚持、理解规则和界限等基本要素。通过自我管理，幼儿能够形成积极的心态和习惯，更好地应对挑战和困难，增强自我约束力和自我控制力。

（二）目标设定

目标设定是幼儿学会做事的关键，它需要教师帮助幼儿理解目标的重要性，并教授制订目标的方法和技巧。在这个过程中，幼儿需要学习如何将长远目标分解为短期目标、如何调整目标以适应实际情况、如何评估目标达成情况等技能。通过目标设定，幼儿能够明确自己的方向，更加有计划地完成任务。

（三）任务执行

任务执行是幼儿学会做事的核心，它需要教师教授幼儿完成任务的方法和技巧，如如何制订任务计划、如何处理信息、如何合理利用时间和资源等。通过任务执行，幼儿能够掌握实际操作的技能和方法，从而提高自己完成任务的能力和效率。

（四）反思总结

反思总结是幼儿学会做事的重要环节，它需要教师帮助幼儿对完成任务的过程和结果进行总结和反思，找出成功和失败的原因，并提出改进的方案。通过反思总结，幼儿能够深入思考自己的行为和决策，提高自己的问题解决能力和自我调节能力。

总之，幼儿学会做事是一种综合性的概念，它涵盖了自我管理、目标设定、任务执行和反思总结等多个方面。通过教授幼儿完成任务、达成目标的方法和技巧，培养幼儿自主、自立、自律的意识和能力。这种教育方式有助于幼儿在成长过程中逐步形成积极的自我形象、增强自信心、提高解决问题和应对挑战的能力，对他们的全面发展具有重要意义。

二、幼儿动手能力的培养

著名教育家苏霍姆林斯基说过："儿童的智慧在他的手指尖上。"这句话揭示了培养幼儿动手能力和动手习惯的重要意义。而现在的幼儿大部分都是独生子女，在家里众星拱月，幼儿自己动手的机会很少。导致现在的幼儿依赖性强，动手能力较弱，缺少勇敢精神。著名的学前教育家张家麟先生也曾说过："要教养一个孩子会动手做事。"就是要从小培养幼儿动手做事的能力。

（一）激发幼儿对操作的兴趣

环境会对人类的行为产生强烈的暗示作用，能够充分启迪人的思维想象与创造，从而培养幼儿自主动手的能力。区角的选择直接决定了幼儿的学习活动成绩和效果，因此在设置区角时，应该根据每个幼儿的具体情况和发展水平，尽可能多投入一些能够培养幼儿动手操作能力的游戏和素材，给每个幼儿营造一个能够使小手动起来的环境。

例如，在美工区中，我们可以在区域里面提供如鞋带、毛线、布条、卡纸、树叶、花生壳、花生种子等制作材料，供幼儿进行操作。随着幼儿动手技巧的提升，编织、刺绣、纺纱毛衣等多种小型制作工艺自然而然就会激起幼儿的动手兴趣。在进行美术课堂教学时，利用纸质包装箱、彩带、双面胶、剪刀等，鼓励引导幼儿亲自设计和制作完整的活动玩具。通过这一系列活动，幼儿在人际交往、合作、自信心、想象力、动手技巧等方面都有了极大的进步。

（二）提供多层次的材料

在长期开展幼儿教育实践活动中，我们应该善于改变传统的幼儿教育教学理念，善于积极调动和充分启发幼儿的自主学习以及动手能力。例如，教师进行图形组合的教学时，首先向全体幼儿详细展示各种彩色图形组合起来的图案，比如小鸟、金鱼、老虎等，以此形式激发幼儿的学习兴趣，然后向他们耐心发问：这幅漂亮的彩色图形到底是怎么拼成的？引导幼儿动手去拼一拼，动脑去思考，用各种图形直接拼成各种美丽的图案；另外还有一些方法，比如在各种探究小动物的有趣实验中，引导幼儿自己去观察一些有趣的科学小实验，并且让幼儿亲身体验，进行实验操作，这样，幼儿不但可以初步地体会和看到一些简易的自然科学事物和物理现象，而且也充分发展了他们的动手操作能力，实现了自己的科学愿望，也从创造和成功中获得了愉快的科学体验。

在"梅花开"的教学上，可以分别提供两种不同知识层次的素材，第一个层次是为幼儿提供一张教师提前吹好树木和枝干的梅花画纸，幼儿需要用棉签点上梅花，这种方式更加适合能力相对薄弱的幼儿；第二个层次的难度则比较高，需要幼儿先在绘制的画纸上把梅花的树木、枝干吹出来，形成一个新的画面后再重新点上梅花。在这里，可以有意识地减少操作能力薄弱的幼儿的操作步骤，激发他们完成各项操作活动的自信和勇气，提升他们在完成各项操作活动后的成就感。由此加强不同层次的幼儿动手操作的能力。

（三）家校配合，培养幼儿的动手能力

在很多家庭中，爸爸妈妈给幼儿买的各种玩具，大多数都是手动或者电动机器，不能进行拼装拆卸，幼儿就失去了锻炼动手能力的机会。为幼儿设计一些可以自己动手操作的小型儿童玩具，比如彩色橡皮泥、拼图、积木等，让他们动手动脑进行玩具拼装。不但培养了幼儿通过手工来表达自己对周围社会生活的认知和复杂情绪的能力，而且锻炼了幼儿手部各关节肌肉的灵活度，这对于培养小班幼儿的动手操作能力有着不可忽视的积极影响。可以利用绘画、泥塑、剪纸、折纸以及生活废弃物的收集整理与综合利用等来丰富幼儿的教育实践活动。

（四）在教学的各个阶段中培养和提高幼儿的动手技巧

1. 渗入操作活动中

操作性活动既是培养幼儿动手技巧的重要渠道之一，又是引导幼儿主动地学习和获取认知的一种重要途径。教师应尽量充分地利用积木、拼图、插塑等各种玩具，给幼儿提供丰富的操作素材，使他们能够在反复地触摸、摆弄的过程中有所感悟、有所思考、有所收获。

2. 渗透游戏活动中

《纲要》明确提出，幼儿园的教育要"以游戏为基本活动"。游戏本身就具有一定的促进幼儿发展的作用，喜欢游戏也是幼儿的一种天性，幼儿玩的游戏也蕴含了他们成长的需求与教育的契机。其发展的多元化、差别化、自然性这些特征在游戏中表达得淋漓尽致。

3. 实践者在活动中也要进行教育渗透

在这样的幼儿教育科学实践体验活动中，我们要以幼儿为活动参与者和活动主体，让幼儿主动地去做。比如在美术教育活动中，几乎所有的幼儿都很开心并且喜欢美术绘画、泥塑、剪贴、编织、手工、折纸等各种各类艺术教育活动。看似简单的绘画、捏泥、剪贴、撕扯，往往可以使每个幼儿深深陶醉其中，不仅直接激发和培养了他们对于美术的浓厚兴趣，同时也激发和培养了幼儿的实际操作能力。

授人以鱼，不如授人以渔。对于知识的认识和记忆都是短期的，而对于方法的把握却往往是长期的，所以说，培养一个幼儿拥有自主学习的意志和欲望是十分重要的。在幼儿园教育中，最值得注意的一点就是，教会幼儿做力所能及的事。想要充分锻炼幼儿，可以从幼儿日常生活中的小事开始做起，比如自己穿脱衣物、自己整理玩具等。只要持之以恒，在日常生活中激起和调动幼儿对于操作的积极性和兴趣，并为他们提供丰富的素材，让幼儿更加积极地去进行动手操作，幼儿的动手能力必然会大大提高，对于提高幼儿的创新精神也大有帮助。

第三节　学会共处

　　共处是幼儿社会性发展进程中不可缺少的一种能力，对幼儿身心全面发展具有重要的意义。共处能力的缺乏会使幼儿的发展面临一系列困境，阻碍幼儿良好同伴关系的发展，导致幼儿交往手段的缺失，环境适应能力低下，对幼儿身心发展均会造成不利的影响。家庭是幼儿日常生活的重要场所，家长对幼儿共处能力的引导具有重要作用，基于幼儿共处能力缺失引发的诸多问题，家长要发挥正确的导向作用，以身作则，采取恰当的亲子互动方式，营造一个和谐的家庭氛围，同时采取恰当的家庭教养方式，改善教育技巧，以进一步帮助幼儿提升与他人的共处能力。

一、共处能力的内涵

　　对幼儿而言，共处是以博爱情感为基础的一种合作、交往、持续发展、共同创新的生存能力，一种理解、接受、关爱、欣赏他人与事物的思想感情和与之相适应的品德行为。21世纪教育委员会向联合国教科文组织提交的报告《教育——财富蕴藏其中》提出了教育的四大支柱，即"学会认知、学会做事、学会共同生活、学会生存"。"学会共同生活"，即教育的使命是教幼儿懂得人类的多样性，同时还要让他们认识到地球上所有人之间具有相似性且是相互依存的，即在认识到人与人之间多样性的基础上学会相互依存，以达到一个相互平衡的状态，这是共处的核心所在。共处渗透着一种价值观念，共处代表着一种与他人、与周遭环境的相处之道，这种相处之道与儒家的仁爱、墨家的兼爱以及欧洲18世纪后期兴起的泛爱思想有着异曲同工之处，正如《弟子规》有言："泛爱众，而亲仁。有余力，则学文。"在学会爱他人、爱社会的基础上再去学习，心怀宽容、爱心与感恩，这些都做到了，在有多余时间和精力的情况下再去学习文化知识。生存在一个共同的社会中，每个人既保持着自身的个性，又不断接受外部的刺激，两者相互交融，折中出一条属于自己的共处之道。

综上可知，学会共处即在保持个体自身独特性的基础上让幼儿学会认识自我、处理与他人和自然环境关系的一个动态开放的过程。

二、共处能力缺乏引发诸多问题

学会共处不只是对同伴关系、亲子关系、师生关系的正确处理，也是一种社会规范的内化。幼儿身心全面发展离不开共处能力的培养，且幼儿生存的环境具有多样性，若共处能力缺乏，会阻碍幼儿良好同伴关系的发展，引发幼儿自我意识发展低下和环境适应能力差等问题。

（一）共处能力缺乏阻碍良好同伴关系的发展

共处能力的缺乏会阻碍幼儿良好同伴关系的形成。在幼儿与他人共处的过程中，最常见的问题是以自我为中心。共处能力缺失所引发的一系列负面表现会使得幼儿与同伴的关系愈来愈紧张，同伴关系朝着非良性方面发展，对幼儿个体及其社会性发展方面都造成不利的影响。

对于独生子女，他们在家中普遍受宠，再加上祖辈可能较为溺爱，导致幼儿在与他人共处的过程中常以自我为中心，不考虑他人的感受，为人处世多以自己的兴趣为出发点，且情绪变化较为强烈，当自己的需求受到影响时，会出现不友好甚至攻击性行为。对于非独生子女，年幼的孩子在家庭中与较自己年龄大一些的兄弟姐妹相处时会存在交往隔阂的现象，例如年龄大一些的孩子会与年幼的孩子争夺成人的关爱、年长的孩子会对年幼的孩子施加欺凌性行为等，这些都会造成幼儿之间矛盾的发生。年龄相近的兄弟姐妹若缺乏共处能力，也会造成矛盾的发生，例如，他们会为了争夺玩具而互相争吵，会因意见不合而产生争执性行为等，这些都不利于幼儿与他人维系良好的同伴关系，不利于幼儿掌握正确的交往手段，引发幼儿社会性发展滞后的问题。

（二）共处能力缺乏引发幼儿自我意识低下

自我意识也被称为自我概念，幼儿自我意识的发展是心理发展的一个重要标志。幼儿通过在主动和被动的交往中，不断接收外部信息，将自身融入这个大信息时代，进而形成独立于他人的自我概念。有学者曾采用同伴提名法，将幼儿分为受欢迎型、一般型、被忽略型与被拒绝型，通过儿童自我意识量表得到如下结论，受欢迎型幼儿的自我评价较客观、独立、准确，被忽略型幼儿与被拒绝型幼儿的自我评价较主观、缺乏独立性、不准确。一般型幼儿则倾向于中性评价。共处能力较好的幼儿能正确对自我做出评价，且评价客观准确，而共处能力较弱的幼儿不能对自我有一个客观清晰的认识，且评价大多带有片面性和主观性。

可见，共处能力与幼儿自我意识的发展有着密切关系。

（三）共处能力缺乏导致幼儿环境适应性差

共处能力的缺乏会阻碍幼儿对环境的适应。社会适应包括幼儿适应与他人的关系、与老师的关系、与环境的关系，除此之外，还要让幼儿正确认识和理解自我的角色和处境。

首先，在处理与他人的关系方面，共处能力旨在培养与他人的合作、分享等交往意识，在发生冲突时，能够在尽可能不依靠外部及人为力量的前提下使问题得到协调和化解，共处能力的缺乏会导致幼儿缺乏集体意识，采用不当的方式参与集体活动，例如，在集体活动中不遵守集体规则，刻意引发与同伴的争执性行为，采用攻击性手段解决问题等。在师幼关系的处理中，幼儿共处能力的提升是师幼有效沟通的前提，从生态学的角度来看，教师和幼儿是一种"互补"的共生关系。

脱离教师的幼儿身心难以得到全面的发展，而脱离了幼儿的教师就如同无源之水。共处能力的缺乏导致以幼儿为主体的师幼互动有效性差，教师不能有效关照幼儿的情绪表达，幼儿情绪得不到合理宣泄与表达，会降低幼儿的沟通欲望，影响师幼情感的发展，有的幼儿甚至会将负面情绪带到家庭中，引发家长对幼儿园的不满，同时也会影响到教师正常教学工作的开展。共处能力的缺乏还会导致幼儿对环境的变化产生不适应性。随着年龄的增长和社会环境的变化，幼儿会面临学习环境、活动场所、设施建筑等环境的变化，新的环境对幼儿遵守秩序和规则的能力要求也越来越高，若没有较强的适应能力，很可能会造成升入小学后的幼儿做事积极性降低、生活萎靡不振、产生自卑的负面情绪等问题，而共处能力的培养致力于让幼儿对生活环境产生情感，以便更好地适应新的环境。

三、幼儿共处能力的培养策略

学会共处始于家庭，体于学校，延至社会。良好的家庭氛围能潜移默化地提升幼儿共处能力。在家庭中提升幼儿的共处能力，需要家长发挥正确的导向作用，以身作则，采取恰当的亲子互动方式，营造和谐的家庭氛围，提高自身教育素养，不断改善教育技巧。

（一）发挥正确的导向作用，以身作则

家长在幼儿共处能力提升过程中的导向作用主要体现在幼儿解决问题的过程中。作为幼儿社会生活的管理者，父母为他们提供与他人接触的机会，在他们与他人交往上发挥着积极主动的作用。父母在培养幼儿道德方面，要经常考虑幼儿的需要，与幼儿形成一种平等、民主、友好的关系，尊重幼儿的独立性，允许幼儿有自己独特的见解，鼓励幼儿创新的想法，引导幼儿与他人和睦相处，让幼儿在与他人相处的过程中更好地识别他人的情绪，提高情绪识别能力，做到换位思考，发展幼儿的移情能力，以促进幼儿共处能力的提升。

爱模仿是幼儿的天性，家长的一举一动都会影响到幼儿，家长便可以利用幼儿特有的天性去培养其共处能力。例如，在家中有客人来访时，可以采取友善礼貌的态度去与客人交流，给幼儿树立一个礼貌待人的榜样。在亲子互动中也要时刻注意自身与幼儿交往的态度，在与幼儿交往的过程中表现出慈爱、接受、兴趣、合作，对幼儿产生潜移默化的影响，让幼儿掌握正确的交往技能，以进一步提高幼儿的共处能力。

（二）采取恰当的亲子互动方式，营造和谐家庭氛围

学会共处对于幼儿的成长与发展，尤其是对幼儿的社会化发展具有重要的影响。家庭教育是幼儿成长的基石，亲子互动是家庭教育不可缺少的一部分，良好的亲子互动与和谐的家庭氛围对于幼儿共处能力的提升至关重要。

1. 营造和谐的家庭氛围

家庭是幼儿日常生活的主要场所，家长在与幼儿的亲子互动中，要时刻让幼儿感受到被关心和呵护，让幼儿产生情感上的共鸣，给幼儿营造一个宽松和谐的家庭氛围，和谐的家庭氛围和温暖的抚养经历会直接或间接地影响幼儿的社会关系。如果亲子关系发展顺畅，在亲子互动中幼儿感受到被喜欢、被认可，那么在日后与他人交往的过程中幼儿会更加容易与他人建立良好的人际关

系，相反，亲子关系不融洽，幼儿便会产生一种警示性的态度，对周围的人和事充满戒备，很难与别人建立良好的人际关系，共处能力也得不到有效的提升。

正确的亲子互动方式对培养幼儿的共处能力、促进幼儿社会性发展极为重要，和谐的家庭氛围体现在让幼儿在亲子互动的过程中感受到自己的价值所在，产生自我价值感，而不只是作为需要者的立场而存在。对于幼儿自己的事情，家长和幼儿可以采取协商的方式去解决，减少专断型和溺爱型的决策方式，给幼儿更多独立表达见解的机会。

2. 根据幼儿的气质类型，因材施教

幼儿的气质类型分为胆汁质、多血质、黏液质、抑郁质四种类型。家长要根据幼儿不同的气质特点采取不同的教育方法以提高其共处能力。胆汁质的幼儿易冲动、爆发力强，针对这种类型的幼儿，在提升共处能力的过程中，家长应给予他们正确的交往建议，例如建议幼儿遇事要冷静思考，多站在他人的角度考虑问题，在与他人相处时多考虑他人的建议，学会与他人协商做事，这样的共处方式能得到同伴或教师更多的认可。多血质的幼儿交际广泛、适应能力强。这部分幼儿的共处能力相较于其他三种气质类型的幼儿来说较为出色，而对于这部分幼儿，家长所要做的是多鼓励他们与小伙伴交流互动，让他们在与同伴相处的过程中锻炼自己，提高共处能力。黏液质的幼儿做事较为稳重、思维较慢，但是耐力强、性格波动小，这一类的幼儿又被称为安静型幼儿。针对这一类型的幼儿，家长要帮助他们树立自信心，鼓励他们做事有自己的见解，增强他们的独立性，不断适应变化着的环境，以增强与环境的共处能力。抑郁质的幼儿心灵最为脆弱，这部分幼儿孤僻、抑郁、多愁善感，经常把自己封闭起来，不与外界交流，长此以往，形成了恶性循环，共处能力得不到提升。针对这部分幼儿，家长所要做的是给予他们足够的关爱，给他们心灵上足够的安全感，并让他们知道自己是会受到欢迎的，在循序渐进的过程中锻炼这部分幼儿的共处能力，使其共处能力得到逐步的提升。而针对性的教育方法不只是针对幼儿不同的气质特点去因材施教，幼儿不同的脾气秉性、人格特质、内外向程度等都是家长要考虑到的内容。

3. 提高自身教育素养

家长的教育素养体现在日常教育方式和教育观念中，影响着家长的教育行为。家长的教育技巧与家庭教育质量的好坏息息相关，巧妙的教育方式会以一种更加迅速便捷的路径提升幼儿的共处能力，故可通过提高家长的教育素养以进一步提高幼儿的共处能力。

家庭教养方式分为专断型、溺爱型、民主型。专断型的家庭以家长为中心，家长很少考虑幼儿的感受，在这种环境下成长起来的幼儿缺少自主性，不利于形成健全的人格，会造成幼儿孤僻、抑郁、胆怯等消极情绪的产生，这些消极情绪会影响幼儿与他人的正常交往，影响幼儿共处能力的提升。溺爱型的家庭教育方式过度以幼儿为中心，不管错对，家长都一味妥协和服从，在这种环境下成长起来的幼儿以自我为中心，在与他人的交往中蛮横专断，不懂得换位思考，共处能力自然得不到有效提高。在民主型的家庭教育方式下，家长与幼儿共同商讨和决策，幼儿在与家长互动的过程中得到了足够的尊重，家庭教育真正做到了以幼儿为中心，幼儿也在与家长相处的过程中养成了与他人合作交流解决问题的习惯，民主型的家庭教养方式最有利于提升幼儿的共处能力。采取专断型和溺爱型教养方式的家庭要向民主型家庭转变，营造一个利于幼儿发展共处能力的家庭氛围。

四、培养幼儿的交际能力和自信心——基于幼小衔接角度

幼儿从幼儿园到进入小学，是人生道路上的一个重要转折点。由于生活习惯上的骤变以及教学方式的改变，许多幼儿在进入小学后出现疲劳、消瘦、害怕学习的现象，甚至出现不与同伴交往的情况。如何让幼儿从幼儿园顺利地过渡到小学，并能独立地面对小学生活呢？这是一个老生常谈而又不得不提的问题。最初的研究停留在单纯开展为进入小学进行的学习性准备，即重视知识技能的衔接。随着不断地思考和实践，大家逐渐开始认识到幼小衔接背后的那些对幼儿终身发展有益的重要内涵要素，例如幼儿的社会交往能力及自信心的培养。

（一）相关概念的界定

1. 幼小衔接的定义

幼小衔接是指使幼儿平稳过渡幼儿园与小学两个教育阶段的教育过程，也是幼儿在其发展过程中所面临的一个重大的转折期。幼小衔接不单单是指幼儿知识的储备，还包括交往能力、倾听能力、表达能力等的发展。

2. 社会交往的定义

社会交往，简称"社交"，是指在一定的历史条件下，个体之间相互往来，进行物质、精神交流的社会活动。从不同的角度，可以把社会交往划分为：个体交往与群体交往，直接交往与间接交往，竞争、合作、冲突、调适等。

3. 自信心的定义

自信心是一种反映个体对自己是否有能力成功地完成某项活动的信任程度的心理特性，是一种积极、有效地表达自我价值、自我尊重、自我理解的意识特征和心理状态，也称为信心。

自信心强的幼儿进入小学后，在社会交往活动中更善于与他人交流沟通，善于表现自己，在群体中更受欢迎。因此，研究幼儿社会交往自信心的培养方法及应用策略，可以帮助幼儿顺利地度过幼小衔接阶段，为幼儿的发展奠定良好的基础。

（二）价值体现

1. 幼儿的自信心得到增强

通过参与节日主题活动、生活主题活动、综合性主题活动等不同类型、不同形式的主题活动，参与渗透了幼小衔接内容的科学区、语言区、表演区、生活区等区域自主游戏，幼儿的知识技能、社会交往等各方面的能力都有所提高，而且能更主动、大胆地向他人展示自我。在各项活动中，幼儿成为主角，其自主性非常高，主体地位得到巩固，自信心明显得到增强。

2. 幼儿的社会交往能力得到提高

在活动中，幼儿不仅掌握了知识与技能，并且还需要与同伴、老师、家长进行交流沟通和合作。在主题活动中，幼儿需要与同伴共同制作手工，给家长献上祝福和礼物，给农村的幼儿送去爱心；在区域自主游戏中，幼儿需要与同伴共同搭建城堡，与同伴一起上台唱歌、跳舞、讲故事等。在参与的过程中，幼儿自然地感受到与他人交往的重要性和快乐，在不断地实践和尝试中，掌握了和谐友善的交往方法，提高了自己的社会交往能力。

3. 教师的儿童观和课程观得到提升和丰富

教师在组织主题教育、区域自主游戏时，始终秉承着以幼儿为主体、幼儿是活动的主人等科学的儿童观，充分考虑以幼儿为本来设计和开展教学活动。在活动中，调动幼儿参与的积极性，注重培养幼儿的兴趣和习惯。并且一改以往的分科式教学模式，将幼小衔接中包含的知识技能和社会性的内容有针对性地渗透于主题活动和区域自主游戏之中，让教育回归自然，回归游戏。

4. 家长的教育观念得到更新

通过家长课堂活动，家长了解了游戏的教育价值，并且知道幼小衔接的基本内容不只是知识技能层面，还有幼儿自信心的培养与社会交往能力的发展，改变家长重知识轻情感的传统教育观念。通过家长开放日的观摩活动，家长进一步了解幼儿在园的学习方式与学习情况，从更全面的角度感受幼儿的变化与进步，从而为实现家园合作下的幼小衔接工作打下信任的基础。

幼儿自信心的培养与教育，是幼儿素质教育中重要的一环。幼小衔接是幼儿三大转折期中关键的一个时期，大家都应该关心幼儿的成长，把幼儿教育这项艰巨的任务作为全社会的责任。同时，关注幼儿的心理因素对于其成长的积极影响，自信心的培养能够提升幼儿对事物的求知欲和主动思考的能力，使幼儿能积极地参加活动，善于与人交往，还能保持幼儿心情的愉悦，形成健康的人格。所以，作为一名教育者，应对幼儿自信心的培养与教育更加地重视。

第四节　学会生存

学会生存包括使幼儿掌握各种基本生存技能，增强自身安全意识，提高自我保护能力，同时也需要学会认知、做事、共同生活等能力，以更好地适应生活和学习，为未来的发展打下坚实的基础。

一、幼儿学会生存的必要性

生存教育是帮助幼儿学习生存知识，掌握生存技能，保护生存环境，强化生存意志，把握生存规律，提高生存的适应能力、发展能力和创造能力，树立正确生存观念的教育。幼儿生存教育就是通过开展一系列与社会生存有关的教育活动和社会实践活动，有目的、有组织、有计划地培养幼儿的生存意识、生存能力和优良个性品质的过程。开展幼儿生存教育不仅是世界和国家发展的要求，更是幼儿自身发展的需求。从幼儿人生需求出发，教育应优化幼儿生存的人文环境和自然环境，增强幼儿积极生存的意识，提高幼儿的自护能力，实现教育目标，让幼儿在拥有知识的同时，拥有健康的体魄、坚强的人生毅力，拥有人类最丰富的同情心、爱心，从而拥有快乐、成功的人生。

幼儿学会生存的必要性体现在以下几个方面：

第一，幼儿身体和心理健康的需要。幼儿在成长过程中，需要学会如何保护自己，如何处理身体和心理上的问题，例如疾病、情绪等。学会生存技能可以让他们更好地应对各种挑战，从而促进身体和心理健康。

第二，提高幼儿社会适应能力的需要。社会竞争日益激烈，许多幼儿在成长过程中面临着各种压力和挑战。学会生存技能可以让幼儿更好地适应社会变化，提高社会适应能力，从而更好地应对未来的挑战。

第三，培养幼儿独立性和自主性的需要。学会生存技能可以培养幼儿的独立性和自主性，让他们逐渐学会自己解决问题，为未来的生活打下基础。

第四，帮助幼儿建立自我价值感和自信心的需要。学会生存技能可以让幼儿更好地认识自己，建立自我价值感和自信心，从而更加积极地面对生活和学习中的各种挑战。

总之，幼儿学会生存技能对于他们的身体、心理和社会适应能力的发展具有重要意义。同时，这也是培养他们独立性和自主性，建立自我价值感和自信心的重要途径。因此，家长和教育工作者应该重视幼儿生存技能的培养，为他们未来的发展打下坚实的基础。

通过幼儿生存教育，使幼儿学会在独自一人的情况下生存，培养自理能力；学会在压力下生存，培养创新能力；学会在紧急状况下生存，培养自我保护能力；学会在集体中生存，培养团结协作能力；学会在逆境中生存，培养抗挫折能力。

二、幼儿生存教育的意义

（一）符合世界人才培养的要求

1996年，国际21世纪教育委员会向联合国教科文组织提交的报告《教育——财富蕴藏其中》中指出，未来教育的四大支柱是学会认知、学会做事、学会共同生活、学会生存，提出了终身学习的任务。这四大支柱中的核心就是学会生存，它是教育追求的目标。学会认知是获得理解的手段，其途径是将掌握的知识与深入研究少数学科结合起来。

这也就是说要学会学习，以便从终身教育提供的种种机会中受益。学会做事是指要能够对自己所处的环境产生影响，以便不仅获得专业资格，而且获得能够应付许多情况和集体工作的能力。这种能力不仅是实际的动手能力，而且包括处理人际关系的能力、主观能动性、交际能力、管理和解决问题的能力，以及敢于承担风险的精神等综合而成的能力。学会共同生活是指要学会与他人一起参加活动并在活动中进行合作。其途径是本着尊重多元性、相互了解及和平等价值观的精神，在开展共同项目和学习管理冲突的过程中，增进对他人的了解和对相互依存问题的认识。学会生存是指要充分地发展自己的人格，并能以不断增强的自主性、判断力和个人责任感来行动。

（二）符合我国人才培养的要求

按照《中华人民共和国教育法》的规定，我国现阶段的教育目的是"培养德智体美劳全面发展的社会主义建设者和接班人"。2001年，教育部在《纲要》中指出，幼儿教育是基础教育的组成部分，是学校教育和终身教育的起始阶段。生存教育为幼儿成为一名合格的具有竞争力的人才奠定基础。

（三）符合教育改革的需要

我国的基础教育仍受升学影响，教育仍多以课堂和书本为中心，忽视了对幼儿实际能力的培养。我国新一轮的基础教育改革提倡素质教育，强调幼儿的全面发展，重视培养幼儿的实际操作能力和创新能力，意味着幼儿不仅有学习的任务，还应当掌握生存的本领。幼儿生存教育渗透于幼儿一日生活的各个环节中，重视培养幼儿的实践能力，能有效促进素质教育的实施。

（四）符合幼儿全面发展的需要

随着教育观念的全面更新，实施以人为本，促进学习者全面发展的教育已成为现代教育所追求的目标。《纲要》中明确提出，对幼儿实施德、智、体、美、劳全面发展的教育，尽管这五个方面能够有效促进幼儿的全面发展，但大多数的教师和家长都只重视幼儿的知识和技能的获得，比如只关心幼儿在幼儿园认识了几样新东西、会说几句话、会唱几首歌、会画几幅画，往往忽视幼儿是否会自己做自己的事、是否会自己保护自己、是否会提出问题和解决问题、是否能与别人友好相处、是否能控制自己的不良情绪等，这些却是一个人今后生存所必需的能力。一方面，幼儿的年龄特征，决定了他们求知欲旺盛，喜欢活动，喜欢模仿，独立活动的愿望越来越强烈。但另一方面，幼儿的知识经验贫乏，处理实际问题的能力较差，这就要求我们对幼儿进行生存教育，培养他们的独立性和应变能力，以及分析、解决实际问题和善于创新与探索的能力。

三、幼儿生存教育的目标

幼儿生存教育是人生教育的基础和关键。幼儿期在人的成长过程中是最稚嫩、最易受伤害的时期，同时，幼儿期又是习惯养成的最佳时期和可塑时期，因此对幼儿进行生存教育有着深刻和长远的意义。作为幼儿教育工作者，我们应该充分开发和利用丰富的幼儿生存教育资源，关爱幼儿的生命，对幼儿进行有效的生存教育。教是为了不教，"授人以鱼，不如授人以渔"，教育的目的是使幼儿获得终生有益的经验。通过生存教育，幼儿认识到生存及提高生存能力的意义，树立人与自然、社会和谐发展的正确生存观；帮助幼儿建立适合个体的生存追求，学会判断和选择正确的生存方式，学会应对生存危机和摆脱生存困境，善待生存挫折，形成一定的劳动能力，能够合法、高效和较好地解决安身立命的问题。

四、实施幼儿生存教育中应注意的问题

（一）幼儿生存教育的目标应明确具体

实践是检验真理的唯一标准。目标的实现并非只看幼儿获得基本知识的情况，关键还要看他们能否将知识转化为能力，所以要求教师要有目的、有计划地组织有利于体现幼儿能力的实践活动。教师教学目标的制订，一定要遵循生存教育总目标的要求，结合本班幼儿的实际发展水平和特点、幼儿的不同兴趣需要等个性特点，将目标逐层分解，最终落实到每个幼儿在不同阶段的发展水平上。总之，分解目标要做到具体化，应考虑目标的基础性、差异性、阶段性和连续性。

（二）幼儿生存教育应一日生活化

幼儿教师应将幼儿生存教育贯穿在幼儿一日生活当中，教育幼儿适应幼儿园的生活，情绪稳定；生活、卫生习惯良好，有基本的生活自理能力；有初步的安全和健康知识，知道关心和保护自己；有好奇心，能发现周围环境中有趣的事情；喜欢观察，乐于动手动脑、发现和解决问题；愿意与同伴共同探究，能用适应的方式表达各自的发现，并相互交流；喜爱动植物，亲近大自然，关心周围的生活环境；喜欢参加游戏和各种有益的活动，活动中快乐、自信；乐意与人交往，礼貌、大方，对人友好；知道对错，能按基本的社会行为规则行动；乐于接受任务，努力做好力所能及的事；爱父母、爱老师、爱同伴、爱家乡、爱祖国。

五、幼儿生存教育的途径

（一）幼儿园日常生活中的生存教育

生活即教育。幼儿的一日生活中，教育无处不在，完全不必把穿鞋、吃

饭这些可以在生活中自然渗透的内容变成课的形式。真实的生活为幼儿提供了更为感性的学习内容、更加便捷的学习途径。我们让幼儿逐渐从课的捆绑中解放出来，回到自己的生活，用他们自己的方式去感受周围的人、事、物及其关系。生活既可以是教育的内容，也可以是教育的途径，如洗手、吃饭等在幼儿的一日生活中都可以自然而随机地渗透许多教育，我们必须从幼儿每天的生活小事入手，抓住一切教育契机对幼儿进行生存教育，培养幼儿的独立能力。例如，在幼儿学习正确的筷子使用方法时，要在生活活动中随时纠正与表扬，注意个别指导。在每次午餐时，教师应注意巡视，观察幼儿使用筷子的情况。对能正确使用筷子的幼儿及时表扬，并发小奖品以资鼓励；对于还没掌握拿筷子方法的幼儿，教师更要有耐心地一一帮他们纠正姿势，鼓励他们不要气馁，逐步提高拿筷子的技能。

（二）幼儿园教育活动中的生存教育

幼儿园教育活动的主要内容包括健康、语言、科学、社会、艺术。健康：增强幼儿体质，培养健康生活的态度和行为习惯；语言：提高幼儿语言交往的积极性，发展语言能力；科学：激发幼儿的好奇心和探究欲望，发展认识能力；社会：增强幼儿的自尊、自信，培养幼儿关心、友好的态度和行为，促进幼儿个性健康发展；艺术：丰富幼儿的情感，培养初步的感受美、表现美的情趣和能力。生存教育渗透在幼儿园一日生活中的各个环节，渗透在五大领域的教育活动中。

（三）幼儿园游戏活动中的生存教育

游戏是幼儿园最基本的活动，是幼儿最喜爱的活动。德国著名教育家福禄培尔曾指出，游戏是幼儿将来一切活动的幼芽，是人类认识的重要工具，能发展儿童的社会性、创造力和思维力。游戏不仅使幼儿感到快乐，而且是开发他们智力的有效方法。在幼儿园的教育中，教师应当充分理解幼儿的游戏兴趣和愿望，给幼儿提供足够的游戏材料，让幼儿自由游戏，并且多以游戏的方式进行有组织、有计划的教育、教学活动，这样可取得最佳的教育效果。因此，只要教师们在生存教育活动中巧妙地利用游戏，注意游戏的创造性、活动性、知识性和心理性，游戏将会在其中发挥它独特的作用。

（四）创造良好的幼儿园环境，促进生存教育的开展

幼儿园环境应达到"能关注幼儿的健康和安全"和"有积极的情绪氛围，能促进幼儿自信心发展"等创设目标。因此，精心创设相应的物质环境，积极创设使人身心愉悦的精神环境，对幼儿进行生动、直观、形象的综合性教育，对幼儿身心健康成长及活泼开朗性格的养成，会起到事半功倍的效果。如：可在所有电器插座旁都贴上幼儿自制的安全标志，时刻提醒幼儿注意安全。在活动室，可设立专门的"生活角"，为幼儿提供一些录音、图书、图片，如判断性的"谁的习惯好"的图片，能让幼儿寻找书写习惯、站立习惯、看电视距离、讲究卫生、环境保护等行为习惯最正确的幼儿，找到后贴上标志，最好趁热打铁，及时引导幼儿互相交流，时刻提醒幼儿注意；"谁的做法对"的图片，能让幼儿明白什么是正确的行为、什么是不正确的行为，增强幼儿自我保护的意识。在每天的晨间谈话中，教师还可将自我保护的内容编成小故事讲给幼儿听。除此之外，教师还要创设良好的心理环境，每天以民主、平等的态度对待幼儿，时时以热情洋溢的情感接纳幼儿，处处以容忍的态度体谅幼儿的过失行为，让幼儿生活在充满安全感和信任感的氛围中，积极主动的学习状态能促进生存教育的开展。

（五）幼儿园、家庭、社区相互合作，保证生存教育的有效实施

家庭是幼儿的第一所学校，父母是幼儿的第一任教师，所以幼儿生存能力的培养应该是从家庭开始的。此外，家长有不同的知识和专业背景，可以为幼儿园提供相关的专业知识和技术支持。幼儿园可以挖掘和利用各种不同的资源来帮助幼儿学习，同时也可以为幼儿园教育提供咨询和帮助。如：幼小衔接工作可以请当小学老师的家长来园与家长及幼儿一起座谈、交流。又如：有关认识自己、认识五官和保护牙齿等主题活动，可以请在医院工作的家长来做客座老师。

社区是幼儿学习和生活的环境，它蕴藏着丰富的学习资源。正所谓"众人拾柴火焰高"。幼儿园要充分利用社区的教育资源，引导幼儿适当参与社会生活，丰富生活经验，发展社会性。小区周围的医院、商店、邮局、学校等服务设施都可成为对幼儿实施教育的资源，为了使幼儿了解一封信的传递过程，可以带幼儿到邮局参观工作人员的工作场景；为了丰富幼儿的日常生活经验，开

展角色游戏，带幼儿到商店观察售货员是如何接待顾客的；还可以了解社区不同岗位人员的岗位职责，知道要做一个负责任的人，体会赚钱的辛苦等。

幼儿的生存教育不仅是幼儿园的工作内容，也应是家庭教育和社会教育的重要内容，所以，为了保证生存教育的有效实施，幼儿园、家庭和社区必须紧密合作，那样才能为幼儿今后的生存和发展打下坚实的基础。

第五节　追求幸福

追求幸福是人之天性，也是幼儿教育中最重要的目标之一。幸福生活方式的首要条件就是健康快乐。从小培养幼儿良好的生活习惯，如合理饮食、按时睡觉、及时排尿等，这些都能让幼儿身心健康，从而更加快乐地成长。同时，让幼儿参加一些有益身心的活动，如运动、阅读等，有助于增强幼儿的体魄和智力，让幼儿在快乐中学习，在学习中快乐。

一、留白教育中追求幸福的策略

幼儿教育是幼儿成长过程中不可或缺的一个阶段，对幼儿的未来发展有着深远的影响。而幸福教育更是幼儿教育的重要目标之一，它旨在让幼儿在成长过程中感受到幸福和快乐，帮助幼儿培养良好的心理素质和积极的人生态度。

（一）建立亲密的师生关系

幼儿教育中的师生关系对幼儿的成长至关重要。建立亲密的师生关系，可以让幼儿感受到被关爱和支持，从而增强幼儿的自信心和安全感。教师应该注重与幼儿的情感交流，关注幼儿的情感需求，尊重幼儿的个性和差异，建立起互相信任、尊重和理解的关系。这不仅能够提高幼儿的学习兴趣和效果，还能够让幼儿在集体生活中感受到温暖和幸福。

（二）注重幼儿的全面发展

幸福教育应该注重幼儿的全面发展，包括知识、技能、情感、社交等方面。幼儿教育中，教师应该根据幼儿的年龄特点和兴趣爱好，有计划地安排学习内容和方式，注重培养幼儿的观察力、思维力、动手能力、语言表达能力等。此外，还应该注重培养幼儿的艺术素养和体育素质，让幼儿在音乐、美术、体育等方面得到充分的体验和发展。

（三）培养幼儿的自我意识

自我意识是幸福的关键因素之一。在幼儿教育中，教师应该注重培养幼儿的自我意识，让幼儿认识自己、了解自己，知道自己想要什么、自己的优点和缺点是什么。教师应该鼓励幼儿表达自己的想法和感受，帮助幼儿树立起自我价值观和自我形象，从而增强幼儿的自我意识和自信心。

（四）培养幼儿的社交能力

社交能力是幸福的另一个关键因素。在幼儿教育中，教师应该注重培养幼儿的社交能力，让幼儿学会与人相处、学会合作、学会协商、学会解决冲突等。教师应该为幼儿提供更多的社交机会，让幼儿与同龄人接触交往，建立起良好的友谊关系，从而增强幼儿的社交技能和归属感。

（五）营造温馨的教育环境

教育环境对幼儿的成长和发展有着至关重要的影响。为了追求幸福教育，教师应该营造温馨的教育环境，让幼儿感受到被关爱和支持。教师应该注重教育环境的布置和美化，让幼儿参与到环境布置中来，从而增强幼儿的归属感和参与感。此外，教师应该注重教育环境的互动性，为幼儿提供更多的机会来交流和互动，从而培养幼儿的社交能力和创造力。

幼儿教育追求幸福的策略需要注重建立亲密的师生关系，注重幼儿的全面发展，培养幼儿的自我意识和社交能力，以及营造温馨的教育环境。这些策略可以使幼儿们在成长过程中感受到幸福和快乐，从而培养良好的心理素质和积极的人生态度。同时，也为他们未来的发展打下坚实的基础。

二、家庭教育中培养幼儿的幸福感

社会对人才需求的程度不断扩大，使得人们不断重视对幼儿的培养。在社会的发展潮流中，大量的幼儿培育机构应运而生，但是大部分的幼儿培育机构过于重视理论知识的培养，忽略了幼儿幸福感的培养。对幼儿的教育现状进行调查后可以发现，大部分人忽视了家庭教育在学前教育中的重要作用。为了使幼儿学前教育的效果得到提升，需要将幼儿园教育与家庭教育进行整合，共同为幼儿的全面发展做出自身的贡献。

在幼儿的学前教育中，家庭教育带来的影响大于幼儿园教育所带来的影响，幼儿园教育是对家庭教育的补充与拓展。培养幼儿的幸福感可以在家庭教育中得到真正的落实，当幼儿理解到幸福感能为自身学习生活带来便利时，幸福感将促进幼儿的成长，家庭教育也可以培养幼儿感知与获取幸福感的能力，在幼儿的未来发展与成长过程中，将需要幸福感的长期陪伴。正因为这样，所以需要家长重视幼儿学前教育时的幸福感培养。但是，在目前的幼儿幸福感培养中，仍存在着不小的问题，使得幼儿学前教育无法得到保障。因此，需要家长与教育机构合作，为培养幼儿的幸福感共同开展工作，在幼儿的学前阶段可以让幼儿收获足够的幸福感，从而更好地全面发展。

在幼儿的学前教育中，幼儿可以在教育机构获得理论知识方面的教育，但是幼儿也需要获取更为重要的家庭教育，在家庭教育中，家长作为第一任教师，需要付出巨大的努力。为了幼儿的未来发展进行考虑后，大部分家长实行了各种提前教育，忽视了幼儿本身的年龄等因素。还有很大一部分家长忽视了幼儿自身的喜好，为其策划了周密的学习计划，使得幼儿处于高压的学习环境中，阻碍了幼儿的天性发展，在这样的环境中成长的孩子过于成熟，不具备小朋友天真的特点。

在这种环境下成长，幼儿会缺少最基本的幸福感，在学习的道路上会更早地出现厌学心理，这对于幼儿的整体发展产生了很大的消极影响。不重视幼儿的幸福感培养，并且强行使其学习多种多样的艺术，幼儿学习效果不佳的同时，会产生抵触情绪。会对幼儿产生内心的伤害，让他们无法获得幸福感的同时，产生严重的不良影响。

对当下的家庭教育进行全面调查后可以发现，很大一部分幼儿在成长中无法获得足够的幸福感，甚至很少感受到幸福感的存在。家长要正确认识到幸福感在一个人的成长历程中扮演着重要的角色，对一个人的发展产生着深远的影响。所以，家长要在幼儿的幸福感培养上付出足够多的精力，帮助其完善自身在性格上的不足。对于如何在家庭教育中培养幼儿的幸福感，有以下几个提议。

（一）家长需要重视幼儿的内心想法

在传统思想的影响下，家长在与幼儿相处时，出于本身的善意，忽视了幼儿内心真实的想法从而做出违背幼儿意愿的决定，或利用自身年长的优势，让幼儿被迫接受家长的决定，在这种情况下，家长往往无法做到重视幼儿内心的想法。接受这种家庭教育的幼儿，往往被动地失去原本选择的权利，长期听从家长的安排。在这种现象下，幼儿本就不充裕的幸福感也会随着时间的流逝而被不断消磨。为了改善这种现象，家长在做出关于幼儿的决定时，需要充分考虑幼儿本身的想法，尽可能地去了解幼儿的真实想法，对幼儿的需求尽量予以满足。

比如，在对幼儿进行升学方面的考虑时，对于学校的选择，除了做出相对性的建议以外，尽可能尊重幼儿的选择，或者与幼儿进行相关的讨论，在不断地讨论中，提升幼儿内心的幸福感。在家庭中做出重要决定时，也需要参考幼儿的想法，这样可以不断地提高幼儿独立思考的能力。

（二）提高家长在幼儿生活中的参与感

在经济高速发展的社会，家长们的工作压力逐渐增大，这也就使得他们没有多余的时间去陪伴幼儿的成长。在这种情况下，幼儿在自身的成长中会感到孤单，从而失去原本应有的幸福感。所以，在幼儿的成长过程中需要家长的陪伴，在一些重要的场合，比如考试，需要家长与幼儿一同面对，在日常生活中，家长要多参与幼儿的课余生活，在陪伴中提升幼儿内心的幸福感。

在不断地陪伴中，家长的参与感不断上升，也就可以了解到幼儿的真实想法，并且通过家长的努力帮助幼儿克服问题，在这一过程中，可以促进幼儿幸福感的提高，为幼儿将来的成长打下良好的基础。

（三）营造良好的成长环境

环境对于一个人成长的作用是毋庸置疑的，良好的成长环境可以为幼儿的自身发展带来很大的益处。因此，家长需要在幼儿的成长中营造一个良好的家庭环境，从而更好地培养幼儿的幸福感，否则将会使幼儿养成孤僻等消极的性格。

为了营造良好的家庭环境，家长在面对问题时，要采用交流等正确的方法，不可以采用争吵等极端的解决办法。幼儿的真实性格很大程度上是家庭环境的映射，在良好家庭环境中培养出的幼儿，往往具有阳光、开朗等积极的性格特点，同时具有很高的幸福感，在未来的成长中也可以得到更长远的发展。

幸福感对幼儿的成长至关重要，家长在家庭教育中需要重视对幼儿幸福感的培养。在家庭教育培养幸福感的多种方式中，任何一种方法都需要家长做好自身的引导任务，对于幼儿来说，家长便是教育的模范，幼儿的很多行为都是对家庭教育的显现。所以家长需要在家庭教育中培养幼儿的幸福感，使幼儿认识到幸福感带来的益处，进而在幼儿的成长历程中，帮助其完善自身的性格。

第六章
留白教育课程实施

在留白教育课程实施过程，应以幼儿为本，重视预设与生成，并确定教育成长目标，推动课程班本化发展。

第一节　幼儿为本

幼儿为本是幼儿园教育的基本原则之一，它强调教育应该以幼儿为主体，尊重他们的权益、关注他们的需求和兴趣爱好。

一、幼儿为本的内涵

幼儿为本的内涵是指尊重幼儿权益，以幼儿为主体，充分调动和发挥幼儿的主动性，遵循幼儿身心发展特点和保教活动规律，提供适合的教育，保障幼儿快乐健康成长。

（一）尊重幼儿权益

幼儿权益包括幼儿的思想感情、兴趣、爱好、要求和愿望等，这些应该得到尊重和保护。

在教育中，教师不仅要关注幼儿的学习和能力发展，还要关心他们的身心健康和全面发展，尊重他们的独立人格和个人隐私。

（二）尊重幼儿期的特点和规律

幼儿期是一个独特的阶段，有着不同于其他年龄段的特点和需求。

在教育中，教师应该了解和尊重幼儿期的特点和规律，关注幼儿的个体差异和发展需要，提供适合的教育和活动，以促进幼儿的健康成长。

（三）尊重幼儿价值

幼儿是一个有价值的个体，有着无限的潜力和发展可能性。

在教育中，教师应该认识到幼儿的价值和重要性，鼓励他们的积极性和自信心，激发他们的学习兴趣和热情，培养他们的自主学习能力和创造力。

（四）尊重幼儿生活

幼儿的生活是完整的，包括学习、游戏、交往、娱乐、休闲等方方面面。

在教育中，教师应该注重保教结合，关注幼儿的生活质量和生活体验，提供安全、健康、丰富、有趣的教育环境和学习体验，以确保幼儿在快乐中成长。

总之，幼儿为本的内涵要求教育者尊重幼儿权益、尊重幼儿期、尊重幼儿价值、尊重幼儿生活，以此为原则来设计和实施教育活动。实现幼儿为本的教育理念，需要全社会共同努力和重视，以保障幼儿健康成长。

二、幼儿为本推动留白教育的原则

幼儿本位下推动留白课程教育的原则如下。

（一）适宜性原则

教师在制订教育目标、确定教育内容、创设教育环境、实施教育过程等环节中，都要充分考虑幼儿的年龄特点、学习特点、发展水平和情感需要，以最适合幼儿特点的课程开展教育活动。

（二）渗透性原则

即课程教育要渗透到幼儿的一日生活中自然进行，以保育为主，保教结合；同时，课程之间也要相互渗透，无论是五大领域课程还是主题课程，其内容、目标都是相互渗透的，不能孤立进行。

（三）参与性原则

要注重通过多种途径和策略调动幼儿的主题参与性，让幼儿在参与过程中获得体验与发展；还要注重家长资源、社会资源、同伴资源等多种教育资源的共同参与。

（四）发展性原则

即课程教育要促进幼儿的全面发展，根据幼儿的实际情况、实际阶段，采取更有针对性的方式方法，适合的才是最好的，挖掘幼儿的潜能，发展他的个性，培养他的特长。

（五）操作性原则

但凡成功的教育教学活动，都有一个共同的特征：操作性。幼儿本位课程教育也不例外。教师能借助教育实践反思、教育行为完善这一良性循环，实现专业化成长。

（六）家校共育原则

幼儿本位课程教育要充分挖掘家庭教育的教育资源，实现家校携手共育。

上述原则不是孤立的，而是相互渗透、相互补充的。教师在课程教育中应综合考虑，灵活运用。

第二节 预设与生成

幼儿教师对预先编制的教学目标进行补充，提炼和生成出更具针对性的教学目标，即构建一个生成性的课堂，使教师和幼儿在互动中不断生成和创造着新的情境和问题，焕发出学习的智慧和生命的活力。

一、预设课程

预先制订好完整的课程计划，安排好课程的目标、内容、进度，分配好每一个课时，甚至有的课程计划把每周、每天以至于上下午要做的每一个具体活动都安排好了。课程计划有详尽的、具体的、可操作的目标，课程实施的每一步都做了明确的规定。教师所要做的就是严格地执行计划，根据既定的方案，引导幼儿像计划中预想的那样活动一番，以达到预想的目标。

幼儿预设课程是指对幼儿的特点和需求进行假设和预估，以便制订适合他们的教育方案和计划。幼儿预设课程的特点是基于对幼儿身心发展规律和成长需求的研究和了解，以及教育实践的经验和观察。以下是幼儿预设课程特点的详细阐述。

（一）幼儿具有强烈的好奇心和探索欲望

幼儿对周围的事物和环境充满好奇心和探索欲望，他们喜欢尝试新事物，探索未知领域。因此，在教育活动中，教师应该提供丰富的环境和材料，激发幼儿的兴趣和好奇心，引导他们进行自主探索和发现。

（二）幼儿具有短时记忆和经验积累能力

幼儿的学习和记忆方式具有短时性和经验性，他们通常需要在多次实践中逐渐掌握新知识和技能。因此，在教育活动中，教师应该重视幼儿的反复练习和经验积累，给予足够的时间和机会让幼儿尝试、探索、发现和巩固。

（三）幼儿具有个体差异和发展需要

幼儿之间存在明显的个体差异和发展需要，他们在兴趣、能力、经验和兴趣点上都有所不同。因此，在教育活动中，教师应该充分了解每个幼儿的实际情况和发展需要，采取有针对性和差异化的教育措施和计划，促进每个幼儿的健康发展和成长。

（四）幼儿具有自发性和创造性

幼儿具有自发性和创造性，他们经常会发挥自己的想象力和创造力，创造出新的玩法和创意。因此，在教育活动中，教师应该尊重幼儿的自发性和创造性，鼓励他们进行自由想象和发挥，激发他们的创新意识和创造力。

幼儿预设课程的特点包括强烈的好奇心和探索欲望、短时记忆和经验积累能力、个体差异和发展需要、自发性和创造性等。在教育活动中，教师应该根据幼儿的特点和需求，设计出符合他们认知和发展水平的教育活动和方案，并充分尊重他们的自主性和个体差异，为每个幼儿的健康发展和成长提供良好的环境和支持。同时，教师还应该不断学习和实践，不断提高自己的专业素养和能力水平，为更好地服务于幼儿教育做出贡献。

二、生成课程

第一，不是"罐头式"的课程。罐头式课程也许是设计得很好的方案，因为它们一般是由学有专长的、有经验的人精心编制的，从理论上讲，这种课程在贯彻国家的幼教方针、保障幼教目标的实现、体现新的教育思想、反映新的教育指导策略方面是有一定价值的。但这样的课程毕竟是设计者们根据他们所了解的幼儿（一般来说是具有标准化年龄特征的幼儿）设计出来的，这些幼儿并不是我们一线老师所在班级中的具体幼儿，因此，从某种意义上来说，这种课程的针对性不是很强，并不见得符合老师们自己班上幼儿的具体兴趣、需要、经验和发展水平。

第二，不是"木乃伊式"的课程。所谓"木乃伊式"的课程，指的是那些曾经很有生命力、对幼儿也很有吸引力，但现在已失去了生命力、对幼儿也已没有什么意义的东西。我们常常会把一些曾经有过生命力的、在实践中非常成功的活动，总结处理成典型案例后装到罐头里，需要的时候再拿出来原封不动地去执行，结果可能发现效果并不理想。为什么？因为幼儿是变化的，时代也是变化的，以老案例套新情境、新幼儿，自然不会合适。

第三，不是偶然的、随意的、教师被幼儿牵着鼻子走的课程。"如果真是那样，课程就不叫课程了。"尼莫说。也许有人会问，生成课程不是强调幼儿的兴趣和需要吗？不是强调要为幼儿的学服务吗？瑞吉欧教育的弹性计划不是要"追随幼儿"吗？

生成课程的确特别关注幼儿的兴趣和需要。因为大量的心理学研究成果表明，幼儿的兴趣、需要及已有的经验是学习的动力和基础。为了促进幼儿的健康成长，引导有效地学习，教育者必须关注幼儿，关注他们的兴趣和需要。但强调这一点并不是否认课程的目的性。课程毕竟是实现教育目的的手段，目的性是课程永远抹不掉的特征。课程的目的既包含教育的社会价值——培养社会所需要的人，也包含教育的个人价值——发展每一个人的潜在能力。因此，它既要考虑幼儿的兴趣和需要，也必须考虑社会的要求；既要满足幼儿即时的兴趣和需要，也要促进幼儿的长远发展。如果教师只是一味地跟着幼儿跑，一味地强调关注幼儿当时的兴趣，而没有看到这样做的目的是让幼儿更为有效地学习，更加健康全面地成长，并最终成长为社会所需要的人，那么，对生成课程的理解就只是形式上的，而没有把握住其实质。

所以，生成课程（呼应课程）既不是教育者预先设计好的、在教育过程中不可改变的僵死的计划，也不是幼儿无目的、随意的、自发的活动。它是在师生互动过程中，通过教育者对幼儿的需要和感兴趣的事物的价值判断，不断调整活动，以促进幼儿更加有效学习的课程发展过程，是一个动态的师生共同学习，共同建构世界，对他们、对自己的态度和认识的过程。

借用一个比喻，生成课程像一个外出旅行时的指南针；预设课程则像一列按照精确的时刻表行驶的火车。生成课程用一种开放的态度来对待课程与教学，更重视幼儿的发散思维；预设课程对待课程与教学的态度相对来说比较封闭，重视的是幼儿的集中思维。新课程改革强调要构建国家课程、地方课程、校本课程（园本课程）三级课程管理体系，为幼儿园自然课程的实施提供了政策保障。

第三节　目标中心

幼儿课程目标是基于幼儿身心发展规律和成长需求的研究和了解，以及教育实践的经验和观察，制订的适合幼儿的教育方案和计划。幼儿课程目标不仅包括具体的课程内容和知识点，更注重幼儿的认知、情感和社会性等方面的全面发展。在留白教育课程实施中，应时刻注重目标中心。

一、认知发展目标

幼儿期是认知发展的关键期，幼儿课程目标应该重视幼儿的认知发展，具体包括以下几个方面。

第一，感知觉的发展。让幼儿通过多种感官和材料，感知和认识物体的形状、颜色、声音、气味等特征，发展幼儿的感知觉能力。

第二，注意力的发展。通过多种教学形式和手段，吸引幼儿的注意力，培养幼儿专注力和持久性。

第三，记忆的发展。通过形象的图表、游戏、表演等形式，让幼儿记忆简单的词汇、数字、歌曲等，发展幼儿的记忆力。

第四，思维的发展。通过实际操作和思考，让幼儿认识事物的因果关系、形状、颜色等特征，发展幼儿的思维能力和推理能力。

二、情感发展目标

情感发展是幼儿成长过程中的重要方面，幼儿课程目标应该注重幼儿的情感发展，具体包括以下几个方面。

第一，培养幼儿的情感素质。通过音乐、艺术、文学等形式，让幼儿感受美好的情感，培养幼儿的情感素质。

第二，培养幼儿的自信心和自我意识。通过成功经验的积累和失败经验的正确处理，让幼儿逐渐形成积极的自我形象和自我意识。

第三，培养幼儿的社交能力。通过与教师、同伴之间的互动和交流，幼儿逐渐学会与人相处、合作和分享。

三、社会性发展目标

社会性发展是幼儿成长过程中的重要方面，幼儿课程目标应该注重幼儿的社会性发展，具体包括以下几个方面。

第一，培养幼儿的社会技能。通过角色扮演、游戏等形式，让幼儿逐渐学会与人相处、合作和分享。

第二，培养幼儿的道德品质。通过故事、榜样等形式，让幼儿了解什么是正确的道德观念和行为规范。

第三，培养幼儿的适应性。通过规律的作息、生活自理能力的培养等形式，让幼儿逐渐形成良好的生活习惯和适应性。

幼儿课程目标应该注重幼儿的认知、情感和社会性发展方面，不是单纯地灌输知识，而是全面地、综合地培养和发展。在实现幼儿课程目标的过程中，教师应该根据幼儿的身心特点和需求，精心设计和实施教育活动与方案，营造良好的学习和成长环境，支持和促进每个幼儿的健康发展和成长。

第四节　班本化

幼儿课程班本化是指幼儿园班级针对幼儿的实际情况和需求，对国家、地方和幼儿园提供的课程进行修改和调整，使其更符合本班级幼儿的学习和发展需要的过程。幼儿课程班本化强调的是根据具体情况对课程进行个性化处理，以更好地满足本班级幼儿的学习和发展需要，促进幼儿的全面发展。

一、班本化概念

幼儿园教育属于启蒙教育，其教育质量对幼儿的成长发展有着至关重要的影响。假如可以高效完成幼儿启蒙教育，可以为幼儿的终身发展打下更坚实的基础。但是，现在很多幼儿园教师在进行教学管理的时候，更多采用的还是千篇一律的教学方法，既没有结合自身特色及优势，也没有考虑幼儿自身的个性化特点，教学内容与整体氛围都处于枯燥乏味的状态，导致幼儿逐渐失去参与知识学习的兴趣与欲望，极大影响了教学质量与幼儿园的可持续发展。在这种情况下，要想进一步提高教学管理质量，增强自身的核心竞争力，幼儿园应该认识到班本化课程建设及实践的重要作用，以自身优势特色为凭依，综合考虑幼儿的兴趣爱好展开课程目标、内容以及形式创新，从而构建更具特色与趣味性的课程，将幼儿的注意力充分集中起来，达到寓教于乐的目标，使幼儿的综合素养在不知不觉间得到有效提高，推动他们的全面发展。

顾名思义，所谓班本化课程，实际上指的就是幼儿园在不违反国家法律规定的基础上，参考幼儿园课程发展基本思想，综合考虑幼儿实际情况，将班级当中的优势资源充分利用起来所构建的科学课程。班本化课程具有以幼儿为主体的特点，更符合幼儿的发展规律与个性化特征，并且具有动态化的特点，能够将幼儿的兴趣与主观能动性充分激发出来，不会使幼儿产生枯燥的感觉，可以使每个幼儿都得到发展进步，使教学质量得到更大程度的提高。

二、班本课程的特点

（一）以班级为单位，与园本课程相辅相成

班本课程体现了一个班级的特色与文化，从课程中能够了解到班级幼儿的兴趣与学习发展需要，呈现出幼儿的经验水平、发现问题与解决问题的过程。班本课程与幼儿园的园本课程遥相呼应，既能很好地补充园本课程，将园本课程做到全面落实与发展，又能关注到幼儿的班级行为表现，发现幼儿的突出问题。

（二）以幼儿为主体，与静态教学融合

园本课程以幼儿的兴趣和发现的问题为基础和出发点，更加体现幼儿的主体性，既尊重幼儿年龄特点和兴趣发展需要。同时，在课程推进的过程中，幼儿的兴趣与需要也会不断地随之推进改变，两者是一种动态循环关系，它与传统的静态教学融合。在班本课程的实施过程中，幼儿会投入自主发现与探究之中，随着幼儿不断地深入研究，呈现的方式也会更加多样化。它不是教师事先设计好的课程框架，而是在开展的过程中，随着幼儿遇到的新问题、新结论，经过不断分析与反思，不断更新变化。这种动态教学将师幼从原本固定的静态课程中解放出来，通过动态的活动推进，教师会更加关注到本班幼儿的实际发展状况与需求，及时捕捉到生成课程中的隐性教育价值，从而更好地把握时机，给出有针对性的指导与回应。

三、班本化原则

幼儿课程班本化的核心是将"以儿童为中心"的理念贯彻到课程实施中。具体来说，幼儿课程班本化应该遵循以下几条原则。

首先，幼儿课程班本化应该以幼儿的发展需要为出发点。班级教师应该通过观察、评估等方式，了解本班级幼儿的认知、情感和社会性发展情况，以及他们的兴趣和需求，从而调整和优化课程内容与方法，更好地满足幼儿的发展需求。

其次，幼儿课程班本化应该注重课程的趣味性和实用性。班级教师应该选择贴近幼儿生活、符合幼儿年龄特点、具有趣味性和实用性的课程内容，同时

结合本班级幼儿的兴趣和需求进行调整和优化。

再次，幼儿课程班本化应该强调学习者的主动性和参与性。班级教师应该营造积极、宽松的学习氛围，鼓励幼儿主动参与课程实施过程，让幼儿在实践中获得知识和经验，同时培养他们的探究、创造和解决问题的能力。

最后，幼儿课程班本化应该重视课程的评价和反思。班级教师应该对课程实施过程进行持续的评价和反思，根据评价和反思结果，对课程内容和方法进行调整和优化，不断提高课程的质量和效果。

幼儿课程班本化是一种以幼儿发展需要为出发点，注重课程的趣味性和实用性，强调学习者的主动性和参与性，重视课程评价和反思的课程实施过程。班级教师在实施幼儿课程班本化的过程中，需要充分发挥创造性和专业能力，不断优化课程内容和方法，更好地满足本班级幼儿的学习和发展需要，促进幼儿的全面发展。

四、幼儿园班本化课程实践探究

（一）以幼儿兴趣与需求为基础，创设班本化课程

对于幼儿来讲，因为年龄相对较小，才刚刚接触世界，对外界所有事物都充满了好奇心，并且在有机会时，会采用一系列行为展开探索与尝试。所以，幼儿教师在进行班本化课程建设及实践的过程中，应该抓住幼儿的这一特征，并从幼儿的兴趣点入手展开教学，从而将班本化课程的作用更大程度地发挥出来，起到事半功倍的教学效果，在满足幼儿好奇心的同时，完成对他们自主探究能力的培养，帮助他们掌握更多知识。例如，在春天，教师可以让幼儿表达自身对春天的认识，组织他们讨论春天的特点，然后按照讨论结果创设"找春天"这一班本化课程，鼓励幼儿在家长的陪同下走进大自然，收集和春天相关的故事与图片，并在课堂上分享，这样既能够加深幼儿对春天的认识，增进他们的社会经验，还可以使他们的语言表达能力以及归纳总结能力得到进一步提高。

（二）有效应用新技术，引导幼儿主动投入课程实践中

莎士比亚曾经说过："一千个人眼里有一千个哈姆雷特。"每个幼儿的实际情况不同，其对事物的认知也有一定差异。同时，随着现代化进程的不断推进，各种各样的先进技术也被越来越多地应用到了日常生活当中。因此，在组

织实践班本化课程的时候，教师就可以以"春天来了"作为主题，让幼儿应用智能手机、数码相机等设备记录自己眼中的春天，按照自身想法应用PS等软件进行照片调整，然后在班级当中组织举办"春天摄影展"，为幼儿提供展示自己所拍摄照片的平台，并鼓励他们分享自己拍摄过程中发生的趣事及选择拍摄对应照片的原因，这样既能够调动幼儿的主观能动性，使他们产生足够的成就感，还可以增强幼儿的新技术、设备应用能力与自我表达能力，并让教师更为清楚地了解幼儿的实际想法，为后续课程优化提供更为真实可靠的参考。

（三）认识到家庭教育的重要作用，引入家长力量

家庭以及学校是幼儿最主要的生活成长场所，家庭教育同样对幼儿发展起着决定性的作用。所以，要想将班本化课程的教育作用发挥到极致，幼儿园应该跟上时代发展的脚步，认识到家庭教育的重要作用，将家长力量引入班本化课程活动中去，争取家长的理解与支持，共同完成课程架构，从而为幼儿的全面发展做出更大的贡献。例如，在推动故事类班本课程实践的时候，教师可以以家庭为单位，由单个或者多个家庭一起展开故事角色扮演，从而在激发幼儿主观能动性的同时，帮助他们更为深入地了解故事内涵，完成对幼儿的全面教育，进而为他们的综合素质提升起到更大的促进作用。

对于幼儿园来讲，在教学过程中推动班本化课程建设能够使教学管理工作更符合科学性，增强教师的专业能力，为幼儿身心健康发展起到更大的推动作用，增强幼儿园的核心竞争力。但是，在进行班本化课程建设管理过程中，幼儿园应该认识到教师素养的重要影响，加大培训力度，增强教师的专业素养，从而为课程的实践夯实根基。同时，在实践探索过程中，教师应该将幼儿放在主体地位，按照幼儿的兴趣爱好选择故事或者活动形式，展开分层次的优化创新，制订符合处于不同发展阶段幼儿的课程目标、内容以及形式，这样才可以将幼儿参与学习的主观能动性更大程度地激发出来，为班本化课程建设及实践作用发挥起到更大的促进作用，为幼儿的综合素质全面发展提供更有力的支持和保障。

第七章
留白教育反思

留白教育，要求留白不空白，在内容丰富的课程中引导幼儿成长，让幼儿真正成为幸福的人。

第一节　留白不空白

幼儿教育中的留白理念是一种新型的教育理念，强调在幼儿教育中要给幼儿留出一定的空间和时间，让他们自由地探索、发现和学习，以促进幼儿的全面发展。

一、留白教育的理念

首先，留白理念强调在幼儿教育中不要过于紧密地安排学习计划和活动，要让幼儿有自由时间和空间，根据自己的兴趣和需要来选择和探索，这样才能给幼儿创造一个轻松、自由、愉悦的学习环境。留白理念提倡在幼儿教育中注重培养幼儿的创造性思维和创新能力。

其次，留白理念强调在幼儿教育中注重培养幼儿的情感素质和社会技能。

再次，留白理念强调在幼儿教育中要注重培养幼儿的自主学习和探究学习能力。

最后，留白理念还强调教师要尊重幼儿的个体差异和自主性，为幼儿提供多样化的学习和发展机会，支持他们多元化发展。

综上所述，幼儿教育中的留白理念，不是让教师放任幼儿，而是要让教师通过放手、聆听和观察等方式，给予幼儿足够的自由和空间，让他们自主发现和探索世界，以促进幼儿的全面发展。在实践中，幼儿教育中的留白理念的实施需要教师具有较高的专业素养和教育能力，需要教师根据幼儿的实际情况和教育情境进行灵活处理和个性化实施。同时，教师还应该不断学习和反思，以不断提升自己的教育水平和能力，更好地服务幼儿教育和家庭。

二、鼓励幼儿户外自主探索

户外自主活动是幼儿教学管理工作的重要组成部分，幼儿教师要根据幼儿的兴趣爱好设计户外自主活动，引导幼儿互相交流、互相协作。在户外自主活动中，幼儿不仅能够收获新的友谊，还能在交流互动中发展个性，提升身体素质。

（一）幼儿户外自主活动的重点

开展幼儿自主活动，首先应当关注的是活动的针对性。幼儿的年龄特征、交际能力、兴趣爱好等存在着差异，幼儿教师需要通过仔细观察，了解幼儿的情绪变化情况、规则意识以及交往方式。通过针对性的幼儿性格分析，选择适当的户外自主活动。在开展活动的过程中，幼儿教师应当运用定点观察的方法，分析幼儿在活动中的表现情况。例如，在举办角色扮演活动时，幼儿教师应当观察年龄稍大的幼儿的能力，看这些幼儿是否能够在游戏的过程中承担领导者的责任，是否能够合理划分年龄较小的幼儿的角色，是否能够给予弱小的幼儿及时的关照。通过针对性的活动设计和观察，教师能够更加了解幼儿的个性，对设计知识类教学活动能有所参考。

在幼儿户外自主活动中，幼儿教师需要重点关注不同幼儿的发展需求。在活动初期，幼儿教师应当重点关注幼儿对周边环境、游戏规则、游戏材料、陌生同学的熟悉情况。对于部分短时期内无法融入游戏环境的幼儿，教师需要通过积极引导和鼓励，帮助幼儿克服胆怯心理，自主投入户外活动。在活动中期，幼儿教师应当根据年龄分层，了解不同幼儿在游戏中的责任承担情况，引导不同年龄的幼儿扮演相应的角色，通过向同伴分享、与同伴合作逐步适应自主游戏。在游戏后期，教师应当对照教学目标观察不同年龄层的幼儿的发展情况，对幼儿自主意识、写作能力、语言表达能力、创造力、交际能力、思维能力进行评价，让幼儿在户外自主活动中有所收获。

（二）幼儿户外自主活动的支持策略

1. 设计开放式户外自主活动，锻炼幼儿人际交往能力

幼儿户外自主活动的开展突破了班级的界限，幼儿教师可以设计开放式的户外自主活动，引导不同年龄层的幼儿积极参与活动，锻炼幼儿的人际交往能力。陌生的同伴可能会刺激幼儿产生新的想法，在交往过程中，陌生同伴相互配合，这需要幼儿迎接不同类别的挑战，做出抵制、妥协、互助或商议的选择，这种开放式的活动设计能够帮助幼儿实现社会性发展。以"送蛋蛋"户外活动为例，幼儿教师可以选择纸球作为蛋，既具安全性，又具环保性，同时能够重复使用。按照幼儿的年龄对幼儿进行分组，确保每一组的幼儿都处在不同的年龄层。接着以小组为单位。引导幼儿依据纸球的颜色进行分类，让小组进行控球跑接力，通过夹、赶、踢等方式控球跑。在接力的过程中，幼儿小组需要进行团结协作，在快速控球的同时，提升动作协调性。"送蛋蛋"这一户外活动设计以小组的形式展开，小组内不同年龄层的幼儿相互协作，共同完成送蛋接力活动。在这个过程中，幼儿需要严格遵守活动的规则，提升动作协调性，加强纸球控制。小组内的幼儿共同体会与伙伴分享游戏的快乐，在接力活动中建立良好的友谊。教师在活动中不仅是活动秩序的维持者，更是观察者，观察陌生的幼儿在送蛋过程中从互相排斥到团结协作的转变。尽管幼儿之间的沟通并不顺畅，磨合并不顺利，但这种互助激励挑战为幼儿提供了开放的交往空间，幼儿在体验活动乐趣的过程中，提升了个人的人际交往能力，实现了社会性发展。

2. 适时介入户外自助活动，鼓励幼儿进行自我挑战

在幼儿成长的过程中，幼儿教师是重要的引路人，户外活动的开展有助于培养幼儿的自主性和自信心，教师在活动中应当给予幼儿充分的尊重，适时介入户外活动，给予幼儿科学的指导，鼓励幼儿进行自我挑战。以"沙包跳远"户外活动为例，沙包是幼儿比较熟悉的游戏材料，可以衍生出多种玩法，但在户外活动中，诸多幼儿倾向于用手抓沙包，很少会用腿玩沙包。教师可以设计夹包跳的活动，让幼儿进行自我挑战，用脚玩沙包，提升脚部力量。教师首先要做好准备工作，准备若干沙包和红蓝颜色的圈，让幼儿站在固定位置，用双脚夹沙包，并利用双脚向不同距离、不同颜色的圈内扔沙包。部分幼儿不会用脚扔沙包，此时教师需要予以适时的干预，做出示范，在跳起的一瞬间松开双脚，便可以将沙包投至圈内。不同颜色的圈可以赋予不同的分数，教师根据幼儿投的圈赋予相应的分数，记录下来。一轮扔沙包的活动结束后，教师可以对分数进行通报，鼓励幼儿朝着最高分进行自我挑战，进行二轮扔沙包。当幼儿充分掌握了扔沙包的技巧后，就能够保持较高的积极性，在投进沙包的过程中提升自信心和成就感。

3. 提升幼儿户外活动主体地位，激发幼儿的创造力和探索欲

户外自主活动对于幼儿的成长发育有着积极意义，不仅能够帮助幼儿提升身体素质，还能够帮助幼儿学习各项运动技能。户外自主活动为幼儿提供了社会交往的平台，有利于提升幼儿思考问题、解决问题的能力。在幼儿户外教学活动中，教师扮演的是引导者的角色，应当逐步提升幼儿在户外活动中的主体地位，让幼儿在户外活动中自主选择，激发幼儿的创造力、探索欲。以"调皮的小皮球"户外教学活动为例，教师可以依托小皮球开展一物多玩户外活动。首先引导幼儿进行玩球热身，出示球的图片，并向幼儿提问：你知道哪些球？可以怎么玩呢？幼儿可以发挥自己的想象力，做出不同的玩球动作。接着，幼儿可以根据自己的经验做出拍球、滚球、抛球等不同的玩球动作。教师进一步引导幼儿发动脑筋进行一球多玩，可以结合足球，帮助幼儿练习控球技能，在行进中运用脚均匀用力踢足球，一旦听到教师的哨声口令，便用脚尖控制足球，让球停下。示范性讲解后，教师便可以让幼儿发挥自己在户外活动中的主体地位，开发两人控球、三人控球等玩法。在控球活动中，幼儿占据了整个户外活动的主体地位，基于调皮的足球发挥创造力，衍生出了不同的玩法，努力探索足球的控球方法，在感受游戏乐趣的同时，积累了有益的玩球经验。

幼儿户外自主活动对于幼儿的健康成长有着积极作用，教师应当遵循幼儿的差异化性格特点，设计开放式户外自主活动，锻炼幼儿的人际交往能力。在活动中适时介入并给予指导，鼓励幼儿进行自我挑战，明确幼儿在户外活动中的主体地位，培养幼儿的创造力和探索欲，提升幼儿自主教学活动的质量。

三、幼儿游戏中自由成长——基于纸杯游戏角度

纸杯是人们生活中非常常见的材料，也非常容易收集。纸杯通常在美工区投放比较多，幼儿在进行建构区域活动中采用纸杯为主要游戏材料，是平时很少涉及的，也是一种非常创新的游戏方式，很好地吸引了幼儿对建构区域活动的兴趣，纸杯建构为幼儿建构区域活动带来乐趣的同时，也带来了很多问题和挑战。例如，小班幼儿正处在建立、发展知识和理解行为的阶段。一个3岁幼儿的想法具有无意识和直觉主导的特点。在智力发展的过程中，无论是图像、视觉、空间能力、时间感知力以及观察力，所有感知都保持在表面阶段。在发展思想时，现阶段的幼儿可以通过外部刺激创造具体的图像。由于无意识思想，

幼儿对许多外部刺激很敏感。在这个时候，他们逐渐开始享受思维创造过程。这种依赖直觉行为的思维逐渐成为具体事物创造力的象征性思想。那如何让幼儿在纸杯建构区域活动中根据纸杯来制作各种现实中的建筑物、脑海中想象的物体，来展现自己对周围环境的理解、模仿以及创造的过程呢？

（一）教师适时地指导，促进幼儿创造力发展

幼儿在进行建构区域游戏活动的时候，虽然一直强调要体现幼儿的自主性，例如，小班幼儿无法很好地通过自主思考来解决问题，这使得幼儿在进行建构的时候，难免会遇到无法解决的问题，这时就需要教师给予及时适当的指导，来帮助幼儿对问题进行分析，从而顺利地解决问题，只有幼儿在建构区域活动中没有任何问题和障碍的时候，才能保证幼儿自主进行建构区域游戏活动，使幼儿在建构区域游戏活动中很好地进行创造力的发展。

例如，在一次幼儿建构区域游戏活动中，当一名幼儿正在搭建高楼大厦的时候，他先是拿了一个纸杯，然后再拿纸杯向上叠，可是他会发现，每次往上叠的时候纸杯都会掉下来，在经过几次尝试之后仍然没有成功，眼看这名幼儿马上就要放弃了，教师及时走了过去，先是向他问清缘由，"发生什么事情了吗？""老师，我想把这个纸杯往上叠，可是怎么也叠不上，你看，我一这样叠就掉下来了，怎么弄也不行。""啊，原来是这样的啊！那我问你，你觉得为什么叠不上去呢？""我觉得这个纸杯不好，根本就站不住啊，不可能叠起来。""不要着急，我们再试一试，好吗？""好的，你看，还是不行呢，纸杯怎么可能叠上去呢？""你先别急，你觉得两个纸杯上下一起叠非常困难，那么你有没有想过换一种方式，下面可不可以打一个地基？我们还可以怎样叠呢？""往两边叠吗？对啊！我也可以把这些纸杯往两边摆，摆成一个形状。""是的，你的想法非常好，现在你自己想想，喜欢哪种方法就用那种方法开始搭建吧。"于是这名幼儿打了一个地基，这样，当幼儿再拿纸杯向上叠的时候便很容易地站住了，幼儿高兴得直拍手。从这个案例中，我明白了幼儿建构区域游戏活动并不是一味地体现幼儿的自主权，而是在幼儿进行自主创作的基础上适当地给予幼儿一定的指导，从而帮助幼儿顺利地解决困难，使幼儿很好地发挥出其创造力。

（二）给予充分的游戏时间，提高幼儿的创造力

例如，小班幼儿对于任何事物都需要拥有一段摸索的时间，然后才能够通过自己的思维方式对材料进行游戏和创新。因此，在进行建构区域游戏活动中，想要使幼儿的创造力得到良好的发展，教师应该给予幼儿足够的游戏时间，从而使幼儿能够充分地发挥其创造能力，在建构区域游戏活动中得到良好的发展。如果幼儿在建构区域游戏活动中没有得到足够的时间，那么便会大大限制幼儿对建构游戏的思考，限制幼儿思维创造力的发展。在一次建构区域游戏活动中，幼儿们正在进行各种搭建，可是这个时候，教师却告诉幼儿时间快要到了，没有搭建完成的幼儿需要抓紧时间，结果当教师喊停的时候，很多幼儿只简单地进行了一些搭建，并没有任何创新，使得这一次的建构游戏活动没有发挥出其真正的价值。因此，在幼儿进行建构区域游戏活动的时候，应该注意为幼儿提供足够的搭建时间，使幼儿在搭建的过程中能够很好地进行思维的发散，从而培养幼儿的创造能力。

游戏是增强幼儿创造力、促进幼儿成长的重要途径。"慧玩"的形式满足了幼儿园课程游戏化理念的要求，作为幼儿教师，通过为幼儿积极地提供游戏材料和游戏空间，使幼儿有了发展创造力的空间和环境，促使幼儿在玩中感受到乐趣，变得会玩、乐玩。通过主动参与，幼儿能玩出快乐，玩出智慧，以愉悦的形式来感受快乐和乐趣，快乐成长。

第二节　为了幼儿更好的未来

留白教育的目的是更好地培养幼儿，给幼儿更好的未来。因此在留白教育中，幼儿的良好发展是关键，也是追求目标。

一、促进幼儿语言能力发展

《纲要》中明确要求："创造一个自由、宽松的语言交往环境，支持、鼓励、吸引幼儿与教师、同伴或其他人交谈，体验语言交流的乐趣。"由此可知，教师在教学期间，想要更好地创设良好的语言交往环境，就需要使幼儿的生活更加丰富，并使幼儿的知识得到增加，开阔幼儿的视野，同时扩大与加深幼儿自身对周围事物的认知与理解。从而有效地促进幼儿思维的发展，并使幼儿的语言表达能力得到更好的培养。这样的方式会使幼儿更容易产生与他人交往的欲望，从而轻松愉快地体验语言交流所带来的乐趣。

大多数情况下，人们认为语言是由符号系统构成的，并且是以语音为物质外壳，以语义为意义内容，并将音义结合的词汇与句子组织的体系。语言是人们交流的重要表达方式，是人们进行思维与传递信息的工具，也是人类保存认识成果的凭借。就思维而言，大部分的人都认为思维是人类大脑能动地反映客观事物的过程，同时也是人类开动脑筋认识世界、改造世界期间，对其进行比较、分析与综合的能力。其语言与思维是互相配合的，两者既不是对立的，也不是统一的，而是相互影响的。由此可知，幼儿的语言能力与思维的发展有着密不可分的联系。如果想要分析幼儿语言能力的重要性，就需先梳理清两者的关系，并有效把握语言与思维的直接联系。这对在幼儿教育过程中怎样发展幼儿的语言与思维有着重要的启示，同时也对于怎样可以更好地创设幼儿的语境有着特别重要的意义。

（一）借助直觉感知

教师在幼儿认识事物期间，发展幼儿的语言观念，并以直觉的情感与形象相联系的情感为主要形式。通过各种感官的直觉感知，例如听、看、摸、尝、闻等形式，使幼儿了解周围相关的知识，从而使幼儿的语言得到发展。语言的发展提高了幼儿的认知能力，同时也使他们认知的范围不断扩大，并且通过内容不断加深丰富幼儿的语言。所以可以得出，语言交往能力的发展与认知能力的发展是紧密结合的。教师可以利用幼儿直觉感知的特点，为幼儿创设丰富的生活条件和内容，使幼儿置身情境，在实践中认识事物并发展自身的语言。

例如，教师可以在班级的自然角中撒上青菜种子，种上一串红等植物。让幼儿仔细观察其生长过程，并引导幼儿用恰当的语言表达出来，如"绿绿的叶子""红红的花朵""一串串的小花"。在冬天，让幼儿去摸摸草地的霜，实际观察霜的特点：凉凉的、亮晶晶的，放到手里就变成了水。幼儿根据自己的生活经验，认识、形容了霜，也相应地丰富了词汇。秋天，教师可以带幼儿去采摘果实，感受树叶轻轻从身边落下的景象。让幼儿亲自动手体验，从中得到丰富的印象。边做边说，使其知道这种劳动叫什么、出现这种景象的原因是什么。这样丰富了幼儿的生活内容，陶冶了情操，使幼儿充分感受到大自然的美，让幼儿的思路变得更开阔，动手、动脑、动口，在同伴和老师的共同交往中直接感知丰富的知识并且发展了语言，体验了语言交往的乐趣。

（二）在教学活动中，让幼儿思维能力得到发展

教学期间，教师需了解语言能力的发展与思维能力的发展，两者之间是同步进行的。由此可知，幼儿学习语言的过程也是思维发展的过程，同时思维的发展也能够促进语言的构思能力、逻辑能力，以及语言表达能力的发展。因此，教师在教学期间，需运用多种多样的模式，使幼儿的观察力、记忆力、想象力以及思维能力得到发展。教师在培养这些基本能力时，不仅使幼儿具有模仿语言的能力，而且也使幼儿学会举一反三，能依照原有的语言范例，替换内容，并及时表达出新的意思，继续培养幼儿的口语表达能力。

例如，在《蝌蚪找妈妈》的教学后，教师就可以引导幼儿利用橡皮泥等资料，完成制作一套角色的任务，完成后，可以引导幼儿边演边描述，使得幼儿对故事的理解程度加深。

（三）掌握幼儿语言发展的特点，有针对性地进行培养和训练

在幼儿教育实践中，通过一些分析和实验探讨，我们发现，幼儿语言在发展过程中主要有以下几个方面。

其一，幼儿环境语言。在活动和教学中，创造一个自由宽松的语言环境，支持、鼓励、吸引幼儿与教师、同伴或其他人交谈，体验语言的乐趣。在幼儿园活动中，教师应积极为幼儿创设一个使幼儿想说、敢说、喜欢说、有机会说，并能得到积极应答的说话环境。平日里，还可以通过各种区域游戏，通过性格互补，使他们在彼此协商、共同游戏中学习和发展语言。同时，对于那些胆怯、没有自信心的幼儿给予及时的鼓励，给予一定的肯定。教师还可以利用幼儿来园、饭后、离园等分散时间，有计划、有目的地与幼儿交谈，交谈还可以促进师幼之间的感情，让师幼关系更密切。

其二，幼儿生活语言。在教室、幼儿园一角，我们创设了语言区、活动区，为幼儿提供了形象、生动的手指玩偶、毛绒玩具、图画书、卡片等，并带领幼儿制作面具、头饰、指偶，扩展幼儿的想象，让幼儿用生动愉快的语言进行交流和活动，促进幼儿大脑的发展。

其三，幼儿活动语言。幼儿语言的发展和思维的发展是相辅相成的，引导幼儿通过积极地思考来提升语言能力，是教师非常关注的问题。幼儿的思维是在与环境的相互作用中发展起来的，为此，我们在教学实践中应该为幼儿创设动态的操作材料，激发其大胆的想象。从而很好地提高幼儿的兴趣，及逻辑思维能力。

教师在教学期间，需了解幼儿的语言学习规律，掌握幼儿的实际情况，有规律地进行培养与训练。为幼儿创设良好的语言环境，并培养良好的语言习惯，使幼儿从小就充分利用好"语言"这个交流的重要工具，并使语言得到健康的发展。在此过程中，幼儿也会体会到学习语言的乐趣。

二、促进幼儿合作能力发展

在幼儿教育领域中，户外体育游戏的研究也日益受到重视，因为它对于幼儿的身体健康和合作能力的发展有着极其重要的影响。

现今学前教育发展背景下，合作能力在幼儿身心发展中起着越来越重要的作用，通过典型合作型活动——篮球活动，对培养幼儿合作能力也有着不可忽视的意义。依据《纲要》，在幼儿园体育教育中，可通过丰富多彩的体育运动与游戏培养幼儿创新、竞争、合作的意识与能力，促进其自尊心、自信心及抗挫折能力的发展。国外研究者格里纳斯基对体育教学中应用合作学习模式进行了论证，认为合作式学习相当重要。篮球活动是一种均衡发展，有助于提升幼儿的手眼协调能力及合作能力，涵盖跑、跳、投等多种动作的运动。因此将合作渗透到篮球活动之中，有利于培养幼儿的合作意识与合作能力。

（一）幼儿的身体素质得到提高

篮球是一项综合运动项目，通过有计划的篮球教学活动和丰富多彩的篮球游戏，每天坚持不懈地进行晨间篮球操锻炼、家庭亲子篮球合作小游戏和篮球竞赛等。在练习打篮球的过程中，幼儿能够通过跑、跳、拍等增强骨骼和肌肉的韧性，刺激骨骼的生长和发育，增强幼儿的体质，使幼儿的身体素质能明显得到提高。

（二）幼儿的合作能力得到提高

篮球作为一种适合幼儿玩耍的游戏，最大的特点在于可以锻炼幼儿体质的同时，实现对其团队精神以及合作能力的培养。以较为常见的"篮球接力赛"为例，教师在组织游戏之前，首先要找好游戏场地，然后进行分组，分为两组，活动开始以后，两个幼儿背对背夹着篮球往终点运球，同时要互相合作，确保篮球不会落地，接着持续运球绕过障碍物，在到达终点以后，另外两个幼儿进行接力。我们通过各种篮球小游戏、篮球竞赛的方式培养幼儿之间的合作精神，使其意识到此项活动要顺利完成并赢得胜利，就必须相互依靠、共同合作，从而实现良好的教育效果。开展篮球活动使幼儿的合作能力得到了提升。

（三）幼儿的合作语言得到促进

在篮球活动中，幼儿学会如何与他人交流和合作，学会使用"我们一起努力吧""没关系，相信下次比这次更好""我们可以相互帮助""让我们一起玩吧"等合作语言。在篮球运动中，幼儿通过自身实践，例如模仿抛接球时，可以巧妙地利用语言交流、分享的方式，学习将篮球抛上去，转个圈再接球，其他幼儿看到这一幕情境后，也会启迪自身思维，在潜移默化的分享和交流过程中，幼儿充分地表现了自我，幼儿的合作语言得到促进。

（四）幼儿的合作技能得到提高

教师有目的、有计划地组织幼儿运用篮球进行合作，让幼儿掌握合作的技巧与能力。例如:合作滚球技能、拍球技能、合作传球技能等。在教授技能时,教师采用示范、讨论和试验的方法,让幼儿懂得击地传球并不是依靠个人的力量完成的,需要合作的力量。在早操环节,编排适合大班幼儿年龄特点的篮球韵律操,鼓励幼儿配合完成集体动作,让幼儿在做操的过程中感受合作的重要性,体验到合作的乐趣。户外活动环节,注重趣味篮球游戏的设置,创设合作游戏的情境,有目的、有计划地进行合作能力的培养和训练。当幼儿表现出合作行为时,教师可以用照相机拍摄下来,供其他幼儿学习,帮助幼儿获得情感上的愉快体验,让他们懂得合作的重要性,使幼儿的合作技能得到提高。

幼儿合作能力的培养,对幼儿一生的发展至关重要,努力培养幼儿的合作能力,是我们教师所面临的重要任务。我们要为幼儿创造合作的机会,在日常活动中有意识、有目的地为幼儿提供合作的时间和空间,通过多途径、多方式、多活动让幼儿学会合作,养成良好的品质,让他们终身受益。

三、幼儿艺术能力培养

幼儿园的艺术教育主要指通过美术、音乐、舞蹈等活动培养儿童审美情趣和基本技能。如何有效地对幼儿实施艺术教育,是我们一直探索的问题。今年我园开展了《以艺术教育为龙头,全面实施素质教育》的课题研究实验,通过半年的实验,我们惊喜地发现:孩子们变得异常活跃,他们活泼、大胆、爱思考、乐于交往、勇于探索、敢于创新,对艺术活动产生了浓厚的兴趣,表现出了惊人的能力;我们的老师也发生了变化,他们变得积极、好学,教育观也得到了明显转变。孩子们和老师的变化使我们深深地认识到只要通过恰当的途径,利用有效的教育手段,幼儿的艺术潜能就会得到充分挖掘和发挥,就会为幼儿打开通向艺术教育的大门。

(一)通过环境创设,营造浓厚的艺术教育氛围

《纲要》中指出:"环境是重要的教育资源,应通过环境的创设和利用,有效地促进幼儿的发展。"因此,我们在教研实践中,注重为幼儿营造浓郁的艺术氛围。

首先,全园根据幼儿的年龄特点进行了墙饰布置,将园所布置得富有情趣,有幼儿剪的、画的,有老师们贴的、挂的,使幼儿走进幼儿园就置身于艺术的氛围之中,让他们接受潜移默化的影响,对幼儿进行美的熏陶。我们还根

据幼儿的兴趣和需求，开辟了舞蹈室、歌咏室、表演室、器乐室、绘画室等辅助用房，并根据各室的特点进行了相应的环境布置和器具投放；其次，我们各个活动室还创设了艺术活动区角，如绘画区、音乐角、小小舞台、小剧院、手工区、泥塑坊等。并根据幼儿的兴趣随时调整各个区角的投放材料，供幼儿自由创作。

（二）采用多种多样的教学手段，激发幼儿参与艺术活动的兴趣

1. 以"趣"入手，引发幼儿参与艺术活动的欲望

如中班的音乐活动《认识音阶》，本活动的重点是教幼儿学唱音阶"1""2""3""4""5""6""7"，如果只是单纯的教唱，就显得比较枯燥，所以我们创设了这样一个情节：一只老鼠走进了森林，看见了一座金色的房子，它忍不住地走了进去，哇——里面有一个非常漂亮的楼梯，每一个台阶上都写有一个数字，我们看看是什么数字？边出示电脑课件边认读数字。老师接着讲：小老鼠实在按捺不住，走上了第一个台阶，奇怪！台阶发出一种声音，这时配上钢琴弹奏"1—"，小老鼠又走上了第二个台阶，又发出了一种声音，这时再配上钢琴弹奏"2—"，依次往上走，当走到第五个台阶以上的时候，小朋友自然地唱出了"5、6、7"，就这样，幼儿自然而然地学会了唱音阶。然后我们设计了以下的情节：小老鼠实在太兴奋了，就蹦蹦跳跳地上了楼梯，这时楼梯会发出什么声音呢？让我们听一听，钢琴弹奏跳音"1 0 | 2 0 | 3 0 | 4 0 | 5 0 | 6 0 | 7 0 ‖"，让幼儿感受跳音的感觉，再让幼儿蹦蹦跳跳地走一走楼梯，老师配上钢琴弹奏，幼儿用身体的动作来表现跳音。接下来，我们创设了这样的情节：小老鼠跳啊跳，一不小心扭伤了脚，可是它还想走楼梯，想一想，瘸了脚的老鼠走楼梯会发出什么声音？这时幼儿的兴趣很高，整个活动也进入了高潮，幼儿情不自禁地唱出附点音符"1.2 | 3.4 | 5.6 | 7.0 ‖"，就这样，整个活动在非常活跃的气氛中进行，幼儿学习的积极性、主动性都得到了充分调动，轻轻松松地达到了教学效果。实践证明，只要激发了幼儿学习的兴趣，幼儿就会积极主动地参与艺术活动。

2. 利用音乐和图片的匹配，对幼儿进行艺术熏陶

康定斯基说过："抽象绘画可谓是一种视觉音乐。"这说明：美术和音乐是有内在联系的，是息息相通的。所以，选择适宜的绘画来帮助幼儿理解音乐作品是可取的。因此，我们在艺术活动中注意了音乐和图片的匹配。

3. 引导幼儿倾听、观察、讨论、表现，提高幼儿的审美能力

如在欣赏乐曲《森林的早晨》时，教师先播放一二遍乐曲录音，让幼儿完整地感知乐曲的旋律，然后采用分段欣赏和讨论的方法，老师可提示："这段音乐听起来有什么感觉？你们听到了什么？想到了什么？"幼儿自由发表见解："这段音乐中有鸟叫的声音，像是早晨，小鸟醒来了……""这段音乐听起来低沉、慢吞吞的，好像是大象一摇一摆地走过来了"……通过感知、想象和表达，幼儿对整个乐曲有了完整的理解。总之，只要教师善于发掘其教育价值，采用适宜的方法，就能收到良好的教育效果。

（三）建立平等宽松的师幼关系，给幼儿提供艺术创造的自由空间

在艺术活动过程中，教师的支持、鼓励，尊重幼儿的想象力、创造力是非常重要的。因此教师要不断调整自己的角色定位，在集体活动中，教师是组织者、指导者；在自由活动中，教师是支持者、引导者，是幼儿的伙伴。给娇弱的幼儿以拥抱和亲吻，给活泼开朗的幼儿以鼓励与帮助，对胆小局促的幼儿则装作不注意，给他留下无拘无束的时间和空间，让他感到快乐自由。教师要学会营造宽松的活动气氛，让幼儿展开想象的翅膀，画自己想画的，做自己想做的，说自己想说的，不要过分强调写实和表现技巧，不能用成人的眼光去看待幼儿的作品，他们有自己独特的思维方式和想象力，好的作品往往来自想象和灵感。例如，幼儿把树上的苹果画得较大，五颜六色，看起来既不成比例，也不逼真，这是学前儿童的特点，他们关注的是成熟的果实，而不注重整体，再加上自己的想象，教师应首先肯定和鼓励幼儿大胆想象和表现的愿望，尽量启发幼儿表达自己作品的构思并耐心倾听，善于发现他们的进步和独特之处，从而增强幼儿的自信心，让幼儿萌发自由创作的愿望。

总之，在艺术教育活动中，只要采用恰当的方法，给幼儿提供自由表现的机会，鼓励幼儿用不同艺术形式大胆地表达自己的情感、理解和想象，尊重每个幼儿的想法和创造，肯定和接纳他们独特的审美感受和表现方法，教师再加以适当的指导，就会收到意想不到的效果。

四、幼儿科学意识的培养

科学现象五彩缤纷，神奇有趣，最能引起幼儿好奇和探索求知的欲望。幼儿科学教育是科学的启蒙教育，我们应以科学素质早期培养为宗旨，保护幼儿的好奇心，激发幼儿的兴趣，鼓励和培养幼儿对科学的求知欲和探索欲望。因此，教师要在幼儿一日生活的各个环节、各个教育领域中进行科学教育契机的捕捉，从而随时了解幼儿的兴趣所在，能从幼儿的兴趣出发，更有效地开展科学教育活动，并从中培养幼儿的科学探索能力。

（一）创设良好的环境——让幼儿乐于探索

在科学活动中，教师要关心幼儿，认真负责，但又不能提过高的要求、太多的禁令。如在进行科学探索活动中，老师再三强调，一定要按照老师的方法来进行探索，这就把幼儿的探索欲给框住了。又如，在让幼儿到科学区玩时，经常叮嘱幼儿：玩的时候小心点儿，当心弄坏了……试想，幼儿还没开始玩就已背上了沉重的思想包袱，他们怎么还会有很高的兴趣集中精力进行探索呢？只有当幼儿在轻松愉快的气氛中自由自在地进行各项活动时，才能充分发挥出他们的主动性，发现并提出问题，进一步探索与研究。

针对幼儿的特殊阶段，幼儿的自我意识很脆弱，教师的一个眼神、一句评价都会对其产生很大的影响。所以在进行科学探索活动时，老师要经常给幼儿鼓励，如"大胆想一想""你试试看""你能行"等，为幼儿营造宽松、愉悦的探索氛围。宽松、愉悦的探索氛围，不仅培养了幼儿的动手能力，还培养了幼儿的探索能力。教师在整个过程中要给予积极的鼓励，幼儿在探索活动中情绪愉快，没有压力，通过动手动脑，亲身体验，留下了深刻的印象。

（二）捕捉生活中的科学，激发幼儿探索兴趣

在我们的生活中处处蕴含着科学智慧的光芒，每当我们拥有发现的眼睛时，一切都会展现在你的面前。对于一次次的探索契机，我们应该及时捕捉，随机的教育更能让幼儿深入其中，发挥他们的积极性、主动性。

例如，有一个钓鱼的游戏，大家每次玩的时候都会思考怎么把鱼钓上来的呢？这一思考很快让幼儿的注意力集中在玩磁铁上，教师便可以利用这个契机，引导幼儿一起探究磁铁的特性：磁铁还可以怎么玩？我们的生活中有什么地方也用到了磁铁？……这就提高了幼儿的学习兴趣，更好地激发了他们的探索欲望和表现欲望。

（三）积极地训练幼儿的观察能力

科学活动一般都是带有实物性的表演或者展示，这样的科学活动是一种有目的、有计划的知觉形式，同时也是训练幼儿观察能力的一个最好的形式。

在科学活动进行的过程中，能够让幼儿通过深入的观察发现问题、提出问题，并且能够在这样的过程中找到自己愿意解决问题的心理倾向。我们在引导幼儿观察的过程中，应该让幼儿自己发现其中的一些问题和现象，幼儿教师在其后面进行解释和补充。在进行科学活动的过程中，应该让幼儿学会比较观察的能力，以及从不同的地方找到相同特点的能力。最后还要在这样的能力培养过程中，让幼儿能够主动有序地观察。从认知的过程来看，一般情况下的观察都是在幼儿教师的主动提示下进行的，这样长时间的提示，能够让幼儿逐渐树立起主动观察的意识，同时还可以培养举一反三地去观察同类事物的能力。观察能力的建立是幼儿在未来发展过程中认识科学世界的一个关键点，有利于探索未来世界的能力的建立。

（四）善于提问，促进幼儿探索能力的发展

学起于思，思源于疑，幼儿的积极思维往往是从疑问开始的。在以自主性学习为主的科学活动中，教师的主导作用主要体现在善于提出具有启发性、针对性和开放性的问题，促使幼儿思考对策。如在"彩光变变变"这一活动中，教师为幼儿准备了手电筒、各色的布、彩纸和各种玩具。提出问题："手电筒的光透过这些彩布和彩纸后会发生什么变化呢？"待幼儿有所发现时，教师再问："用玩具和手电筒玩玩，看看光还会有什么变化？"使幼儿的思维进一步展开。在活动中，问题的提出要有针对性，要注意开放性，使幼儿能大胆表达。在这一活动中，幼儿情绪高涨、思维活跃，学习探索更加主动、积极，并且在这一活动中，幼儿的观察能力、解决问题能力、交往能力都得到了锻炼和提高。

（五）鼓励幼儿讨论和交流，培养幼儿探索的意识

在探索过程中，同伴间的交流、争论有时是一种催化剂，教师要及时地捕捉并以此为契机，鼓励幼儿运用已有的经验，大胆地进行猜想和解释，按照自己的想法来验证，把问题弄个水落石出。石头和石头碰撞可以撞出火花，争论一下也许就有新的思路、新的方法。

五、幼儿社会交往能力培养

随着幼儿教育的发展，幼儿社会性教育已得到广泛的重视，幼儿时期的交往不仅能促使孩子更好地适应社会，同时对孩子的成长极为重要。交往是人的需要，也是社会对人的要求，通过交往，人们能够互相交流信息和感情，协调彼此之间的关系，达到共同活动的目的。未来社会需要我们的下一代具有较强的社会交往能力，然而今天的独生子女在家能说会道，到了外面却胆小、自卑、孤僻，交往能力明显较弱。因此，培养幼儿的交往能力，不仅是时代的需要，更是提高人才素质的迫切要求。

（一）根据幼儿的模仿能力，培养交往能力

模仿是幼儿在交往中的一个重要方面，家长是幼儿的第一任老师，同时又是幼儿的主要模仿对象，但有的家长图清静，省力气，不喜欢幼儿带其他伙伴到自己家玩，或者对于幼儿的小伙伴不热情，这种做法会影响幼儿的交往能力，为了给幼儿提供交往的机会，让幼儿学会交往，家长首先要做出表率。如：幼儿的同伴来家里玩，家长要热情接待、倒水、给水果吃，也可以简单地交谈，等小客人走时，要客气送别，欢迎下次再来。这样做实质上是给幼儿做出了表率，使幼儿在潜移默化中受到了教育，形成了良好的行为规范。有了良好的行为规范后，家长还要为幼儿提供交往的机会。如：家中来客人，要有礼貌地打招呼和交谈，如果有小伙伴同往，要鼓励幼儿拿出玩具和小伙伴一起玩，这样，不仅培养了幼儿的交往能力，也使幼儿在交往中学习礼貌待人，学会了社会交往的技能和许多本领。

（二）开展分享活动，教给幼儿交往的方法

在家庭中，幼儿一般只与家人交往，进入幼儿园后，幼儿的活动范围就从家庭扩大到学校，交往范围明显扩大，他们要学会与同伴交往，分享合作。为了让幼儿感受在集体生活中与同伴交往的乐趣，教师可以定期地让幼儿带上心爱的玩具或自己喜欢吃的食物到幼儿园来与同伴一起分享。在活动中，教师通过仔细观察幼儿的表现，鼓励幼儿与同伴进行交往。活动后，让幼儿讲述自己的交往过程，和谁一起玩的，是怎么玩的，把东西给谁吃了，为什么，等等，让幼儿交流各自的交往方法，体验交往的乐趣。

（三）扩大范围，走出家庭，扩大幼儿的交往能力

人是生活性动物，早晚要走出家门，面对大千世界，作为幼儿第一任老师的家长，不能只望子成龙，一味开发智力，而忽视了幼儿的交往，使幼儿形成了过于依恋家人、任性孤僻等不良行为，影响与人交往的能力。家长应经常带幼儿外出散步游玩，陶冶情操，并且要引导幼儿观察周围人的生活，鼓励幼儿与他们简单地交往，如：看到有困难的人或老人、盲人，可以启发幼儿去帮助他们，做一个乐于助人、富有同情心的人。如：到超市或商场购物，鼓励幼儿去向售货员说明想买的东西，选好后，能自己在家长的指导下去付款，购回所买的东西后，会说"谢谢""再见"。这样既培养了幼儿的独立性，也提升了他们与人交往的能力。

（四）在游戏活动中培养幼儿的交往能力

游戏是幼儿主要的、喜爱的活动，同时，也是互相交往的最好方式。它使幼儿在玩中主动学，使幼儿逐渐接触同伴，并愿意和有计划地去交往，家长可以为幼儿创设这样的气氛，带幼儿或邀请邻居家的孩子到自家玩，到户外参与幼儿的游戏，玩中给幼儿提出要求，使幼儿在游戏活动中体验一起玩的乐趣。如玩沙时，要告诉幼儿善待别人，和伙伴友好相处；一起玩玩具时，不要争，不要抢，要学会谦让，幼儿这样做了，其他小朋友也会这样做，时间长了，同伴就会建立起一种和谐、亲密的关系。角色游戏是幼儿根据自己的生活经验和意愿，模仿成人劳动和交往的一种创造性活动，它是幼儿自己教育自己，自己培养自己，承担社会角色和遵守社会角色规范的一种自我教育活动。在我园组织开展的角色游戏中，幼儿通过角色游戏表现出一种积极参与社会交往的主动性、角色意识和对角色规范的认同感。女生体现得比较细腻，她们生动表现出了"售货员"坚守岗位、热情待客的品质，表现出我园"教师"严于律己、热情关怀的品质；男生比较争强好胜，很有正义感，喜欢扮演警察指挥交通、抓小偷，扮演建筑师建设高楼大厦，扮演工程师设计汽车……

幼儿在角色游戏中表现出来的角色行为是幼儿对社会角色规范的认同，角色模仿不但强化了他们的交往意识和角色规范，并且让他们自觉不自觉地迁移到幼儿的现实生活中。在游戏过程中，我们要有意识地鼓励幼儿多交往，让他们自己找伙伴，相互合作，引导他们友好相处。让他们在游戏中感受到交往的重要性。

（五）通过社会活动，培养幼儿的交往能力

首先，帮助幼儿感知和理解他人的情感、愿望，为幼儿创造机会。如，节日游玩时，发现行乞的残疾人时，家长可以给幼儿创造机会，去接触这些人，由幼儿去帮助他人，既培养了同情心，也巩固了礼貌用语，同时为幼儿的交往奠定了基础，使幼儿学会了同情、支持与关爱；同伴间的交往有助于矫正幼儿自私、任性的行为，因为一个自私任性的幼儿不可能被同伴接受，要赢得大家的喜爱，就必须懂得分享与自控。如，幼儿过生日时可以邀请小伙伴或亲戚来自己家中，分享自己的快乐，一起游戏、玩、唱歌、共同祝福，在欢聚中体验分享的乐趣。又如过新年，走亲串友时，带着幼儿拜个年，说上祝福的话，让幼儿与不同对象进行交流，有效地促进其交往能力的发展。

　　未来的社会是一个开放的、互助的社会，良好的社会交往能力对一个人来说极为重要，它不是一个动向过程，它需要家长们做个有心人，共同为幼儿创设各种交往的机会，耐心地指导，与幼儿园配合，密切联系，培养幼儿的交往能力。通过我们多渠道的工作，孩子们一定会很出色，会成为具有较强交往能力的21世纪栋梁。

参 考 文 献

［1］张国平.幼儿的自主游戏［M］.北京：中央编译出版社，2017.

［2］曾琴.幼儿园自主游戏的思考与实践［M］.南京：江苏凤凰少年儿童出版社，2015.

［3］柳茹.幼儿自主发展课程［M］.北京：北京师范大学出版社，2011.

［4］科萨罗.童年社会学［M］.程福财，等译.上海：上海社会科学院出版社，2014.

［5］高杉自子.幼儿教育的原点［M］.王小英，译.上海：华东师范大学出版社，2014.

［6］杨丽珠，沈悦.儿童自我控制的发展与促进［M］.合肥：安徽教育出版社，2013.

［7］蒙台梭利.蒙台梭利儿童教育手册［M］.蒙台梭利丛书编委会，编译.北京：中国妇女出版社，2012.

［8］许佳绿.幼儿园游戏分享环节运用留白艺术的审思［J］.山西教育（幼教），2021（8）：24-26.

［9］侯敬文.以无胜有：论过渡环节中的"留白"艺术［J］.好家长，2021（45）：74-75.

［10］姚芸.浅谈"留白"在幼儿园科学探索中的运用［J］.当代家庭教育，2020（31）：73-74.

［11］陈诗倩.设置留白区，让幼儿在游戏活动中实现自主性发展［J］.学苑教育，2020（14）：90-91.

［12］张传红，王春燕.幼儿园主题墙创设的价值、问题及对策——从留白艺术的视角［J］.教育导刊（下半月），2020（1）：80-82.

［13］林艳娟.基于留白艺术的自主游戏实践［J］.基础教育研究，2019（21）：92-93+96.

［14］刘卉.幼儿园大班区域环境创设的"留白"艺术［J］.教育观察，2019（22）：33-34.

［15］胡辰方.幼儿园区域活动中的教师留白研究［D］.江苏：南京师范大

学, 2019.

［16］陈锦霞."毛坯房"还是"精装修"：基于儿童本位的幼儿园环境创设［J］.家教世界, 2018（36）：11-12.

［17］沈学珠.浅谈幼儿园区域环境创设的智慧"留白"［J］.新智慧, 2018（20）：48.

［18］斯丽霞, 吴旭勇.留白艺术, 让幼儿主动探索语言奥秘［J］.读写算, 2018（16）：45.

［19］祝妙玉.留白, 心灵的对话［J］.幼儿教育研究, 2018（3）：26-27.

［20］侯晓曦.留白艺术在幼儿园主题墙创设中的运用［J］.甘肃教育, 2017（8）：85.

［21］章玺.教育有"留白"学得更多彩［J］.新课程·上旬, 2017（4）：166.

［22］史苏兰.浅谈早期阅读中"留白"艺术的运用［J］.华夏教师, 2016（1）：36.

［23］杨霞, 戴丽萍.润物无声, 教育无痕——"留白"艺术对幼儿能力培养的探索［J］.华夏教师, 2014（11）：83.

［24］陆婧.藏在散步里的教育留白——以"三只母鸡去散步"活动为例［J］.幼儿教育, 2023（10）：27-29.

［25］胡辰方, 王海英.教师"留白"的起承转合［J］.教育家, 2022（46）：25-26.

［26］阙利玉, 黄真真.环境"留白", 激发成长无限可能［J］.教育家, 2022（46）：50.

［27］陈慧慧.幼儿园区域游戏活动开展中的留白策略研究［J］.文科爱好者（教育教学）, 2022（4）：212-214.

［28］郑青.浅析幼儿游戏分享活动中"留白"艺术的巧用［J］.教师, 2022（10）：69-71.

［29］蒋菁.自主游戏中的"留白"与"补白"［J］.早期教育, 2022（14）：47-48.

［30］金雪萍.幼儿自主游戏中的"留白"艺术［J］.教学月刊（小学版）综合, 2021（12）：63-65.

后 记

在本书即将付梓之际，我内心充满了无尽的感激与感慨。留白教育的探索与实践，不仅是一段追寻教育梦想的壮丽旅程，更是智慧与汗水交织的结晶。回望这段历程，我深切地体会到，没有众多支持与帮助的力量，留白教育无法取得今天的成就。

首先，我要向广东省基础教育校（园）本教研基地（湛江）致以最诚挚的谢意。正是这个卓越的平台，为我们提供了丰富的教研资源和宝贵的交流机会，使留白教育得以在实践中不断磨砺，在交流中逐渐成熟。基地的专家以其深厚的理论功底和丰富的实践经验，为留白教育的理论构建与课程实践提供了坚实的支撑与指导，引领我们在教育科研的道路上稳步前行。

其次，我衷心感谢"广东省中小学教师校本研修示范学校"这一荣誉称号所带来的鞭策与激励。它不仅是对我们过去努力的肯定，更是对未来发展的深切期许。这份荣誉将激励我们继续探索、勇于创新，将留白教育打造成为具有广泛示范意义的教育模式，为更多幼儿园和教师提供可借鉴的宝贵经验。

此外，我还要特别感谢广东省教育科研"十三五"规划2020年度教育科研一般项目"儿童视角下幼儿户外自主游戏活动的观察与支持实践研究"（课题立项号：2020YQJK363）课题的引领与推动。在课题的研究过程中，我们深入探索留白教育的理念与实践，精心打造独具特色的游戏环境，建构富有创意的游戏课程，形成"GAME TO GAME"的游戏支持模式，有力促进幼儿的深度学习。这一课题研究成果不仅为留白教育体系的完善提供了坚实的理论基础，更为我们的教育实践注入了新的活力与灵感。

同时，我深深感激湛江市谭璐欣名教师工作室和广东省谭璐欣名园长工作室全体成员的支持与陪伴。他们以饱满的热情和严谨的态度，积极参与留白教育的各项研究与实践，共同见证了留白教育的成长与蜕变。

最后，我要向所有关心、支持、帮助过留白教育的领导、专家、幼教同行以及家长表达最真挚的感谢。是你们的陪伴与共同努力，让留白教育绽放出更加绚丽的光彩。未来，我们将继续秉承留白教育的理念，不断探索、实践、创新，为培养更多幸福儿童、幸福教师而努力奋斗。愿留白教育成为教育园地中一朵璀璨夺目的花朵，为广东乃至全国的基础教育事业贡献自己的力量。